PIERRE PARIS

CORRESPONDANT DE L'INSTITUT
PROFESSEUR A L'UNIVERSITÉ DE BORDEAUX

ESSAI

SUR

L'ART ET L'INDUSTRIE

DE

L'ESPAGNE PRIMITIVE

TOME SECOND

Ouvrage qui a obtenu le Grand Prix Martorell (Barcelone, Concours de 1902).
Publié sous les auspices de l'Académie des Inscriptions et Belles-Lettres (Fondation Piot).

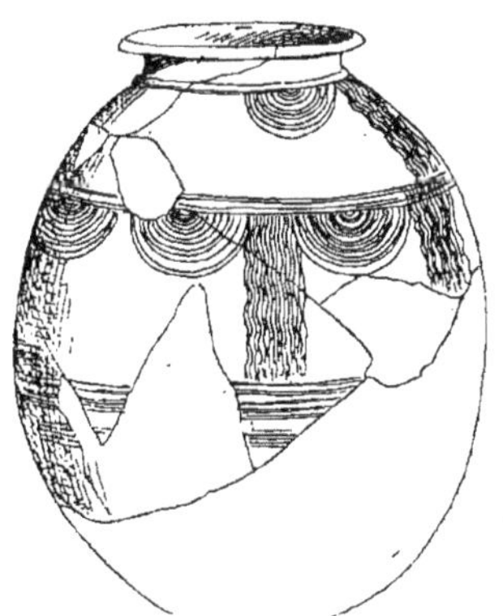

PARIS

ERNEST LEROUX, ÉDITEUR

28, RUE BONAPARTE, VIe

1904

ESSAI

SUR

L'ART ET L'INDUSTRIE

DE

L'ESPAGNE PRIMITIVE

IMPRIMERIE DURAND

CHARTRES

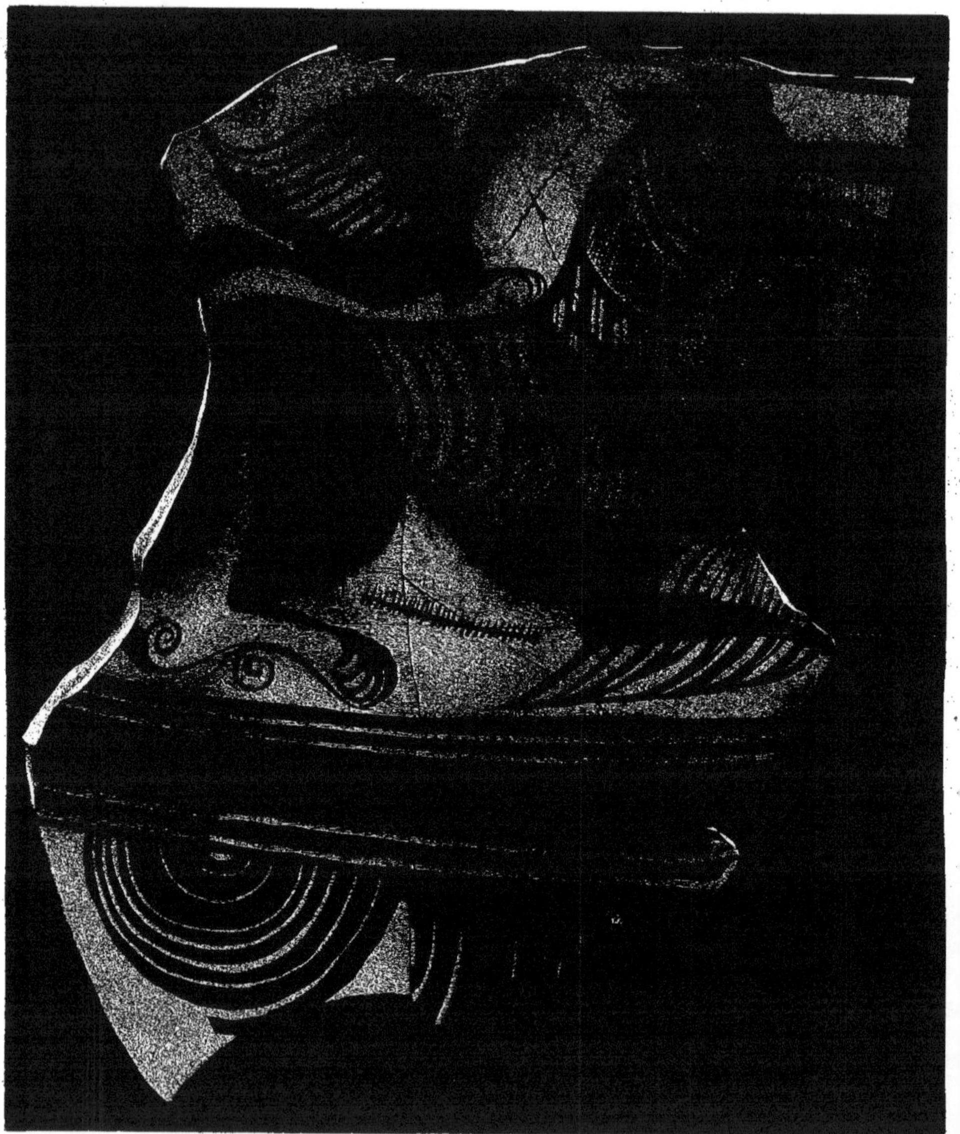

E. LEROUX, Éditeur.   J. Dupas, d.t   Imp. Monrocq _ Paris.

FRAGMENT DE VASE PEINT IBÉRIQUE

trouvé à ELCHE.

Musée Archéologique de Madrid)

PIERRE PARIS

CORRESPONDANT DE L'INSTITUT

PROFESSEUR A L'UNIVERSITÉ DE BORDEAUX

ESSAI

SUR

L'ART ET L'INDUSTRIE

DE

L'ESPAGNE PRIMITIVE

TOME SECOND

Ouvrage qui a obtenu le Grand Prix Martorell (Barcelone, Concours de 1902).
Publié sous les auspices de l'Académie des Inscriptions et Belles-Lettres (Fondation Piot).

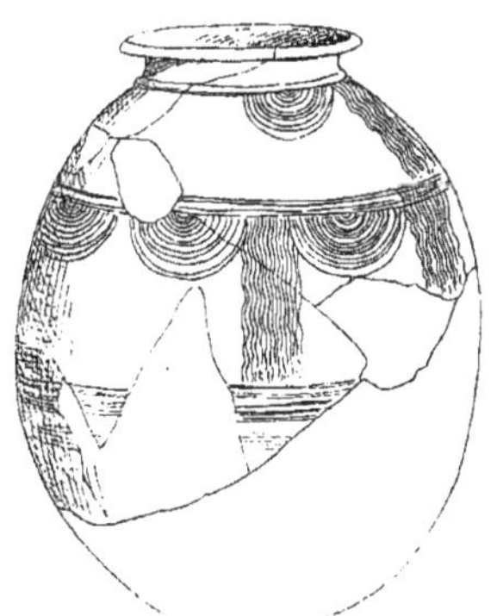

PARIS

ERNEST LEROUX, ÉDITEUR

28, RUE BONAPARTE, VIe

1904

LA CÉRAMIQUE

IL en est de l'antique Ibérie comme de la Grèce ; ce sont les restes des industries primitives qui permettent surtout de remonter à pas certains dans son histoire première, et de porter le jour le plus clair dans les ténèbres de sa civilisation naissante.

Et parmi ces industries, la plus féconde en enseignements parce qu'elle semble avoir été la plus riche, et que les débris en sont conservés en nombre incalculable, celle qui va nous permettre de mieux poser et peut-être de résoudre quelques-uns des problèmes soulevés au cours des chapitres précédents, c'est la céramique.

Je n'ai pas l'intention de dire tout ce que l'on peut déjà dire, en l'état actuel de la question, sur la poterie ibérique, et de propos délibéré je laisse de côté tout ce qui se rapporte à l'époque dite préhistorique. C'est là un chapitre certainement fort curieux des origines, et dont les éléments sont déjà nombreux. Les érudits et les *aficionados* de l'Espagne ont une préférence marquée pour l'étude de ce qu'ils appellent la *préhistoire*. Des mémoires, des livres importants ont été consacrés dans la Péninsule même à l'examen des objets de pierre, d'os, de fer, de cuivre ou de terre cuite trouvés dans les grottes ou dans les sépultures des âges les plus lointains ; les savants étrangers sont venus souvent à la rescousse, et il suffit de citer les grands ouvrages de MM. Siret, ces érudits ingénieurs belges, et de **M. E. Cartailhac**, notre savant compatriote.

II. — I

Je m'en tiendrai à l'examen de monuments un peu moins antiques, à coup sûr, mais certainement plus originaux, sur lesquels jusqu'à présent l'attention a été bien rarement appelée, et qui, d'ailleurs, pour la plupart, ont été recueillis par moi, ici dans les fouilles sommaires, là dans des explorations minutieuses de ruines, de castillos et de *despoblados*, que pour le reste j'ai notés ou dessinés dans les Musées publics et les collections particulières des villes que j'ai visitées.

J'ai de plus l'intention de m'occuper exclusivement de la céramique indigène et non de celle qui a pu être importée ; il me semble d'ailleurs qu'elle se distingue très nettement de tous les autres produits de la même industrie fabriqués soit antérieurement, je puis dire à l'âge préhistorique, soit postérieurement, à l'époque romaine, et la distinction s'établit d'elle-même, grâce aux motifs tout à fait spéciaux de la décoration.

Mais les ornements peints à la surface de l'argile permettent encore d'établir que l'originalité de cet art indigène n'est pas absolue ; que les potiers ibères, comme les sculpteurs, ont subi des influences extérieures, et que, parmi ces influences, la plus ancienne, la plus forte, la plus soutenue, est celle de la Grèce. J'arriverai, je l'espère, à prouver, en m'occupant de la céramique comme en m'occupant de la sculpture, qu'à une époque très reculée, aux temps presque mythologiques où nous permettent de remonter les textes homériques et les souvenirs des poètes et des mythographes, ce n'étaient pas seulement des courants de rumeurs vagues, des récits fabuleux de marins ramenés miraculeusement des lointaines plages occidentales en des νόστοι aventureux, ce n'étaient pas seulement des traditions confuses qui relataient les rapports des primitifs navigateurs hellènes avec le pays des Colonnes d'Hercule, mais ces rapports furent réels ; le commerce les noua plus solidement que les simples hasards de la mer ; les marchands orientaux apportèrent aux rivages ibériques les produits ouvrés dans leurs ateliers féconds. Mais par ces Orientaux, ce ne sont pas seulement les courtiers par excellence de la Méditerranée, les caboteurs phéniciens de Tyr ou de Sidon qu'il faut entendre ; ce sont aussi ces ancêtres encore énigmatiques des Hellènes, de quelque nom qu'on les appelle, ces Pélasges, ces Achéens, ces Égéens, disons pour être entendu de tous, ces Mycéniens, dont le domaine semble s'annexer chaque jour quelque nouveau territoire jusque dans les régions les plus lointaines.

*
* *

On sait qu'actuellement, comme l'a si bien dit M. E. Pottier dans son *Catalogue des vases antiques de terre cuite du Louvre*[1], les archéologues ne se partagent plus qu'en deux camps au sujet des dates où peut être renfermée l'histoire de l'industrie, en particulier de la céramique mycénienne. Cette civilisation a fleuri, suivant les uns, entre les années 1400 et 1100, et l'on en retrouve des survivances au xe et au ixe siècle encore ; suivant les autres, elle serait plus récente, et se placerait aux viiie et viie siècles.

La première opinion me semble de beaucoup la plus solide, de même qu'à MM. Pottier, Perrot, Collignon, bien d'autres encore. Comme les colonies phocéennes ne se sont établies sur les côtes d'Espagne qu'au viie siècle, c'est six ou sept cents ans que l'étude des antiquités ibériques permet de faire gagner à l'influence de la Grèce sur les peuples de la Péninsule.

Il est du reste bien remarquable que le développement de la céramique ibéro-mycénienne a suivi comme pas à pas celui de la céramique mycénienne. L'examen des vases entiers ou fragmentaires que j'ai étudiés ou recueillis un peu partout en Espagne, établira ce fait avec évidence, je l'espère.

Ce qui m'a mis sur la voie de cette étude, c'est l'exploration que j'eus l'occasion de faire de deux sites particulièrement instructifs, le *Cerro de l'Amarejo* et l'acropole de *Meca*. Aussi dois-je avant tout donner de ces deux sites, où la récolte a été aussi précieuse qu'abondante, une description détaillée.

*
* *

Le Cerro de l'Amarejo était, je crois, absolument inconnu en France

---

1. Première partie, *Les Origines*, p. 209.

avant que je l'aie visité, et aucun archéologue espagnol n'avait accordé l'intérêt qu'elles méritaient aux quelques notices qu'en avait données D. Pascual Serrano, maître d'école de Bonete. Bonete est l'humble bourgade de la province d'Albacete sur le territoire de laquelle s'élève cette montagne, à une petite demi-heure de marche dans la direction de l'Ouest.

L'emplacement était du reste des mieux choisis pour y construire une ville forte. Le train du chemin de fer de Madrid à Valence-Alicante, quand il a dépassé vers le Sud la plate Albacete, capitale de province, et la très pittoresque forteresse de Chinchilla, couronnée de son bagne en forme de Plaza de Toros, s'engage dans une vaste plaine nue, à peu près à égale distance de deux rangées de hautes collines, presque des montagnes, à gauche *las Muelas de Carcelén*, prolongées par la Sierra de Ayora, à droite les rochers d'El Villar et les contreforts d'el Mugron de Almansa, que dépassent par derrière les plus hautes cimes de l'Arabí. Sur la gauche une sorte de pic domine, le Molatón, point élevé de triangulation, la *hermosura* de l'Espagne, comme on l'a surnommé ; devant lui, sur une crête rocheuse, les ruines imposantes de la forteresse que j'ai signalée au début de ce livre, *los Castillares*. Sur la droite, parmi les ondulations plus basses et de forme indécise, le regard s'attache à une masse arrondie en figure de dôme, placée tout au bord de la plaine ; c'est l'Amarejo. Le sommet semble légèrement écrasé en plate-forme ; la ligne de ses flancs se courbe sans dureté, et ses pieds s'étalent au milieu des vignes touffues (Fig. 1).

A mesure que le train file vers Almansa, avant de s'engager dans le défilé qui sépare du Mugron les rocs de l'Ayora, le Cerro paraît s'élever davantage, et commander de haut tout le pays. C'était un excellent observatoire en même temps qu'un facile lieu de refuge, et des raisons de défense et de sécurité expliquent que dès les temps les plus anciens cette citadelle naturelle ait été habitée et solidement occupée.

Quand on fait l'ascension du Cerro, surtout accessible par le Sud, bien que les pentes aient été certainement défigurées depuis l'époque très lointaine où les habitants les ont désertées, on n'a pas de peine à reconnaître qu'il y avait sur presque tout le pourtour du dôme une série de terrasses étagées. Des murs assez modernes de pierres sèches entassées sans ordre soutiennent une couche de terre souvent assez mince, souvent assez épaisse, que recouvre une herbe drue. Vers le sommet, des lignes de rochers font des saillies plus abruptes, mais irrégulières, qui se creusent parfois de grottes sans profondeur, excellent abri pour les bergers en temps d'orage. Enfin le faîte, d'où la vue est superbe bien qu'un peu triste, est une assez vaste esplanade, très unie, presque

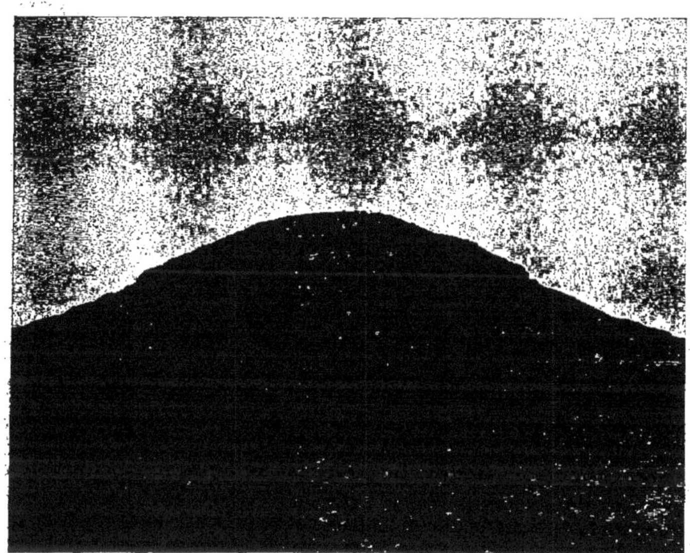

Fig. 1. — Cerro de l'Amarejo.

ovale, où l'entassement d'humus est rare, parce que le vent balaye assidument cette cime ; le nivellement très régulier du roc semble artificiel ; vers le Nord-Ouest il y a une brèche par où passe un sentier en pente rapide ; l'acropole ne semble pas avoir eu d'autre accès. Nulle part je n'ai trouvé trace de fortifications, ni d'aucun travail de défense.

Tel qu'il est, on comprend en somme que l'Amarejo ait moins attiré l'attention que d'autres Cerros couverts encore de débris de murailles ou d'édifices, ou bien que la tradition désigne comme l'emplacement de quelque célèbre cité antique. Il faut, pour en reconnaître l'importance, gravir soi-même le penchant méridional, où, dès les premières assises de gradins, et déjà même dans les vignes qui en tapissent les premières ondulations, on marche sur un véritable lit de tessons. L'abondance vraiment extraordinaire des poteries cassées, ou pour mieux dire, émiettées à la surface, parmi l'herbe courte et les buissons, dans les interstices des murs de soutènement, désigne ce lieu comme une importante station archéologique ; et d'autre part la diversité de ces débris qui, dès le premier regard, se manifestent comme appartenant aux époques, aux fabriques, aux styles les plus variés, tant sont différentes la pâte, l'épaisseur, la couleur et la décoration de l'argile, prouve que là se trouvent réunis des résidus de nombreux ateliers contemporains ou successifs. Ces constatations me décidèrent à faire l'essai de quelques fouilles, auxquelles d'ailleurs m'incitaient encore les récits de D. Pascual Serrano.

Ce précieux collectionneur, malgré ses très modestes ressources, s'est depuis longtemps voué à réunir dans sa maison hospitalière une grande quantité d'objets antiques de la région de Bonete et du Cerro de los Santos, et les a méthodiquement étiquetés. Il n'a ménagé à ce qu'il regarde comme son devoir patriotique, ni son temps, ni sa peine, ni son argent, et s'il peut mener à bien l'œuvre qu'il a entreprise, de dresser une carte archéologique de sa province, particulièrement riche en antiquités ibériques, il aura bien mérité de l'histoire de l'Espagne. M. Serrano a donc eu soin de recueillir dans son petit musée un assez grand nombre d'objets que des paysans avaient trouvés dans des sépultures au pied de l'Amarejo, en cultivant leurs vignes ; lui-même avait ouvert un assez grand nombre de tombeaux, et ce qui sortait de ces fouilles rapides et forcément sommaires, c'étaient des armes en fer, des fibules de bronze, des bijoux, en particulier des bagues de bronze, d'argent et même d'or, enfin des urnes funéraires de formes peu compliquées et de technique assez grossière. M. Serrano m'avait aussi signalé la découverte de quelques vases ou coupes en terre plus fine, de galbe élégant, et couverts de figures, qui ne font plus partie de sa collection, mais que j'avais toutes raisons, sa bonne foi ne pouvant être suspectée, de reconnaître pour des œuvres grecques importées. Ce fut surtout cette dernière indication qui me poussa à remuer par endroits, autant que mes ressources me le permettaient, le sol de l'Amarejo. Pour les tombeaux, qui doivent être encore en assez grande quantité à la base du Cerro, il m'était interdit d'essayer d'en retrouver et d'en ouvrir même un petit nombre, car il aurait fallu pour cela endommager sérieusement les vignes. Partout la culture est l'ennemie de l'archéologie.

Une première fois, en avril 1898, je me mis à l'œuvre avec quelques ouvriers, secondé fort utilement par D. Pascual ; les résultats furent satisfaisants ; je pus, à différentes hauteurs, mettre la main sur quelques vases complets et sur d'importants fragments de poteries brisées, et former ainsi une petite collection de spécimens variés de céramique, de façon

FIG. 2 et 3. — Fragments de vases grecs trouvés à l'Amarejo.

à reconstituer à peu près l'histoire de la poterie ibérique depuis ses origines premières jusqu'à l'époque romaine. De plus j'eus la chance de trouver deux petits tessons de vases grecs du IVe siècle qui, malgré leur exiguïté, avaient une réelle valeur de documents (Fig. 2 et 3).

Encouragé par ce succès, je m'établis de nouveau pendant quatre ou cinq jours à Bonete en avril 1899, et continuai des sondages profonds sur les pentes de la montagne et sur la plate-forme même du sommet. Cette nouvelle exploration, plus fructueuse encore que la première, m'a permis de compléter les séries dont j'avais d'abord réuni les éléments, de combler quelques lacunes et de modifier en un certain sens quelques idées que je m'étais formées auparavant.

De l'Amarejo, en 1898, je m'étais aussi transporté à *Meca*, conduit par D. Pascual Serrano, qui m'avait montré dans son Musée de très curieuses urnes funéraires, une lampe romaine et divers autres objets provenant de ce lieu bien mieux connu que le Cerro de Bonete. Cean-Bermúdez, dans son *Sommaire des antiquités romaines qu'il y a en Espagne* [1], raconte que la ville d'Almansa, « cité du règne de Murcie, dans le *partido* de Villena, appartenait à la région des Bastitans, sans que l'on connaisse le nom qu'elle portait alors. Elle fut réédifiée par les Mores, qui la nommèrent, dit-on, *Meca*. » C'est là sans doute une confusion. Il existe à une demi-heure d'Almansa, au Nord de la ville, à droite de la route de Valence, et sur la gauche de la voie ferrée, près du moulin *de las Monchas*, une suite de champs où est nettement marqué l'emplacement d'une station ibéro-romaine, peut-être *Ad aras*. J'y ai vu de nombreux fragments de poterie ibérique commune, sans dessins, ou décorés seulement de raies, et des débris plus pressés encore de *barro saguntino*. D. Aniceto Cuenca, professeur à l'Institut d'Alicante, qui a bien voulu me désigner la station et m'y conduire, et qui depuis longtemps s'intéresse à l'archéologie d'Almansa, n'a pas souvenir que le nom de Meca ait été jamais attribué ni à la ville actuelle, ni à la *loma* du moulin de las Monchas. Du reste Cean-Bermúdez fournit lui-même l'explication de son erreur. Plus loin il écrit quelques lignes dont voici la traduction :

« Meca, chaîne qui sépare le royaume de Murcie de celui de Valence, s'étendant au Nord et au Sud et se développant vers le couchant pour former ce que l'on appelle le *Mugron d'Almansa*. Elle conserve les restes d'un canal ou chemin creux qui commence au tiers de la hauteur de la montagne et se continue jusqu'au sommet. Ce chemin a 400 varas de longueur et plus de 12 de profondeur, dont 10 à travers la roche vive. A la partie la plus élevée se voient les vestiges d'une ville antique, quarante citernes de pierre, les plus grandes longues de 30 pieds, les plus petites de 20, beaucoup de ruines de murs, des pierres taillées et fragments de parois qui forment des rues sur l'étendue d'un quart de lieue. Parmi ces ruines se rencontrent des fragments de cruches, canthares et plats de terre rouge fine, luisante et dure, peinte de différentes couleurs, ornée de dessins, ainsi que des monnaies celtibériques et romaines [2]. »

1. Madrid, 1832, p. 45.
2. *Ibid.*, p. 91.

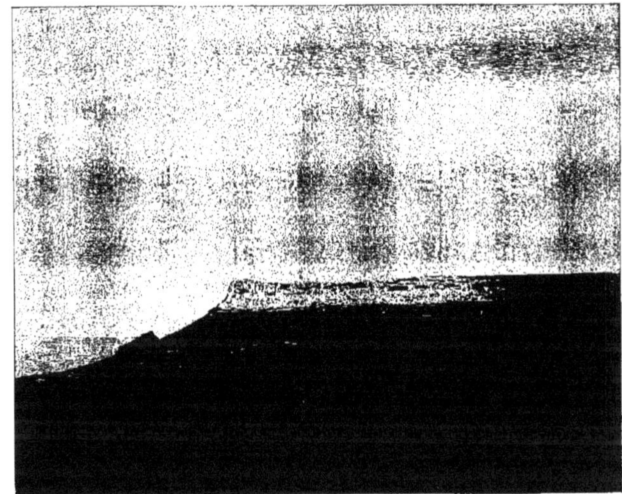

Fig. 4. — Meca.

Cette fois-ci les renseignements de Cean-Bermúdez sont exacts, sauf en ce point que les ruines qu'il a décrites et qui portent encore le nom de Meca sont situées dans la chaîne de l'Ayora, et non dans le Mugron d'Almansa, qui est séparé de la chaîne précédente par une forte dépression, où, parallèlement au chemin de fer de Chinchilla à Almansa, court un ruisseau qui alimente le réservoir d'eau d'irrigation de cette dernière ville.

En février 1891, M. Arthur Engel, lorsqu'il visita la région d'Almansa pour y instituer son enquête sur les antiquités du Cerro de los Santos, visita le *Castellar* de la Meca. « Elle est, dit-il, d'un difficile accès et un guide est indispensable. Du haut de cette acropole on jouit d'une vue admirable qui rappelle celle qu'on a de certaines hauteurs de la Pouille, de Lucera par exemple. De vastes plaines s'étendent à nos pieds ; au loin le guide montre un rocher circulaire dans lequel on semble voir des signes taillés. Serait-ce un monument préhistorique ? Autour de nous on aperçoit distinctement le tracé d'une ville antique, la place des rues, des maisons, et plus de cent citernes, grandes et petites, taillées dans le roc, comblées en partie, et où il y aurait lieu de fouiller. Nous redescendîmes par un chemin creux, coupé dans l'épaisseur du rocher [1] » (Fig. 4).

Ces descriptions, autant que la vue de quelques objets rapportés par D. Pascual Serrano, me décidèrent à faire le voyage. Je ne l'ai point regretté, non plus que le séjour d'une demi-semaine que j'y fis en août 1899. On ne saurait se figurer ruines plus sauvagement pittoresques que Meca. Après plus de trois heures de chaos redoutables à travers les champs pierreux et les chemins que les ornières rendent plus malaisés que les champs eux-mêmes, on arrive au bord extrême de la plaine ardente d'Alpera [2], tout contre le gigantesque et fantastique éperon de roc coupé à pic qui supportait la ville. Il faut alors gravir en lacets la pente roide, parmi les éboulis, jusqu'à la profonde *Grotte du Roi More,* et la grotte

---

1. A. Engel, *Rapport sur une mission archéologique en Espagne (Nouvelles archives des missions*, III, 1892), p. 183 (75 du tirage à part).

2. Station du chemin de fer entre Bonete et Almansa, gros bourg propre et riche, où il y a assez de ressources pour le voyageur.

Cean-Bermúdez (*Sumario de las antigüedades romanas que hay en España*, p. 48) dit qu'il y a de vieilles murailles et les restes d'une forteresse, et qu'on y a trouvé des monnaies. Il ne reste actuellement aucune trace de ruines à Alpera.

plus accessible des Français[1]. Puis, au-dessus de ces grottes sauvages, au moyen de trous formant échelle dans la partie verticale du rocher, on escalade le mont jusqu'à la longue esplanade qui le couronne. Il faut à cette ascension quelque peu dangereuse un pied sûr, un cœur peu sensible au vertige, car la coupure du promontoire est brutale, et peu à peu, à mesure que l'on monte, le sol de la plaine s'abaisse dans un éloignement profond. Mais quand on a vaincu la hauteur, et que le regard, un instant arrêté sur les ruines dispersées, se retourne et plane jusqu'à l'infini de l'horizon, on oublie sa peine pour s'absorber dans la contemplation de l'admirable panorama.

Jusqu'à la ligne lointaine de las *Muelas de Carcelén*, à plus de 200 mètres de profondeur, l'œil s'égare sur la campagne plate où seuls font une tache blanche et verte le village et la *huerta* d'Alpera. Rien qu'une longue ligne étroite, un sillon d'une rectitude impeccable, chef-d'œuvre d'un laboureur artiste, vient trancher la monotonie des guérets ; dans la solitude que le soleil enflamme et le silence oppresse, les rares *cortijos* confondent leurs maisons jaunes avec l'ocre brûlée du sol ; rien ne s'élève de cette immensité morne, ni couleur, ni fumée, ni bruit, qui rappelle la vie des hommes. Mais sur les flancs de l'acropole des sources fraîches entretiennent l'herbe grasse et les fleurs aromatiques parmi les genévriers, les cyprès et les pins : et sur la longue plate-forme, parmi les ruines où les perdrix rappellent par instants, ondulent au soleil de feu des bandes de moutons qui coupent le gazon à dents pressées, sous la garde d'un berger à demi sauvage.

Certes, à grands frais, avec de dures fatigues, des compagnies de touristes vont dans des pays très lointains chercher des paysages nouveaux et des impressions vives de nature, qui n'ont jamais contemplé tableau plus grandiose, ni goûté la volupté grave de ces ruines puissantes et pittoresques oubliées dans une contrée inconnue, noyées au faîte de rocs vertigineux dans une lumière éblouissante.

Tout ce qu'avait noté Cean-Bermúdez, les rues bordées de ruines de

1. Ce nom a été donné à la grotte parce que mon compagnon de voyage, M. Pierre Waltz, et moi y avions établi notre campement.

maisons, les larges et profondes citernes taillées en plein roc, le chemin
creux qui descend en serpentant sur le flanc oriental du mont (Fig. 5).
Je suis étonné seulement qu'il n'ait pas noté l'importante ruine qui
subsiste encore, au point où le promontoire se relie par un isthme étroit
à la masse de la chaîne montagneuse ; c'est une sorte de bastion proté-
geant une porte et défendant surtout l'unique point où l'Acropole n'est

Fig. 5. — Le chemin creux de Meca.
(Lavis de Lailhaca, d'après une photographie.)

pas inaccessible (Fig. 6). Comme du temps de Cean-Bermúdez, le sol est
jonché de milliers et de milliers de tessons de toute forme, de toute
grandeur et de toute époque. Toutes les séries dont j'ai recueilli des
exemplaires à l'Amarejo se retrouvent à Meca, avec plus d'abondance
encore. Mais tandis qu'à l'Amarejo les plus récents spécimens sont de
l'époque romaine, à Meca, comme le nom même permettait de l'attendre,
il y a beaucoup de céramique arabe, même des débris de plats de faïence
à reflets métalliques, de ceux qu'on est convenu d'appeler hispano-
moresques[1]. Les promenades incessantes que j'ai faites sur toute l'étendue

1. Il serait très intéressant de rechercher
dans la littérature hispano-arabe s'il n'existe
aucun document relatif à Meca. Un fermier
du voisinage m'a raconté qu'il y a un assez

Fig. 6. — Un bastion de l'enceinte de Meca.

de l'acropole, les fouilles que j'ai exécutées pendant plusieurs jours dans quelques citernes, dans quelques maisons, et partout où il me semblait y avoir une couche suffisante d'humus, m'ont permis de manier certainement plusieurs mètres cubes de débris céramiques, parmi lesquels j'ai recueilli ceux qui me semblaient les plus intéressants ; parmi eux un grand nombre, que j'ai rapportés au Musée du Louvre avec ceux de l'Amarejo, sont des plus instructifs et des plus nouveaux. Mais partout j'ai eu la surprise, mêlée de quelque déception, de ne trouver que des fragments de petites dimensions, comme si les vases hors de service avaient été systématiquement broyés et pour ainsi dire pilés.

Il semblerait qu'à l'époque où la ville a cessé d'exister, peut-être après quelque cataclysme de la nature, les habitants avant de quitter leurs foyers aient pris plaisir à réduire en miettes toute leur vaisselle. Mais l'hypothèse n'est pas très satisfaisante, car elle n'expliquerait que l'émiettement des poteries les plus récentes, les hispano-moresques, tandis que la destruction s'est étendue à toutes les séries ; pas une seule fois, même dans les citernes, je n'ai eu l'occasion de remarquer que les tessons fussent disposés par couches chronologiques. C'est un éparpillement confus, un pêle-mêle désordonné à la surface du sol comme au sein de la couche de terre, du reste peu épaisse. Il y a là un problème dont je n'entrevois pas la solution.

Il faut noter, comme un fait très original, l'énorme quantité de tessons qui, dans l'antiquité même, ont été grossièrement arrondis en forme de palets plats. Il y en a de grandeurs très variables ; les uns formés de débris de vases communs, ayant deux ou trois centimètres d'épaisseur et sept ou huit centimètres de large, et d'autres, très minces, taillés dans des poteries fines, ayant deux ou trois centimètres de diamètre tout au plus. Je me suis demandé quel pouvait bien être l'usage de ces palets, usage que rien de ce que j'observais sur place ne me mettait sur la voie de trouver. D. Pascual Serrano, qui a une longue habitude des recherches dans le

grand nombre d'années un homme vêtu à la mode marocaine était venu seul visiter l'acropole, s'y était longtemps arrêté, avait lu et relu de nombreux passages d'un vieux livre, et était reparti après de longues prières. Je ne sais trop s'il s'agit d'un fait certain ou d'une légende, car j'ai entendu ailleurs des récits à peu près analogues.

sous-sol de son pays, n'a pu m'indiquer de solution. Mais D. Pedro
Ibarra, d'Elche, m'a appris qu'il avait souvent rencontré à l'Alcudia
d'Ilici des amphores et autres récipients à goulot étroit à qui de semblables rondelles servaient de bouchons : on coiffait l'embouchure du
vase avec une de ces plaquettes et on maintenait l'adhérence au moyen de
barbotine ou de chaux formant comme un capuchon. Cette coutume
semble avoir été fort répandue ; les fouilles d'Osuna nous ont montré,
à M. Arthur Engel et à moi, qu'elle avait, par exemple, pénétré en
Andalousie.

L'Amarejo et Meca sont les deux centres ibériques que j'ai étudiés de
plus près, et où j'ai fait quelques fouilles. Je crois intéressant de dresser
la liste des ruines où j'ai encore recueilli ou vu des poteries de style indigène mêlées ou non à des poteries grecques, romaines ou arabes ; j'y
joindrai naturellement l'énumération des lieux où d'autres que moi ont
signalé des documents de même nature, et celles des musées où l'on
conserve des spécimens semblables, que la provenance en soit du reste
connue avec plus ou moins de certitude. Ces listes n'ont pas la prétention d'être complètes ; je suis persuadé même que je ne donnerai que les
éléments d'un catalogue destiné à s'accroître singulièrement, lorsque
l'attention aura été appelée sur l'importance des recherches du genre de
celles que j'ai entreprises.

ALBERCA DE MURCIE.

Quand, au sortir de Murcie, on suit la route de Carthagène, et que
l'on tourne à gauche, à quelques centaines de mètres de la ville, pour se
diriger au Sud-Est vers la Sierra de Carascoy, on arrive rapidement à
travers la *huerta* fertile jusqu'aux premières pentes de la chaîne, au village de l'Alberca. Ce village est dans la plaine, à l'endroit où elle commence à se relever, à cinq kilomètres de Murcie. M. Arthur Engel a
visité en 1893 ces lieux, où des fouilles intéressantes avaient été faites
l'année précédente par D. Mariano Palarea, et qui du reste étaient

signalées par Cean-Bermúdez comme couverts de ruines [1]. M. Engel put
continuer pendant quelques jours les recherches de M. Palarea, non sans
succès, et se convaincre qu'il y avait eu là, et à droite et à gauche en
longeant la sierra, de riches habitations romaines. Il a signalé aussi à
« Santa Catalina del Monte, derrière le palais épiscopal, le château arabe
dressé sur une colline aiguë dont tout le terrain, qui paraît avoir subi des

Fig. 7. — Castillo de l'Alberca de Murcie.

bouleversements considérables, est pétri sur une épaisseur de plusieurs
mètres, de débris de céramique grossière, de charbon et de cendre [2]. »
J'ai visité moi-même l'Alberca et ses environs le 27 septembre 1898;

1. *Sumario,* p. 38 : « Alberca, villa
del reino y partido de Murcia. Esta en su
termino la ermita de Santa-Ana y el cerro
Molejon, en cuyas cercanias hay cimientos y
otras ruinas de un castillo y de otros edificios
romanos. »
2. A. Engel, *Nouvelles et correspon-*
dances, dans la *Revue archéologique,* 1896,
p. 218 (17 du tirage à part). Sans doute il faut
identifier *Santa Catalina del Monte* avec
l'*ermitage de Santa-Anna* de Cean-Bermúdez; le château arabe de M. Engel est probablement le *castillo* de l'archéologue espagnol.

mon attention s'est de préférence arrêtée sur le château et la butte bouleversée qu'il surmonte. Le pic qui domine le couvent de Santa Catalina fait un hardi promontoire dans la plaine ; les ruines arabes forment une sorte de redoute de forme irrégulière, suivant les bords découpés d'une plate-forme taillée au sommet du tertre décapité. Les murs sont formés de gros blocs de conglomérat et de ciment ; au centre se voit une grande citerne taillée dans le rocher, ou peut-être une casemate intérieure, car les parois sont peintes en rouge. Comme l'a noté M. Engel, il y a une énorme masse de terres éboulées et renfermant des monceaux de tessons. On y reconnaît la plupart des modèles communs à l'Amarejo et à Meca, depuis la poterie la plus primitive, faite à la main, jusqu'au *barro saguntino,* qui est beaucoup plus rare.

Il me semble nettement établi que sur le Cerro prospéra longtemps un établissement ibérique, mais que lorsque les Romains s'établirent dans la vallée de la Segura, ceux qui choisirent les flancs de la Sierra de Carascoy préférèrent construire leurs fermes et leurs villas au bord de la plaine. Quoi qu'il en soit, l'Alberca reste jusqu'à nouvel ordre une des stations les plus importantes pour l'histoire de la céramique ibérique [1]. Des fouilles qui seraient faciles donneraient sans doute de bons résultats [2] (Fig. 7).

MONTEAGUDO.

Au Nord-Est de Murcie, à une petite lieue sur la route de Fortuna toute droite à travers les jardins d'orangers, se dresse brusquement dans la plaine le château fort de Monteagudo. Le nom dit assez que la ruine se hausse au faîte d'un mont pointu : il n'est pas en Espagne de castillo plus

---

1. Mon ami, D. Luis Gabaldón, de Lorca, avait eu l'obligeance de recueillir pour moi à Santa Catalina des spécimens de poterie ibérique, sachant que je m'intéressais à cette classe de céramique. Je lui dois d'avoir visité l'Alberca, que je n'avais pas l'intention de voir, sachant quels travaux y avait faits M. Engel. Les tessons que j'ai cru devoir récolter là sont actuellement au Louvre.

2. M. Engel a recueilli dans le ravin qui conduit au château arabe, à gauche, à 4 mètres de profondeur, un vase rond, noirâtre, en terre grossière, évidemment fort ancien, et contenant des os de lapin. Il y aurait donc des chances de retrouver des vases entiers, chance qu'il ne faut plus espérer à l'Amarejo ni à Meca.

hardi, plus pittoresque, qui découpe de façon plus romantique sur le
ciel éclatant l'élégance de ses murs et de ses tours crénelées. Ce dût être
dès les âges les plus lointains un rude repaire de guerriers ou de brigands
(Fig. 8). C'est tout au moins, et depuis de longues années, un lieu précieux
pour les archéologues. « Le village de Monteagudo (il est bâti au pied du
rocher), dit M. Engel, a été de tout temps une mine inépuisable d'anti-

Fig. 8. — Monteagudo.

quités préhistoriques, contestaniennes, romaines, arabes, etc., et cependant le nom de la localité ancienne qu'il a remplacée est resté inconnu.
Lozano, qui écrivait en 1794, en parle longuement, et mentionne des
colonnes doriques en jaspe, des chapiteaux corinthiens, des sculptures,
des vases sagontins dans lesquels mangeaient les paysans d'alors, les urnes
cinéraires qui leur servaient de pots à fleurs, les nombreuse lampes,
statuettes, etc.[1] » M. Engel lui-même, en 1893, s'est plusieurs fois

1. A. Engel, *art. cité*, p. 216 (p. 15 du tirage à part).

rendu à Monteagudo : « Je pus constater, dit-il, que Lozano n'avait pas exagéré l'importance archéologique de cette localité. Même après cent ans écoulés et les rafles périodiques des antiquaires, les trouvailles continuent, moins abondantes qu'autrefois, naturellement, mais encore intéressantes. J'en pourrais relater beaucoup, dont m'ont parlé les gens du village... En me promenant au-dessus du village, je reconnus, dans une tranchée faite en vue d'extraire de la terre, plusieurs énormes urnes sphériques, déjà cassées ou écrasées, mais encore en place. Quelques coups de pioche suffirent pour extraire la moitié d'une de ces urnes, qui mesurait 5o centimètres de diamètre. Au fond se trouvaient des ossements humains qui ne semblaient pas avoir subi l'action du feu ; puis venait une couche de terre, et une autre de cendre fine. Le terrain adjacent était semé de morceaux de charbon, d'os humains et de tessons de poterie : il s'agit évidemment d'un lieu de sépulture fort ancien. Ces urnes, à peu près sphériques, épaisses de 1 centimètre 1/4, d'une argile arénacée noire, ressemblent beaucoup aux *urnes-cercueils* découvertes par les frères Siret dans la province d'Almería, à *El Argar* notamment : ces urnes recevaient le squelette replié. Monteagudo fournit également des poignards en bronze semblables à ceux trouvés par les frères Siret[1]. »

A mon tour je puis confirmer la véracité des récits de Lozano, et contresigner l'enquête de M. Engel. Comme lui je suis d'avis que des fouilles à Monteagudo seraient exceptionnellement fécondes. J'ai examiné en particulier les gisements céramiques, et surtout les débris d'urnes funéraires que les paysans ont abandonnées au bord des tombeaux dont ils ont ouvert un très grand nombre, sur le flanc Ouest de la montagne. J'ai reconnu que cette station était exactement semblable à celle de l'Alberca, mais plus importante. J'y ai retrouvé les spécimens identiques de toutes les poteries déjà signalées. Il est profondément regrettable que les paysans, n'attachant d'importance qu'aux trouvailles de bijoux ou de monnaies qu'ils font assez fréquemment dans les urnes, ne se soucient aucunement des urnes elles-mêmes qu'ils brisent, ou dont ils éparpillent les morceaux. Il est fâcheux aussi, bien qu'assez naturel, que les faussaires

---

1. A. Engel, *art. cité*, p. 217 (p. 16 du tirage à part).

de la région de Murcie, si bien démasqués par M. Engel, aient choisi Monteagudo pour en faire un de leurs dépôts d'antiques. J'y ai retrouvé entre autres inventions ultra-modernes, une réplique de la stupéfiante plaque obscène que M. Engel a vue ailleurs, et signalée à la défiance des amateurs. Peut-être, après tout, est-ce la même qui a voyagé[1].

Redobán.

J'ai déjà parlé, au chapitre de la sculpture, de la station archéologique de Redobán, près d'Orihuela[2], et de son inventeur, Valériano Aracil,

Fig. 9. — Valériano Aracil et les vases grecs et ibériques de Redobán.

barbier et antiquaire (Fig. 9). C'est M. A. Engel qui a eu connaissance des fouilles exécutées en 1893 par Aracil avec le concours de l'alcalde de Redobán, et a décrit avec une soigneuse précision les plus intéressants des objets trouvés par les τυμβωρύχοι d'Orihuela. Voici, dans cette liste, ce qui concerne la céramique :

« Une lampe en terre cuite, en forme de colombe (0ᵐ,20);

1. A. Engel, *art. cité*, p. 228 (p. 27 du tirage à part).
2. T I, p. 87 et s.

« Des écuelles noires vernissées, décorées de palmettes imprimées au poinçon (0^m,22), type commun en Grèce ;

« Deux cratères peints, rouge sur noir, où sont représentées des scènes bachiques : ils sont originaires, suivant M. Pottier, de l'Italie méridionale, et remontent au IIIe ou IVe siècle avant J.-C. Du reste, parfaitement authentiques :

« Deux gobelets peints (0^m,18). ornés de zones géométriques [1] ;

« Le fond d'un alabastron ;

« Des grains de collier en terre cuite ;

« Des vases ordinaires en terre grise, de formes variées ;

« Une urne funéraire grise à cercles rouges, coiffée d'un couvercle en forme de cloche (h. 0^m,21, diam. 0^m,33) ;

« Un monceau de fragments de vases peints et autres ;

« Un petit pilon en terre cuite [2]. »

M. Engel a eu quelques hésitations au sujet de la provenance des vases grecs à figures rouges qu'il a vus chez l'alcalde de Redobán ; mais j'ai recueilli moi-même sur le terrain des fouilles des débris de céramique grecque qui doivent lever tous les doutes. En septembre 1899 le fils de cet alcalde, qui venait de mourir, m'a montré les débris de la collection de son père et m'a même donné un petit plat en argile rouge, peint de cercles concentriques et de dessins végétaux. Je l'ai rapporté au Louvre.

ROJALES (CABEZA LUCERO).

C'est à Valériano Aracil que je dois d'avoir reconnu une autre station céramique importante de la même région. A vrai dire ce n'est pas là une découverte. Cean-Bermúdez, au mot Guardamar, a écrit : « Guardamar, ville du royaume de Valence, dans le *partido* d'Orihuela, près de la mer Méditerranée, à l'embouchure du fleuve Segura. Quelques géographes prétendent que ce fut la cité de Longurium ou Longontica, ou Loguntica, près de laquelle Cneus Scipion brûla un grande quantité

---

1. Ces deux gobelets, que j'ai vus, sont faux.
2. A. Engel, *art. cité*, p. 222 (p. 21 du tirage à part).

de sparte qu'Hasdrubal avait préparé pour sa flotte, en l'an 536 de la fondation de Rome, quand elle appartenait à la région des Bastitans. Il y a encore quelques restes de l'antique cité [1]. » Je ne suis pas allé jusqu'à Guardamar, où l'on m'a affirmé qu'il n'y a pas de restes antiques ; mais sur le bord de la Sègre, non loin de son embouchure, j'ai visité *Cabeza Lucero,* sorte de haut plateau rocheux faisant suite à une chaîne de Cerros élevés qui s'avance en contrefort jusqu'au fleuve. La surface et les flancs du plateau ne sont qu'un vaste *monte testaccio.* Aracil y a fait, jadis, un essai de fouilles ; il a percé deux profondes tranchées en croix, et les parois des tranchées ne montrent, comme à l'Alberca et à Montcagudo, qu'un énorme amas de tessons. Aracil m'a dit ne pas y avoir trouvé de vases complets. Les débris appartiennent à toutes les catégories que j'ai signalées jusqu'à présent ; les fragments grecs et les fragments sagontins, ceux-ci plus rares, se mêlent aux fragments de style indigène, dont j'ai réuni une assez grande collection.

Pour visiter ce Cerro, il faut aller par le chemin de fer de Albatera-Catral à Torrevieja (embranchement de la ligne de Murcie à Alicante), jusqu'à la situation de Rojales-Benijofar, et du village de Rojales, assez éloigné de la station, vers l'Est, gagner la *Casa Paliares* et les bords de la Sègre). Je ne crois pas que des fouilles donnent plus de résultat que n'en a obtenu Aracil ; il faudrait pouvoir retrouver la nécropole, comme à Redobán ou à Monteagudo, mais je n'ai pu obtenir aucun renseignement à ce sujet [2].

ELCHE.

En continuant la route de Murcie à Orihuela, avant d'atteindre Ali-

---

1. Cean-Bermúdez, *Sumario*, p. 82.

2. Sur le chemin de Rojales à la Casa Paliares, à droite, on m'a montré toute une série de tombeaux taillés dans la roche tendre et fort curieux. J'en ai même ouvert un qui était inviolé. Ce sont des fosses longues et très étroites, où le mort était étendu sur le côté. On ne trouva aucun objet avec le cadavre. Ces sépultures doivent être préhistoriques, et dans tous les cas l'emplacement de cette nécropole est trop éloigné de la Cabeza Lucero pour qu'on puisse la rapporter à ce Cerro. Il y a des tombeaux analogues à Osuna, au bord de la *vereda* de Grenade, dans la région des grottes funéraires.

cante, on s'arrête à Elche. La *loma* de l'Alcudia, l'ancienne Ilici, a déjà livré des quantités de vases de toutes époques et de toutes fabriques, indigènes, grecs, romains, en particulier sagontins ; elle renferme certainement encore de véritables trésors céramiques. Il est passé au Musée de Madrid, avec la collection de feu D. Aureliano Ibarra, des vases complets et des fragments de premier ordre.

D. Pedro Ibarra en possède encore de fort intéressants dans son artistisque maison d'Elche, et la moindre promenade dans les haciendas du Dr Campello et de ses voisins permet de faire une ample moisson de débris de toute espèce. Je ne veux ici que noter l'importance d'Elche, où nous verrons que l'industrie semble avoir, comme l'art, fleuri avec plus d'éclat que partout ailleurs, et dont la céramique, comme l'architecture et comme la sculpture, se distingue par une richesse et un goût tout à fait rares. Le Musée du Louvre, comme le Musée de Madrid, possède nombre de tessons qui représentent tous les types les plus intéressants et les plus originaux de la série ilicitane.

Le Cerro de la Puebla.

Revenons sur nos pas et dirigeons-nous vers le Sud-Ouest de Murcie. Sur le bord de la route qui conduit de cette ville à Caravaca, avant d'arriver aux bains de Mula, à gauche, au lieu dit la *Puebla,* se dresse un Cerro assez haut, en forme de cône tronqué et dont la silhouette générale rappelle de fort près celle de l'Amarejo. La plate-forme du sommet est vaste et irrégulière. Il y reste une porte et des pans de murs, sans doute arabes, dont l'un se lève comme un mât, des casemates, des citernes voûtées, sur le flanc nord. Cet ensemble s'appelle le *Castillo de la Puebla.* A partir de mi-hauteur à peu près, la céramique est assez dense, mais pas autant toutefois qu'à l'Alberca de Murcie et à Monteagudo. Sur le côté Sud, il y en a fort peu ; la pente est d'ailleurs plus abrupte. Toutes les classes habituelles y sont représentées, depuis la poterie à la main, noire, rouge, ou grise, avec des grains de sable et de mica, jusqu'au *barro saguntino.* Ce qui domine c'est une sorte de poterie rouge à surface peu polie et peu brillante, qui provient probablement d'une industrie locale ; il y a aussi, quoiqu'en petit nombre, des tessons à décor de style géométrique.

Je regrette de ne pouvoir même proposer une hypothèse au sujet du

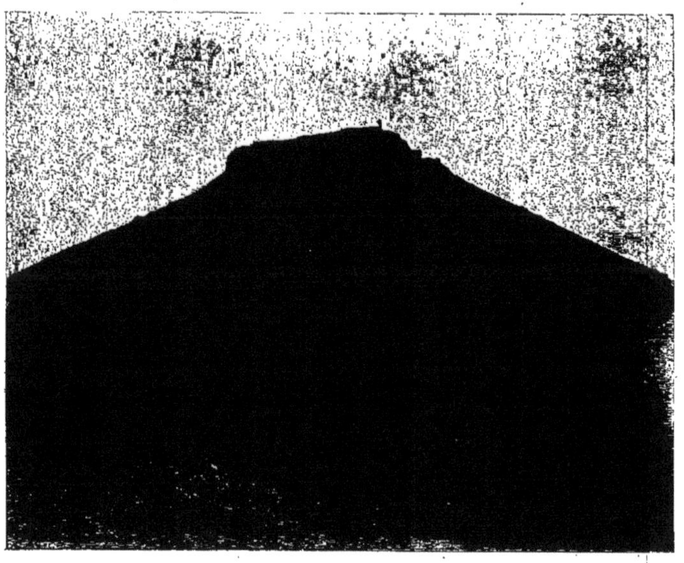

Fig. 10. — Cerro de la Puebla.

nom antique de cette importante station ; les documents me font absolument défaut, et je ne crois pas que ce Cerro ait été jamais signalé[1] (Fig. 10).

LORCA.

Lorca, grande et populeuse cité voisine de Murcie, à l'Ouest, et qui

[1]. Il ne faut pas confondre le Cerro de la Puebla avec le Cerro qui s'appelait au xviie siècle *Cabezo de la Muela*, et qui s'appelait en 1879 *Cabecico de Roenas* (de las ruinas) lequel se trouve à 2675 mètres au S.-E. de Cehegín. C'est là que se trouvait l'ancienne Begastri, siège d'une petite confédération (voy. *Deitania y su cátedra episcopal de Begastri*, par *D. Aureliano Fernández-Guerra*, Madrid, Fortanet, 1879, broch. in-4° de 53 p.). J'ai visité en septembre 1899 les ruines de Begastri, que l'on m'a désignées à Bullas, petite ville voisine, à mi-chemin entre Mula et Cehegín, sous le nom de *Loma de los Cantos*. C'est une petite colline peu élevée au-dessus d'une plaine fertile, sur la rive droite du Rio Quípar ; je n'y ai pas trouvé de poterie ibérique, du moins de celle dont je m'occupe ici.

Fig. 11. — Acropole de Lorca.

rivalise d'importance avec elle, est couronnée par un des plus superbes
castillos de cette région fortunée. C'était l'antique *Eliocroca*. Les Romains
y ont laissé leur trace, et aussi les Ibères. D. Luis Gabaldón et moi avons
ramassé plus d'une fois dans l'enceinte et sur les flancs de l'acropole des
tessons à décor géométrique. Mais la population de Lorca a toujours été
si dense, et l'acropole a si bien conservé son caractère de forteresse dans
la succession des siècles, que les souvenirs des civilisations superposées
se sont régulièrement anéantis ou ne subsistent qu'à l'état de débris
infimes. Rien de complet ne s'est conservé, que je sache, de l'époque
purement ibérique (Fig. 11).

Coto Fortuna, ou Coto Minero, près de Mazzaron.

A une heure et demie à l'Ouest de Mazzaron (province de Murcie)
les ingénieurs qui ont repris l'exploitation des mines antiques dans la
montagne appelée Coto minero, ou Coto Fortuna, en particulier
M. Axel Bœth, ont recueilli les antiquités qu'ils ont trouvées en assez
grand nombre soit dans les galeries anciennes, soit dans les ruines de la
ville qui s'était élargie et dispersée autour des puits. La collection de
M. Axel Bœth a été vendue par sa veuve à l'étranger. La maison qu'il habi-
tait tombe en ruines ; on y a abandonné une grande amphore romaine,
dont les deux anses portaient les marques vehiliani et astor[1], d'autres
amphores romaines et jarres de différentes dimensions, un couffin en
sparterie comme on en conserve au Musée de Murcie, à Carthagène
et ailleurs, des briques et tuiles romaines, les débris d'une grande
statue antique en plâtre. Dans les jardins se voit encore un bassin
curieux qui servait aux mineurs au lavage du minerai, et que l'on a fait
restaurer avec précision. En parcourant la montagne jusqu'au sommet,
j'ai relevé les ruines de petites maisons formées de pièces carrées et
étroites, avec de beaux seuils en pierre, et des parquets en ciment ; des
degrés en demi-cercle paraissant des assises de gradins, et en avant une

---

1. Ch. Dubois, *Inscriptions latines d'Espagne*, dans *Bulletin hispanique*, 1901, p. 215,
n° 14.

sorte de plate-forme, le tout donnant l'idée d'un théâtre très petit. Tout au sommet, sur une esplanade, est une espèce de large citerne où débouche la cheminée d'aérage de quelque puits antique.

Partout, et surtout à mesure qu'on s'élève vers la cime, les tessons de poteries sont très nombreux, et d'espèces très variées ; je n'ai rien recueilli de grec, mais du *barro saguntino* et surtout des débris indigènes, décorés géométriquement. Ces derniers proviennent à mon sens plutôt d'une importation étrangère que d'une fabrique locale, car tout semble indiquer que l'exploitation des mines et l'établissement auquel elle a donné naissance datent d'une époque récente.

<h2 style="text-align:center">VILLARICOS (BARIA).</h2>

J'ai déjà eu l'occasion de parler du misérable hameau de Villaricos, situé à très courte distance au Nord de l'embouchure du Rio Almanzora, et qui, avec La Garrucha, sert de port à la plupart des mines de la Sierra de Almagrera. Il eut il y a quelques années une vie intense, alors que les usines établies pour traiter les minerais des puits voisins étaient en activité. Aujourd'hui ces usines ne sont plus qu'un amas de hideuses ruines où des machines mortes tordent leurs bras rouillés et disloqués. La vie s'est retirée à quelques kilomètres à l'intérieur, à Herrerías de Vera. Mais le temps assez court où l'industrie était là florissante a suffi au ravage lamentable d'un des plus beaux champs de fouilles de l'Espagne.

Villaricos occupe l'emplacement de l'antique Baria, et cette ville, assez connue à l'époque romaine, avait une précieuse nécropole gréco-phénicienne dont il est à craindre qu'il ne reste plus rien. J'ai dit en un autre chapitre que par bonheur M. Louis Siret qui, avant de se fixer à Herrerías, a habité Villaricos, a pu faire quelques fouilles sérieuses et prendre des notes précises, a recueilli un grand nombre d'objets grecs ou phéniciens qu'il a dessinés avec talent dans un magnifique album. Je puis, d'après ses renseignements, inscrire la nécropole de Baria comme ayant renfermé un grand nombre de vases ibériques. J'en ai d'ailleurs recueilli des débris parmi les tombes éventrées et dans les chambres funéraires. M. Louis Siret en possède des spécimens, et le R. P. F. Paulino Quirós, professeur, en 1898, au collège des Dominicains de Cuevas de Vera, ville voisine de Villaricos, en a réuni d'autres dans le cabinet de physique de cet établissement[1].

Je dois aussi signaler que D. Francisco Cánovas Caveño, ancien professeur à l'Institut de Murcie, qui a formé dans sa belle maison de Lorca construite à la romaine, un riche cabinet d'histoire naturelle et d'antiquités, garde une urne très intéressante de style ibérique trouvée dans la mine Petronilla, à Herrerías.

Remontant maintenant vers le Nord de Murcie, dans la région du Cerro de los Santos, je rencontre d'abord le Cerro lui-même.

CERRO DE LOS SANTOS.

La céramique du Cerro de los Santos n'a d'intérêt que parce qu'elle prouve la longue existence de ce centre archéologique de premier ordre. On y a recueilli, comme on peut le voir au Musée de Madrid, un assez grand nombre de petits vases communs, de forme et de facture très primitives, que l'on pourrait aussi bien appeler préhistoriques, mêlés à des fragments de *barro saguntino* et de poteries grecques de l'âge classique, mais aussi des tessons du style ibérique qui m'occupe particulièrement ici, et parmi lesquels je distingue une anse formée d'une torsade (n° 14868) et un fragment orné d'un décor géométrique au pinceau (n° 14872).

LLANO DE LA CONSOLACIÓN.

On se rappelle que le Llano, cette plaine située à côté de Montealegre, tout près du Cerro de los Santos, se rattache à la célèbre colline par

---

1. Le R. P. Fr. Paulino Quirós, passionné pour les antiquités de sa région, a écrit un intéressant mémoire sous ce titre : *Hallazgos de Villaricos, y luz que arrojan sobre nuestra geografía histórica al sudeste del litoral del Mediterráneo* (Madrid, Fortanet, 1898).

Au sujet de l'identification de Villaricos avec Baria, voyez le mémoire de Ch. Dubois cité plus haut.

Cean-Bermúdez (*Sumario,* p. 70) dit que les paysans appelaient couramment Villaricos *Ciudad del Garbanzo.*

tout son passé archéologique. Après MM. Pascual Serrano et Engel, j'y
ai fait des sondages en août 1899, dans un champ qui m'avait été signalé
comme semé de grosses pierres taillées, et j'ai constaté que la céramique
du Llano était parfaitement apparentée à celle de l'Amarejo ; on y retrouve
les mêmes éléments indigènes et grecs, mais rien de romain. J'ai recueilli,
comme il était naturel, les spécimens les plus notables, y compris deux
petites urnes funéraires entières, mais sans aucun mérite de décoration.

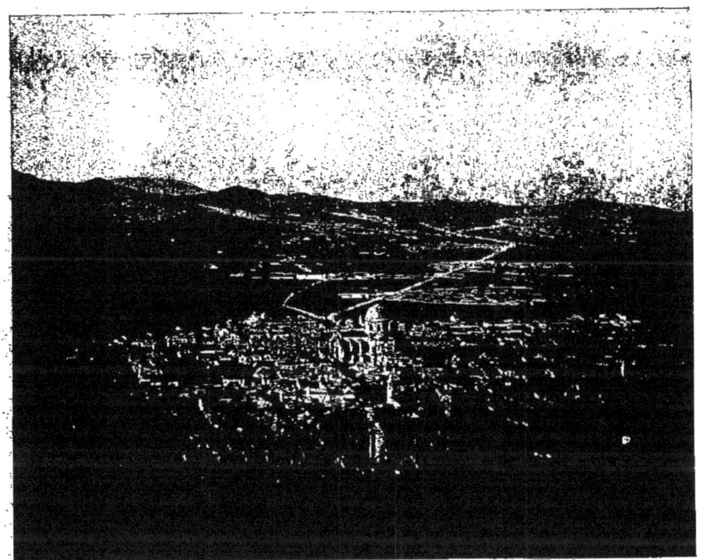

Fig. 12. — Vue d'Yecla et de la chaîne de l'Arabí.

Les RR. PP. Escolapios, dans le petit musée de leur collège d'Yecla
(Fig. 12), possèdent un vase entier, de style indigène, trouvé, dit-on,
à Montealegre. Par ce mot de Montealegre, il faut entendre sans doute
soit le Cerro de los Santos, soit plutôt le Llano de la Consolación.

La mata de la Estrella.

A gauche de la station de Bonete, en se dirigeant au Nord-Ouest vers

le village d'Higueruela, on arrive aux premières portes de la Sierra de
Carcelén. Lorsqu'on a atteint l'importante exploitation agricole de la
Casa de Aparicio, si l'on incline sa route vers l'Est et si l'on dépasse
le ravin que dominent plusieurs petites fermes, entre autres celles de la
Mata de la Estrella, on arrive dans des champs où la céramique est très
fréquente[1]. C'est que les ouvriers chargés de défoncer le terrain pour y
planter de la vigne y ont maintes fois brisé du choc de leurs pioches des
urnes funéraires dont le sol était semé. C'était l'emplacement d'une assez
vaste nécropole à incinération. On plaçait simplement les vases renfermant les cendres dans la terre, à peu de profondeur. J'ai fait faire quelques sondages, pour essayer de trouver des urnes intactes, mais je n'ai
pas réussi. Partout beaucoup de tessons, d'os, de cendres noires et des
charbons mélangés à la terre, quelques débris de verre et de fer. Les
tessons appartiennent à toutes les époques et à tous les styles ; mais le
barro saguntino y est fort rare ; il y a d'assez nombreux fragments
décorés de lignes géométriques, mais beaucoup plus fréquente est la
poterie grossière et primitive[2]. J'ai remporté de mes deux visites à ces
lieux l'impression d'une nécropole très ancienne et depuis très longtemps
dévastée.

Quant à ville à laquelle appartenait ce cimetière, l'emplacement en est
nettement marqué sur les premières assises de la montagne, mais sauf
une sorte de chambranle de porte où bute un mur, je n'ai remarqué
aucune pierre travaillée, ni aucune ruine de construction. Ce devait être
une pauvre bourgade sans édifices.

COIMBRA.

Quand on a parcouru la jolie petite ville de Jumilla, à deux heures de
voiture à l'est de Yecla, et les ruines audacieuses de son castillo, il est
rare qu'on ne soit pas sollicité à visiter le couvent de Santa Anna, perdu
dans un repli des montagnes qui barrent l'horizon à quelques kilomètres

---

1. C'est à la Mata de la Estrella qu'on a
découvert un corps de sphinx accroupi dont
j'ai parlé plus haut, t. I, p. 123.

2. Terre noire entremêlée de grains de
mica.

au Sud. Le vieux monastère. enfoui dans sa verdure — la verdure est rare dans cette région — vaut la peine qu'on affronte les cahots de la route, et l'eau de ses sources est d'une fraîcheur réconfortante. Mais si l'on veut jouir d'un spectacle admirable, tout à la fois sauvage et grandiose, il faut escalader la Sierra, et par des chemins de chèvres, gagner les vieilles ruines connues sous le nom de Coimbra, dont j'ai déjà parlé et donné quelques vues au chapitre de l'architecture [1].

Le chanoine Lozano, historien de Jumilla [2], signale cette acropole et y reconnaît l'emplacement d'une ville ibérique : il y a remarqué des fragments de *barro saguntino*. Plus récemment, en 1891, M. Vilanova a reconnu l'importance de cette station, et en a donné une notice rapide à propos de trouvailles d'objets très anciens à Jumilla ; il nous apprend que la plate-forme. ce que les Espagnols appellent la *mesa* ou *mesita*, porte le nom de *Cerrajo de la buitrera* (endroit pour la chasse aux vautours), et manifeste l'intention d'y faire des fouilles. Il s'en est tenu à l'intention [3]. Sans vouloir décrire le site à mon tour, ni faire valoir le merveilleux spectacle qui s'étend à perte de vue du haut de la pointe vertigineuse du rocher coupé à pic, je me contenterai de dire que la ville est certainement une des plus antiques de la région, aussi primitive que Meca ou que ces Castillares de Carcelén que j'ai eu l'occasion de reconnaître le premier, je crois, parmi les archéologues étrangers à l'Espagne [4].

La céramique, qui m'occupe ici, se compose :

1° D'une poterie très grossière, faite à la main, noirâtre, renfermant beaucoup de petits cailloux, épaisse d'un centimètre ;

2° D'une poterie jaune, faite au tour, plus fine et moins dure ;

3° D'une poterie gris-jaune ; quelques fragments sont ornés de raies rougeâtres.

Moins heureux que Lozano, je n'ai pas trouvé de *barro saguntino,* et j'incline même un peu à croire que le bon chanoine s'est trompé. Coimbra, à mon avis, a cessé d'être habité avant l'époque romaine.

1. Tome Ier, p. 4, fig. 2, 3, 4.

2. D. Juan Lozano, canónigo de la Santa Iglesia de Cartagena, *Historia de Jumilla, continuada hasta nuestras dias por varios Jumillanos,* t. I, 1895, avec un prologue de Albano Martinez Moline.

3. *Boletin de la Academia de la Historia,* 1891, t. IX, p. 20.

4. Voy. t. I, p. 1 et s.

Voilà les lieux que j'ai explorés moi-même ; il faut y joindre, pour la région bastitane :

PEÑAS BLANCAS.

Au couchant de Jumilla ; Cean-Bermúdez rapporte qu'on y a découvert de grandes briques, des tuiles, des tessons et fragments de vases sagontins, *pintados de ramos a la manera de los Etruscos*. Il n'est pas douteux que le chanoine fait erreur, et que ces débris étaient ibériques, à décor floral [1].

ARCHENA.

C'est une petite station de la ligne de Chinchilla à Murcie, à 27 kilomètres au N.-O. de cette dernière ville. Elle est située au bord de la Segura, et tout près de là se trouvent des eaux thermales appréciées dès l'antiquité. Cean-Bermúdez (*Sumario*, p. 48) identifie Archena avec une ville romaine d'*Argilla*, et parle des nombreuses antiquités romaines qui y furent découvertes, en particulier dans les Thermes. Il ne signale pas, au milieu de nombreux objets céramiques, de vases ibériques, mais deux dessins naïfs insérés par le P. Lozano dans son *Histoire de Jumilla* (Pl. IV) suppléent à ce silence. Ce sont une œnochoé à dessin géométrique, et une élégante cruche à col étroit où s'épanouissent sur la panse des rinceaux et peut-être des feuillages.

Mais, pour trouver un centre important, il faut gagner l'Andalousie. Dans le mémoire si plein de faits et d'observations capitales qu'a publié M. G. Bonsor sur ses fouilles de Carmona et des environs [2], mémoire où j'ai déjà fait plus d'un emprunt, l'heureux et habile explorateur dresse le catalogue et publie les images d'un assez grand nombre de fragments ou vases complets, auxquels il donne la désignation de gréco-puniques [3], et d'autres qu'il appelle romains [4]. Tous ces vases ou débris de vases, sem-

1. Cean-Bermúdez, *Sumario*, p. 104.

2. G. Bonsor, *Les colonies agricoles préromaines de la vallée du Bétis*, dans la *Revue archéologique*, t. XXXV, 1899.

3. P. 123, fig. 161 à 174 ; 175 à 180.

4. Fig. 181 à 185.

blables à ceux que j'ai examinés dans les stations précédemment énumérées, malgré quelques procédés spéciaux de fabrique, sont à mon avis indigènes, comme j'espère le démontrer. Aussi n'hésité-je pas à ajouter à la liste précédente Carmona et les localités voisines où M. Bonsor a découvert ces documents, c'est-à-dire « les villes pré-romaines *des*

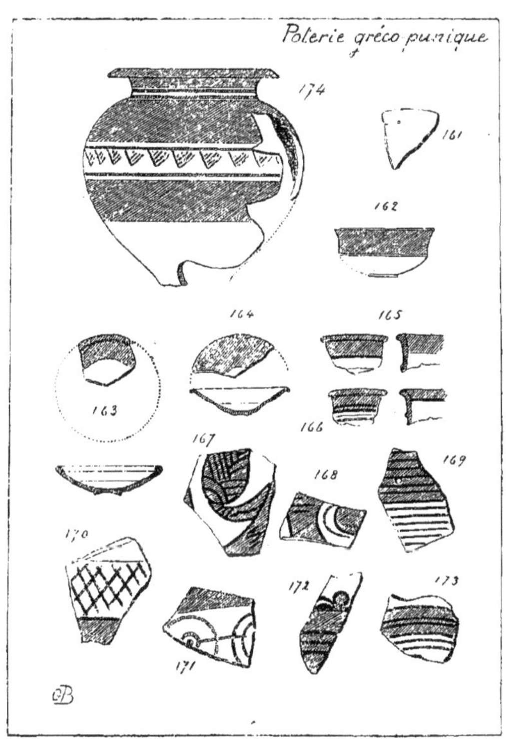

Fig. 13. — Fragments de poteries des Alcores (Carmona).

Alcores, les plateaux de *Tablada* et de *Gandul*, la hauteur de l'*Alcazar*, à Carmona, l'*Acebuchal*, *Entremalo* et les grands tumulus à plateforme, tels que ceux d'*Alcaudete*, de *Parias* et de *Vientos* [1] » (Fig. 13).

1. P. 124. Grâce à la complaisance de MM. Bonsor et Leroux, j'ai pu emprunter le cliché de la fig. 13 à la *Revue archéologique*. Cf. fig. 175 à 180, et peut-être fig. 41, 42.

Du reste cette céramique a été certainement assez répandue dans l'ancienne Bétique. Le Musée provincial de Cordoue en possède quelques spécimens trouvés dans la province, les uns à *Fuente-Tojar*[1] et les autres probablement à *Almedinilla*, car il y a dans les mêmes vitrines un assez grand nombre d'objets de cette dernière origine, et M. Arthur Engel a recueilli à Almedinilla même d'importants débris de grandes jarres qui rentrent très nettement dans la série.

Le Musée archéologique de Madrid possède un vase de Fuente-Tojar, qui ressemble comme forme et comme décor à l'un de ceux du Musée de Cordoue. Deux très beaux spécimens de cette même céramique, un grand cratère à deux anses et une grande urne sans anses en forme de pot de fleurs, que la Marquise de la Corte vient de léguer à l'État, avec d'autres antiquités de moindre valeur, pourraient bien être de la même provenance[2].

Un vase trouvé à *Bejijar*, province de Jaen, est aussi passé au Musée de Madrid avec la collection Góngora[3], et enfin, dans nos récentes fouilles d'*Osuna*, dont les résultats sont encore inédits, M. Arthur Engel et moi avons recueilli une assez grande quantité de débris du même style.

C'est d'ailleurs à Madrid qu'il faut chercher les exemplaires les plus complets, et quelques-uns des plus intéressants fragments de la céramique que j'étudie. J'ai déjà indiqué, outre ceux de provenance andalouse, ceux qui proviennent d'Elche, et qui ont fait partie de la collection Aureliano Ibarra. Quelques autres ont été groupés avec ceux-là, mais M. Mélida n'a pas pu m'en indiquer la provenance exacte, qui n'est pas inscrite à l'inventaire. Un au moins provient de l'ancien fonds du Musée de la collection de la Bibliothèque ou du Cabinet d'histoire naturelle.

L'Académie de l'Histoire possède une grande et belle urne, de décor très simple, mais admirablement conservée, dont je dois une photographie à l'amitié de D. Antonio Vives, membre de cette compagnie. Elle a été envoyée de Saragosse (Fig. 14).

---

1. Nos 135, 136, 138, 139, 178, 141, 286.

2. Nos 19058 et 19059 de l'inventaire du Musée archéologique de Madrid. La provenance indiquée est simplement la province de Cordoue.

3. Collection Góngora, n° 852.

Après le Musée de Madrid, il faut citer celui de Murcie. Les quelques
vases de style indigène qui s'y trouvent proviennent peut-être de Monteagudo, et ont été donnés par D. Eulogio Saavedra. Ce musée est l'un
des plus pauvres et des plus abandonnés de l'Espagne. Je ne connais de
plus lamentable que celui de Cuenca. Il n'y a ni inventaire ni catalogue,

Fig. 14. — Vase ibérique provenant d'Arse Edetanorum (?).
Académie de l'Histoire, à Madrid.

et l'archéologie, dans cette merveilleuse province, la plus riche peut-être
de la Péninsule en antiquités, est dans le plus complet désarroi.

Le Musée de Grenade ne valait guère mieux quand je l'ai visité une première fois, installé (?) dans une salle obscure de la Casa Consistorial ; la
seconde fois il était transporté dans une belle maison, mais bien en
désordre, du moins en ce qui concerne les antiques. J'y ai noté deux ou
trois petits vases à dessins ibériques, en particulier celui qui porte le
numéro 516. La provenance n'en est pas indiquée.

Le Musée de Valence, sous la direction éclairée de D. Luís Tramoyeres Blasco est bien mieux tenu, mais incomplètement installé en ce

qui concerne la section des antiques. Les inscriptions latines et nombre
d'importants fragments d'architecture ou de sculpture sont encore
entassés pêle-mêle dans une cour, fort exposés aux intempéries, et difficiles à étudier. La richesse de la collection de tableaux, où se trouvent
tant de belles œuvres de la grande école valencienne, fait un peu tort à
l'archéologie. Je n'ai pas vu dans la salle des antiquités de spécimens
de poterie ibérique peinte. Mais M. Tramoyeres Blasco m'en a montré
quelques débris qui venaient d'être envoyés, en octobre 1899, à l'Académie des Beaux-Arts dont il est le secrétaire ; la provenance indiquée était
Ledaña, partido de la Motilla del Palancar, dans la province de Cuenca.

Pour retrouver de la céramique indigène décorée, il nous faut maintenant faire un saut brusque, et remonter en Catalogne. Le Musée de
Tarragone est surtout riche en céramique romaine. Il y a pourtant quelques fragments ibériques de première valeur. Ils ne sont pas tous inédits.
Quelques-uns ont été étudiés en 1899 par M. G. J. de Guillén-García,
dans un mémoire qui n'est pas passé inconnu en Espagne, et où l'auteur
veut soutenir cette thèse extraordinaire, que les Hétéens ont colonisé la
Catalogne [1], thèse déjà mise en avant par D. Salvador Sanpere y Miquel
en 1878 [2]. Les fragments en question ont été trouvés à Tarragone même.

A Barcelone, le Musée provincial conserve quelques exemplaires. La
provenance indiquée est Arles en Provence, et il n'y a pas là une grosse
difficulté, soit que ces vases aient été importés en Gaule par Marseille,
soit que les Ligures aient eu des fabriques analogues à celles de leurs
proches parents de la Péninsule. Mais on peut néanmoins conserver quelques doutes sur l'exactitude des renseignements. Au Musée historique
municipal il y a aussi un petit vase de la même série, et de nombreux
fragments, trouvés, à ce qu'il semble, à Ampurias.

C'est aussi d'Ampurias que proviennent quelques débris rassemblés au

1. G.-J. de Guillén-García, *Les Hétéens
ont-ils colonisé la Catalogne? Acropole
cyclopéenne de Tarragone* (Extrait des
*Comptes rendus du IVe Congrès scienti-
fique international* tenu à Fribourg (Suisse)
en août 1897 (Fribourg, 1899). Trois des
fragments en question sont dessinés aux fig.

2, 3, 4 ; ils portent au Musée les numéros
2567, 2565 et 2563. Voy. nos fig. 101, 135,
192.

2. D. Salvador Sanpere y Miquel, *Origens
y fonts de la nació catalana*, Barcelona,
1878.

Musée de Gérone, parmi les vases grecs précieux sortis en foule de la nécropole de la colonie marseillaise.

A la Bibliothèque-Musée dont l'illustre Victor Balaguer a doté sa ville de Villanueva y Geltrú, près de Bar-celone, j'ai dessiné trois fragments ibériques décorés au pinceau, apportés on ne sait d'où. Un seul a de l'intérêt (Fig. 15).

A Saragosse le Musée pro-vincial conserve quelques vases et coupes d'un très grand intérêt, si j'en juge par les photographies qu'a bien voulu en prendre pour moi mon ami D. José Ramón Mélida. Je n'en connais pas l'ori-gine, mais il y a lieu de croire

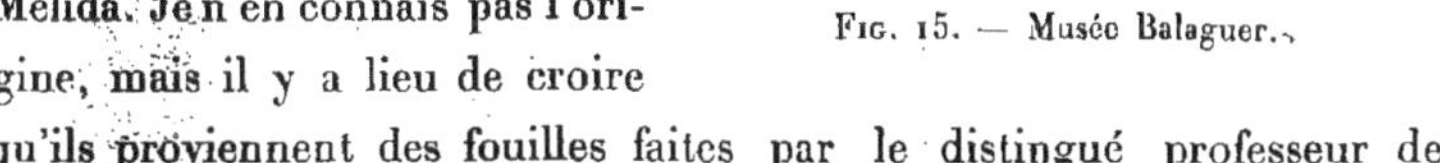

Fig. 15. — Musée Balaguer.

qu'ils proviennent des fouilles faites par le distingué professeur de l'Université de Saragosse, D. Pablo Gil, il y a d'as-sez longues années, dans ce qu'il estime être l'ancienne ville *Arse des Edétaniens*, mentionnée par Ptolémée[1].

M. Gil possède une col-lection de vases ibériques qui doit être fort intéres-sante, si j'en juge par les deux spécimens qui en ont

Fig. 16. — Urne de la collection Gil à Saragosse.

été reproduits par la gravure (Fig. 16), et l'on doit attendre avec impa-tience la publication qu'il prépare de ses fouilles[2].

1. Ptol., *Geogr.*, II, 6, 62. C'est sur l'em-placement de la ville moderne de Hijar, pro-vince de Teruel, qu'on a cru retrouver l'an-tique ville des Edétaniens (voy. J. R. Mélida, *El Jinete ibérico*, dans le *Boletín de la Socie-dad de Excursiones*, août-septembre 1900).

2. M. Pablo Gil, à qui j'avais demandé de bien vouloir me communiquer des dessins de

Je dois aussi signaler des urnes funéraires trouvées à *Cabeza del Griego,* province de Cuenca, par D. Román García Soria, qui les conserve dans son *corral* à Ucles, et des tessons décorés d'ornements circulaires au pinceau que j'ai ramassés moi-même dans les mêmes ruines.

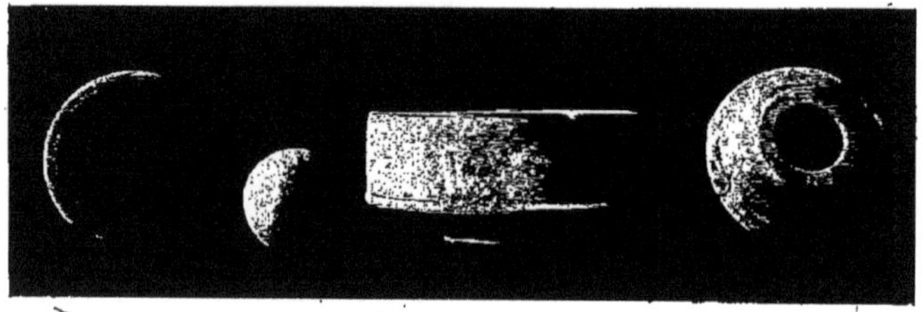

Fig. 17. — Collection Simón, à Palencia.

Les urnes de M. Román, hautes de vingt-cinq à trente centimètres, sont de formes très simples, renflées au ventre et un peu étranglées au col, semblables à de véritables pots à soupe. Les dessins sont réduits à des bandes horizontales peintes en brun autour du col et de la panse [1].

ses vases ibériques, m'a très aimablement répondu qu'il ne pouvait le faire actuellement, car sa collection n'est ni mise en ordre, ni cataloguée ; mais qu'il mettrait bientôt des photographies à ma disposition, ayant du reste l'intention de publier ses recherches très prochainement. Au moment où le présent livre s'imprime, il ne m'est pas encore possible de combler la lacune que je laisse ici. Les deux vases du cabinet de M. Gil auxquels je fais allusion sont publiés dans Anselmo y Pedro Gascón de Gotor, *Zaragoza artística, monu-* *mental y histórica,* t. I, planche sans numéro. Sans doute la grande urne de l'Académie de l'Histoire à Madrid (voy. plus haut fig. 14) provient aussi des recherches de M. Gil.

1. Sur les recherches faites à Cabeza del Griego, voy. J. de D. de la Rada et Fita, *Excursiones arqueológicas a Ucles, Sahelices y Cabeza del Griego,* dans *Boletín de la Real Academia de la Historia,* juillet-septembre 1889, et D. Palayo Quintero, *Bulletin hispanique,* 1902, p. 185.

Enfin, M. le Dr Simón y Nieto possède à Palencia quelques vases
peints dans le même style que tous les vases qui motivent cette énumération, et qui ont été trouvés à Palencia même, avec nombre de vases
romains dont ils diffèrent absolument par les formes assez basses et
ramassées ; notre figure 17 donne exactement sinon la décoration, du
moins le galbe des principaux.

En terminant cette sorte de catalogue, je dois insister sur ce point que
je ne prétends pas être complet. Je serais même fâché de l'être, car je
pense que la céramique ibéro-grecque s'est répandue sur toute la surface
de l'Espagne et qu'il en existe des produits en maintes ruines ou villes,
dans maintes collections que je n'ai pas nommées parce que je ne les
ai pas visitées. Je m'en suis tenu à ce que j'ai vu de mes propres yeux
et étudié. Je n'ai mentionné que les spécimens dont le caractère ne me
paraît pas discutable.

*
* *

Si j'écrivais une histoire générale de la céramique de l'Espagne
ancienne, je devrais d'abord étudier les très nombreux vases ou fragments
qui, dans les différentes stations que j'ai énumérées ou décrites, représentent une industrie purement indigène, à ce qu'il semble, et qui par
plus d'un côté ont comme un aspect préhistorique. Ils proviennent certainement de fabriques espagnoles, et ne sont pas importés, bien qu'ils
aient à coup sûr voyagé dans l'intérieur du pays. Il s'agit d'une poterie
grossière, épaisse et rude, faite quelquefois à la main, mais d'ordinaire
au tour, laquelle ne porte jamais aucune trace de décoration à la pointe
ni au pinceau. La pâte, tantôt noire, tantôt grise, tantôt rouge, suivant la
nature de l'argile et le degré de cuisson, en est malaxée avec peu de soin,
pleine le plus souvent de petits grains de sable, de mica ou de marbre
que la chaleur insuffisante des fours n'a pas réussi à mettre en fusion.
Beaucoup proviennent probablement de très antiques établissements
ibères ; mais il est probable aussi que la fabrication et l'usage s'en sont
conservés même à des époques de civilisation assez avancée. On sait
combien sont imprudentes, en fait de céramique, les chronologies trop

rigoureuses, et comme il faut tenir compte de la survivance de certains types, due à la routine des consommateurs autant qu'à celle des fabricants. Mais cette poterie, tout intéressante qu'elle soit, doit rester hors de mon sujet, car elle ne témoigne d'aucune influence étrangère.

D'ailleurs, si les restes n'en étaient pas trouvés constamment avec des tessons décorés de facture beaucoup plus jeune, on serait tenté de les

Fig. 18. — Urnes de La Cabeza la Inbestida (Totana).

appeler préhistoriques. Ce qui ne veut pas dire que les céramistes espagnols préhistoriques n'aient fabriqué que des objets très grossiers de forme et de technique. Entre mille exemples, je signale les grandes et fines jarres que j'ai photographiées à Totana (Fig. 18), et qui proviennent de la très importante station voisine que l'on appelle *Cabeza la Inbestida*. J'en donne l'image, qui peut servir à d'instructives comparaisons.

De propos délibéré je laisse aussi de côté les vases moins nombreux, mais assez répandus encore, dont la décoration, purement géométrique, est gravée sur l'argile. J'en ai recueilli des spécimens intéressants à l'Amarejo et à Meca, plus ou moins fins de terre, de forme ou de décoration : il y en a de fort intéressants aussi au Musée de Madrid, par exemple, et au Musée de Gérone[1] (Fig. 19). Mais s'ils sont, comme je le crois, d'âge plus récent, ils ne s'en rattachent pas moins par la technique du décor aux types préhistoriques et, sauf exception, n'ont pas de caractère spécialement ibérique.

Je dois aussi, à mon grand regret, ne pas faire entrer dans le cadre de

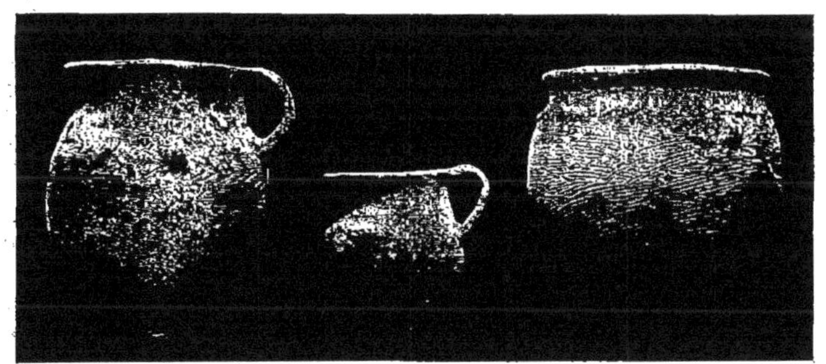

Fig. 19. — Vases préhistoriques au Musée de Gérone.

cette étude la poterie à décor géométrique incis avec incrustations de pâte blanche dont plusieurs importants dépôts ont été retrouvés en différents lieux de l'Espagne, en particulier à *Ciempozuelos*, près de Madrid[2], dans la grotte de *Palmella*, près de *Setubal*, en Portugal[3], à *Talaveira de la Reina*[4], et tout récemment dans la vallée du Bétis, par M. Georges Bonsor. En effet, ce sont des vases préhistoriques. Une commission de l'Académie de l'Histoire chargée d'étudier les trouvailles de Ciempozuelos, et composée de MM. Juan Facundo Riaño, Juan de Dios de la Rada y Delgado, Juan Catalina García, a conclu ainsi : « Les vases de Ciempozuelos, par leur forme, leur technique et leur décoration, étant donnés

1. Je donne l'image des trois plus intéressants que j'ai photographiés à Gérone, à titre d'exemples (Fig. 19).

2. *Boletín de la Real Academia de la Historia*, xxv, p. 436 (avec 12 planches).

3. E. Cartailhac, *Ages préhistoriques de l'Espagne et du Portugal*, fig. 157-161. M. Cartailhac ne dit pas que les traits incis du décor aient été remplis de pâte blanche.

4. *Boletín de la Real Academia de la Historia*, 1897, p. 448.

d'ailleurs les objets de métal trouvés avec eux, appartiennent à une époque préhistorique assez avancée, à celle qui se nomme communément l'âge du bronze. » Quant aux vases andalous, dont je puis faire figurer ici quelques spécimens grâce à l'amitié de leur heureux possesseur, ils sont d'une autre fabrique, et peut-être un peu plus récents, si l'on en juge par la plus grande délicatesse des gravures et de la pâte crayeuse qui remplit ces gravures ; mais ils sont de même style et ne peuvent se séparer des précédents (Fig. 20) M. Bonsor avait d'abord cru reconnaître là des produits importés par l'invasion celtique, et c'est comme celtiques qu'il classe ces poteries dans son beau mémoire, si souvent cité déjà, sur les *Colonies agricoles pré-romaines*[1] ; mais de nouvelles découvertes sont venues modifier son avis, et, comme il a bien voulu me l'écrire, « cette céramique est bien antérieure à l'invasion celtique. Elle remonterait à la dernière phase du néolithique. » M. Bonsor ne tardera pas à donner les preuves de cette opinion nouvelle. Pour moi, il suffit que j'indique la raison que j'ai de ne pas m'arrêter à ces très intéressantes poteries.

*
* *

Cette classe de céramique reste d'ailleurs en Espagne comme une exception. Au contraire la céramique à décor peint au pinceau, de style géométrique, de style végétal ou de style animal, qui, tout en gardant un caractère original, éveille inévitablement le souvenir des plus anciennes industries de la Méditerranée orientale, et plus spécialement de la Grèce, est beaucoup plus abondante et répandue, et doit m'occuper longtemps.

Je ne prétends pas que l'idée d'un rapprochement entre la céramique des Ibères et celle des pays de culture grecque ne soit jamais venue à l'idée de personne. M. Georges Perrot a signalé la boîte en terre-cuite, munie de son couvercle, qui appartient à Don Pablo Gil, de Saragosse (Fig. 16). Mal informé, et n'ayant pas vu l'objet, l'éminent archéologue estime que « c'est un objet qui appartient à la dernière époque de la

1. P. 116-123 ; fig. 117 à 160.

Fig. 20. — Vases préhistoriques d'Andalousie. (Collection Bonsor.)

fabrication mycénienne[1] ». Cette phrase semble indiquer un objet d'importation ; malgré cette erreur toute naturelle, puisqu'à part ce spécimen, dont l'image s'est égarée dans un livre sans prétentions scientifiques[2], aucun vase ibérique de ce style n'a été publié jusqu'à présent ; il n'en reste pas moins que M. Perrot a eu l'idée de rechercher en Espagne des traces de la culture mycénienne.

Dans le mémoire que j'ai plus haut mentionné, *Les Héléens ont-ils colonisé la Catalogne ?* M. de Guillén-García a songé à comparer trois fragments du musée de Tarragone, l'un décoré de feuilles et de spirales, le second de plantes, le troisième d'une bande d'oiseaux (Fig. 135, 101, 192), avec ce qu'il appelle « *les poteries de l'ancien style des Cyclades* », et en particulier avec un vase bien connu de Théra et les *poteries d'ornementation géométrique* que l'on trouve à Mycènes, Tirynthe, Égine, dans l'Attique, à Chypre, à Rhodes, c'est-à-dire à la poterie mycénienne[3]. La comparaison s'imposait, et elle est heureuse ; mais l'auteur ne fait que l'indiquer, et se perd à l'instant au milieu des plus invraisemblables théories héléennes.

Enfin M. G. Bonsor, par le seul fait qu'à première vue il a désigné quelques poteries géométriques ou florales, précisément celles qui rentrent dans notre étude, sous le nom de poteries gréco-puniques ou carthaginoises, montre qu'il a été frappé tout d'abord de ce qu'il y a de grec dans le style de cette céramique, et qu'il y a reconnu l'empreinte d'une influence indirecte, il est vrai, mais indéniable. Plus tard d'ailleurs, comme il me l'a plusieurs fois affirmé, son jugement est devenu conforme au mien, et il accepte pour les débris en question la qualification d'ibériques.

*

Étant mieux documenté, je puis être plus précis, et affirmer où d'autres n'étaient qu'en droit de supposer. Mais il est avant tout nécessaire

---

1. Perrot et Chipiez, *Histoire de l'art dans l'antiquité*, VI, p. 940, note 5.
2. Anselmo y Pedro Gascón de Gotor, *Zaragoza artística, monumental y histórica*, t. I, pl. sans numéro.
3. Chap. VI.

de décrire les monuments connus, ou plutôt les plus utiles d'entre eux, je veux dire ceux dont le décor offre quelque originalité ou quelque particularité.

J'indique seulement, pour ne rien oublier, les vases très communs dont la panse était entourée de rubans concentriques, plus ou moins larges, et tracés au pinceau sans beaucoup de précision ni d'unité dans la teinte. On en a déjà vu des exemples dans le groupe de fragments que reproduit la figure 13, empruntée aux *Colonies agricoles pré-romaines de la vallée du Bétis*[1]. Ce décor est si simple et d'invention si naturelle qu'on pourrait le négliger, si la qualité de l'argile et son aspect, si la nuance même de la peinture employée ne le classaient nettement dans la série en question. D'ailleurs ces rubans sont comme l'élément essentiel de la décoration que j'ai à étudier ; ils se retrouvent mélangés à tous les autres éléments, et ils servent vraiment de trait d'union entre tous les vases de cette grande famille ; ils allient les plus pauvres aux plus riches, et quel que soit le progrès du style, ils restent comme des témoins de l'origine, et la plus sûre marque de fabrique.

La disposition suivante, encore très simple, a plus d'intérêt : entre des bandes concentriques semblables aux précédentes sont déterminées des zones, et ces zones reçoivent des dessins courants, par exemple des dents, comme dans une petite bouteille de l'Amarejo que j'ai retrouvée complète (Fig. 21)[2] et un fragment de même provenance (Fig. 22), des losanges opposés par les angles (Fig. 23), des demi-cercles tangents entre eux, appuyés contre la bordure de la zone qui leur sert de diamètre (même figure), ou des combinaisons plus compliquées de lignes ou de cercles[3] (Fig. 24 à 29 et 13, n° 174).

Très souvent les zones sont recoupées par des lignes droites parallèles entre elles, mais perpendiculaires aux cercles[4] et souvent aussi ces per-

---

1. Fig. 162, 165, 169, 173. Cf. la même étude, fig. 178, 179, 180, etc.

2. Cf. *Rœmische Mitteilungen*, 1900, p. 70, fig. 11, 12, 18, 19, 24, 25. (Vases trouvés à Leontinoi.)

3. Fig. 24 (Elche) ; 25 (Alberca de Murcie) ; 26 (Amarejo) ; 27 (Elche-Madrid, Lorca, Elche) ; 28 (Yecla) ; 29 (Mus. de Madrid) ; 13 (Fouilles de M. Bonsor), etc., etc.

4. Fig. 30 (Alberca de Murcie) ; 31, 46 (Elche-Madrid) ; 55 (Musée de Madrid).

Fɪɢ. 21. — Bouteille de l'Amarejo.

Fɪɢ. 22. — Amarejo.

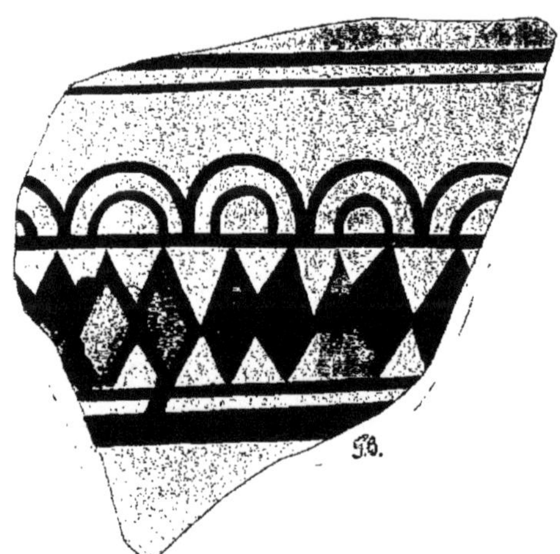

Fɪɢ. 23. — Amarejo.

Fig. 24. — Elche. (Collection P. Ibarra).

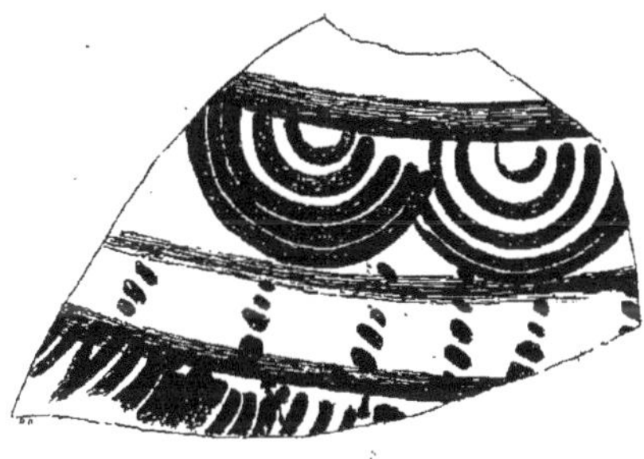

Fig. 25. — Alberca de Murcie.

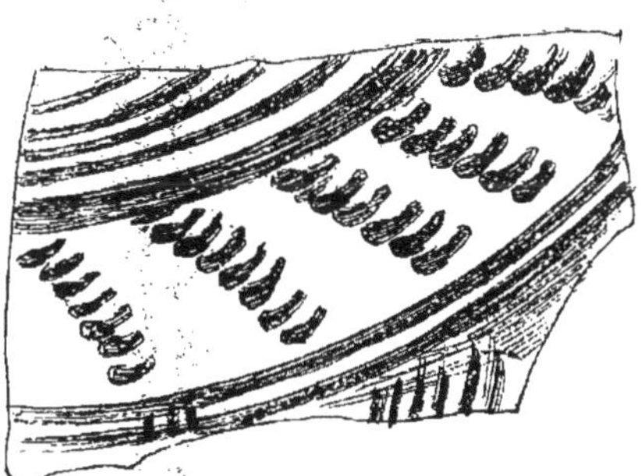

Fig. 26. — Amarejo.

Fig. 28. — Collège d'Yecla

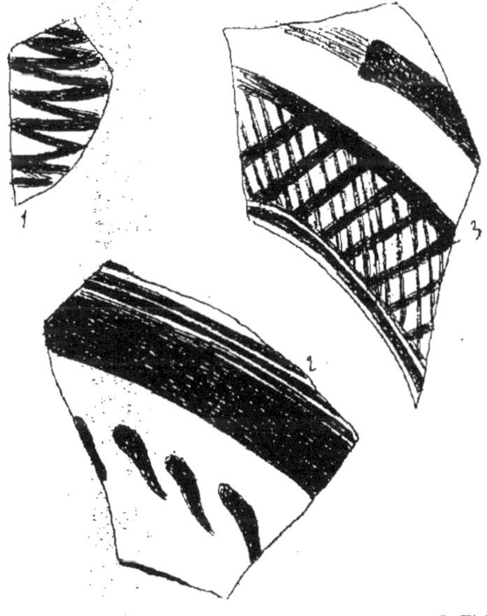

Fig. 27. — 1. Elche (Musée de Madrid); 2. Lorca; 3. Elche.

Fig. 29. — (Musée de Madrid).

pendiculaires sont remplacées par des lignes ondulées [1] (Fig. 14, 32 à 41).
Le champ ressemble ainsi à une frise de métopes. Il peut y avoir du reste un
nombre plus ou moins grand de ces frises superposées. D'assez nombreux
spécimens offrent cette variante, que les lignes parallèles sont remplacées

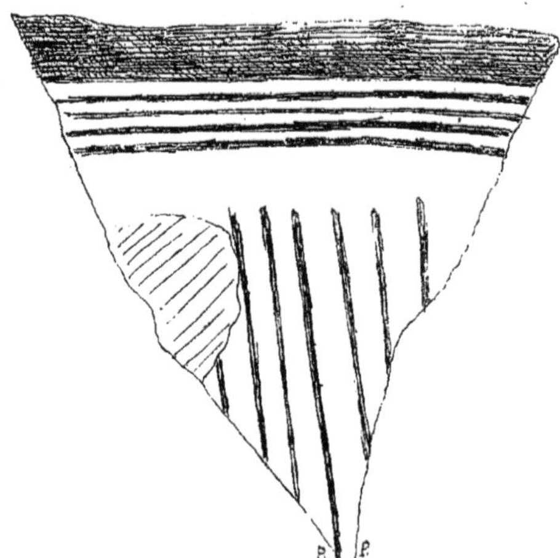

Fig. 3o. — Alberca de Murcie.

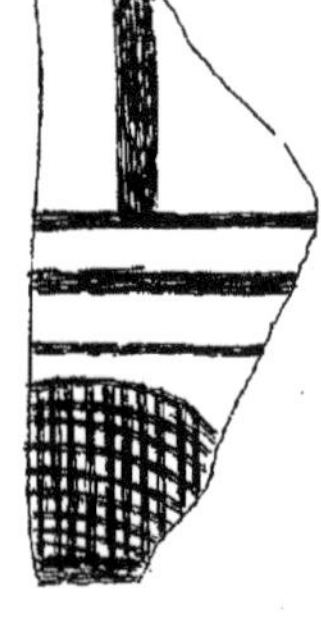

Fig. 31. — Elche. (Musée de
Madrid.)

par un véritable quadrillage formé du recoupement de lignes perpendiculaires ou obliques [2].

Faisant un pas de plus, je vois ces zones s'orner de dessins plus touf-
fus et moins simples. Dans la collection Aureliano Ibarra, au musée
de Madrid, je note un fragment où le tableau de la métope est rempli
par une croix formée de deux doubles diagonales (Fig. 46), et surtout,

1. Fig. 32, 33 (Mus. de Madrid); 34
(Alberca de Murcie); 35 (Herrerias, coll.
Cánovas à Lorca); 36 (Amarejo-Louvre); 37,
38 (Alberca); 4o, (Meca); 39, 41 (Amarejo); 14 (Arse Edetanorum (?), Académie de
l'Histoire à Madrid).
2. Fig. 27, 42, 43 (Amarejo).

Cf. fig. 44. En guise de triglyphe, le décorateur a employé deux raies verticales, et
entre elles un double méandre très irrégulier.
(Meca, fragment de col de vase), et fig. 45,
où les triglyphes sont formés de larges bandes
de chevrons parallèles (Collection Pedro
Ibarra, à Elche).

Fig. 32. — Musée de Madrid.

Fig. 35. — Collection Cánovas à Lorca.

Fig. 33. — Musée de Madrid.

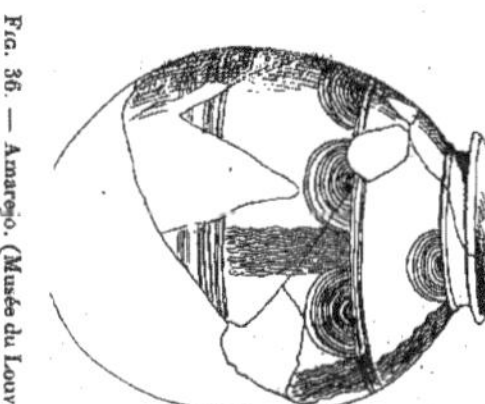

Fig. 36. — Amargo. (Musée du Louvre.)

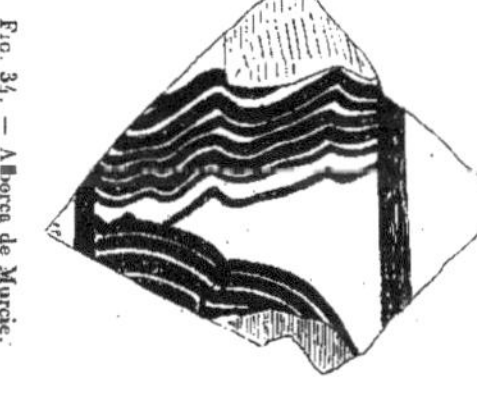

Fig. 34. — Alberca de Murcie.

II. — 4

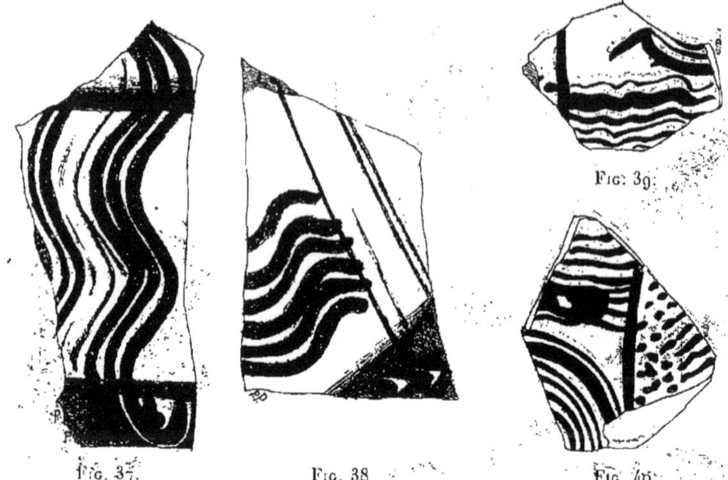

Fig. 37. Fig. 38 Fig. 39 Fig. 40

Fig. 41. — Cerro de l'Amarejo. (Musée du Louvre.)

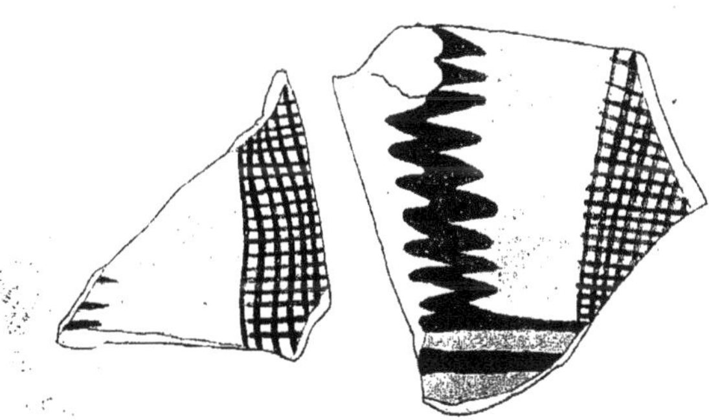

Fig. 42 et 43. — Amarejo.

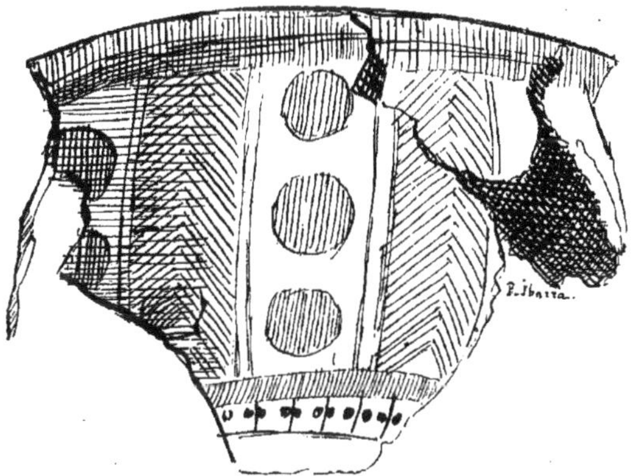

Fig. 45. — Elche. (Collection P. Ibarra.)

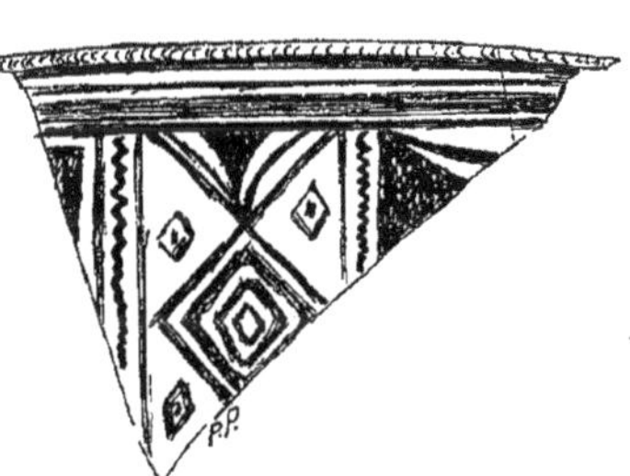

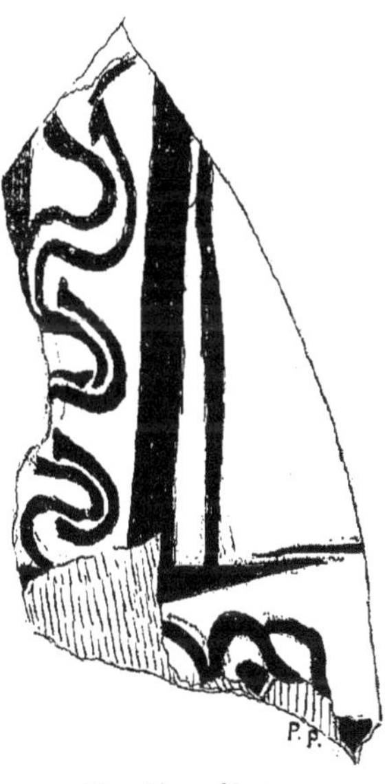

Fig. 44. — Meca.

Fig. 46. — Elche.
(Collection A. Ibarra)

Fig. 47. — Elche (Collection P. Ibarra.)

dans la collection de D. Pedro Ibarra, à Elche, un morceau de col de
vase, dont le dessin, d'exécution plus fine, plus précise, montre une
métope ornée de losanges opposés par les sommets (Fig. 47) ; c'est

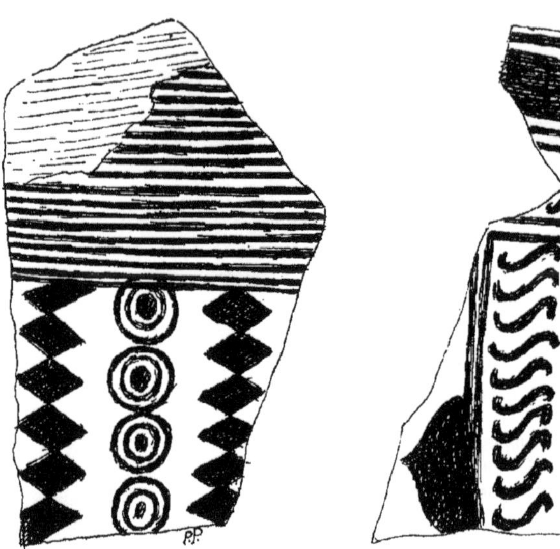

Fig. 48. — Elche. (Collection P. Ibarra.)
Fig. 49. — Elche. (Musée de Madrid.)

aussi d'Elche que provient un tesson où l'on voit une métope formée de
losanges pleins accolés par leurs angles obtus, et entre eux une ligne
perpendiculaire formée de cercles concentriques (Fig. 48). Je puis citer
aussi un morceau trouvé à Elche où les triglyphes sont formés d'S couchées et superposées entre les lignes droites, et les métopes occupées par
de grands fleurons simulant les diagonales du cadre (Fig. 49, Madrid[1]).
La comparaison de la figure s'impose d'une part avec tel ou tel vase
chypriote[2], de l'autre avec des vases archaïques de Rhodes[3] et surtout de

1. Les S couchées sont un ornement très
fréquent, comme le prouvent les fig. 5o
(Elche, coll. Pedro Ibarra) ; 51, 52 (Meca).
Il y a du reste de nombreuses variantes dans la
forme et la disposition de cet élément (Cf.

fig. 53, 54, Meca).
2. E. Pottier, *Vases antiques du Louvre*, pl. 5, nᵒˢ 4o, 42.
3. *Ibid.*, pl. 1o, nᵒˢ 266, 286.

Fig. 5o.— Elche. (Collection P. Ibarra.)

Fig. 5i. — Meca.

Fig. 5a. — Meca.

Fig. 53. — Meca.

Fig. 54. — Meca.

l'Italie[1]. Enfin une petite cruche conservée à Madrid, et heureusement

Fig. 55. — Musée de Madrid.

intacte a pour principal décor une métope quadrillée (Fig. 55).

Que les zones soient ou non divisées en cadres carrés ou oblongs, elles reçoivent d'ordinaire, comme je l'ai dit, une décoration soignée dont les éléments sont très variables. Les plus intéressants motifs que j'ai notés sont, sur des tessons trouvés à l'Amarejo, et dont j'ai pu recoller ensemble quelques-uns, des signes semés dans le champ et où l'on reconnaît des swasticas ou croix gammées, des soleils formés d'un cercle et de lignes rayonnantes, et une sorte d'astre dont une spirale ornée de crêtes forme la tête, et qui se termine en queue

Fig. 56. — Amarejo. (Musée du Louvre.)

1. E. Pottier, *Vasos antiques du Louvre*, pl. 31. Cf. Goell, *Nécropole de Vulci*, Pl. I, n° 7

serpentante; c'est peut-être la représentation fantaisiste d'une comète.
Ces symboles, si ce sont là des symboles, courent entre une ligne supérieure de coins disposés en dents de scie (je parlerai plus bas de ce motif)
et une ligne d'arceaux en ogives qui s'entre-croisent et dessinent un
treillis (Fig. 56).

Une autre grande jarre de l'Amarejo, dont j'ai recueilli plusieurs
morceaux et que j'ai déjà signalée (Fig. 41), est divisé par zones
dont les rubans de séparation sont bordés soit de demi-cercles concentriques accostés, soit de simples traits obliques; le champ est divisé en

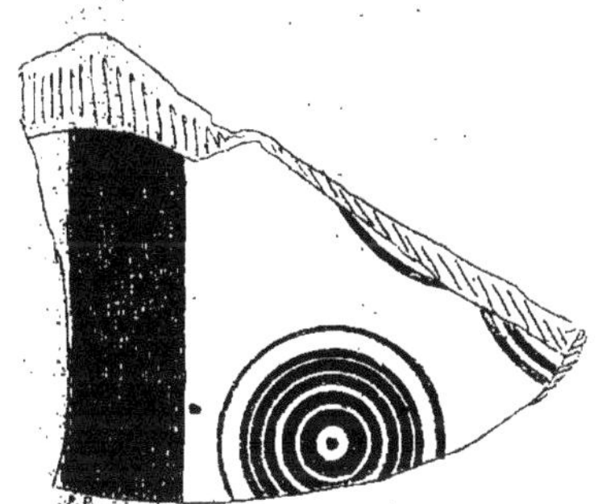

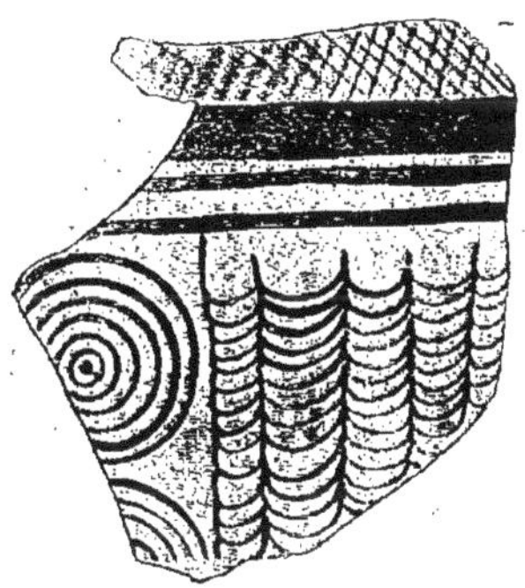

Fig. 57. — Alberca de Murcie.
Fig. 58.　Meca.

métopes par des groupes de lignes ondulées, verticales ou horizontales,
ou de simples bâtonnets.

C'est du reste le cercle qui fournit le plus souvent les éléments de la
décoration des zones.

Quelquefois, comme nous venons de le voir, et comme on peut le voir
encore dans un fragment de l'Alberca de Murcie, et un autre de Meca, il
y a simplement une succession de cercles concentriques dont le centre est
marqué par un point (Fig. 57, 58), mais ce modèle semble encore assez
rare.

Au contraire très fréquemment apparaissent des groupements variés
de demi-cercles concentriques. Ils s'appuient sur les plates-bandes

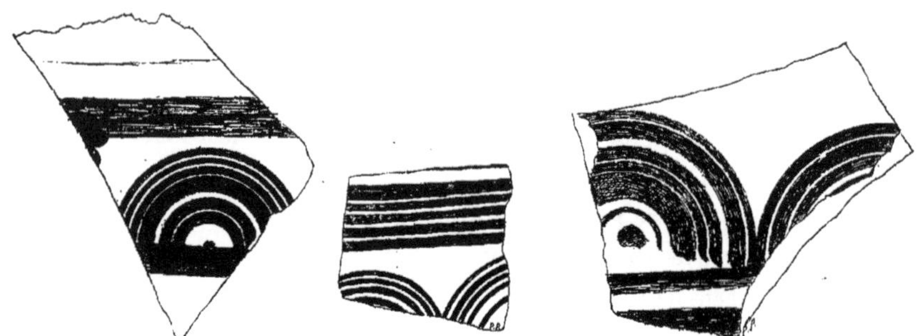

Fig. 59, 60 et 61. — Alberca de Murcie.

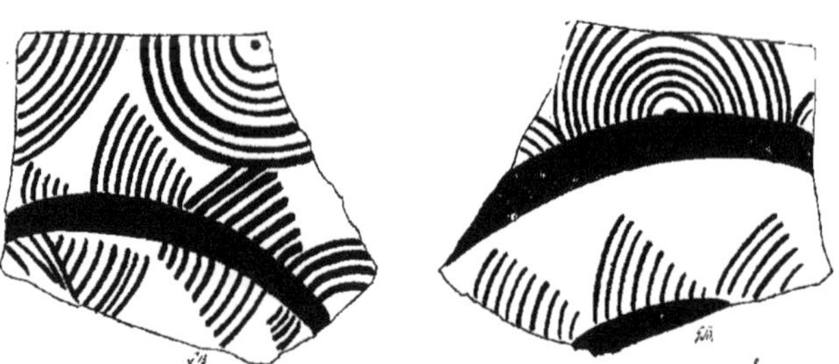

Fig. 62 et 63. — Meca.

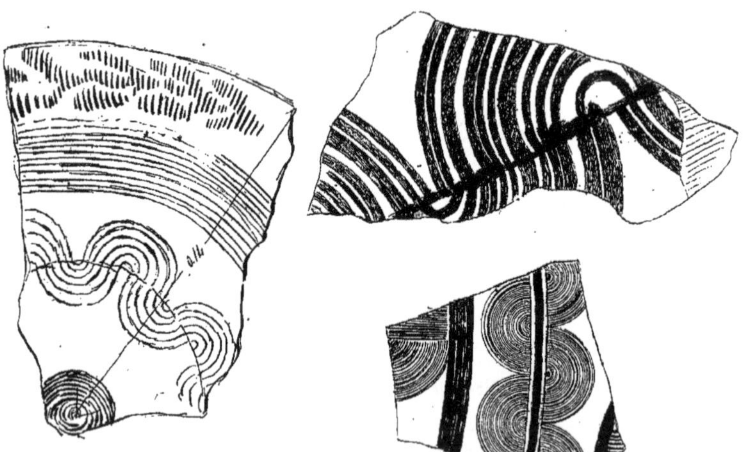

Fig. 64, 65 et 66. — Alberca de Murcie, Elche.

horizontales qui leur servent de cordes, et se juxtaposent, tantôt tangents, tantôt nettement séparés[1].

Un vase qui s'est conservé intact, et qui est passé de Montealegre, probablement du Cerro de los Santos ou du Llano de la Consolación, au collège des PP. Escolapios d'Yecla, est décoré d'une zone de ces demi-cercles opposés de part et d'autre d'un ruban circulaire sur lequel est marqué le centre commun[2] (Fig. 28).

Mais la disposition la plus intéressante se trouve sur un fragment d'Elche et un autre de l'Alberca de Murcie : deux rangées de ces demi-cercles concentriques sont placées de part et d'autre d'un ruban entourant la panse, de telle sorte que le centre de chaque groupe supérieur, par exemple, corresponde aux points de contact de deux groupes inférieurs. Il y a donc opposition alternée, et l'aspect général de l'ornement courant est celui d'un serpent sinueux (Fig. 64 et 65). On retrouve ce motif sur un fond de coupe appartenant à M. P. Ibarra (Fig. 66), et sur un assez volumineux fragment de vase cylindrique trouvé à l'Amarejo, où ce méandre est aussi dessiné ; mais chaque élément n'est formé que de quatre cercles concentriques (Fig. 67).

A Elche encore je trouve ce joli dessin : des demi-cercles concentriques complets se continuent par une série de demi-cercles concentriques interrompus, de manière à réserver comme des coins ; l'ornement ressemble au plan d'un théâtre antique avec des gradins en *cunei* (Fig. 68). Un autre spécimen d'invention non moins ingénieuse (il provient aussi d'Elche) montre les demi-cercles flanqués de quarts de cercles concentriques qui sont disposés en dents de scie circulaire (Fig. 69).

L'urne déjà mentionnée de l'Amarejo, dont j'ai pu recoller ensemble six fragments, offre sur une de ses zones une disposition spéciale : il n'y a plus de rangées de demi-cercles, mais une ceinture de groupes de demi-cercles se recouvrant en partie les uns les autres, suivant un dessin très régulier[3] (Fig. 41).

---

1. Fig. 23 (Amarejo) ; 25 (Alberca de Murcie) ; 36, 41 (Amarejo) ; 59, 60, 61 (Alberca de Murcie) ; 62, 63 (Meca) ; 14 (Académie de l'Histoire), etc. Les nos 62 et 63 représentent les deux faces du même tesson.

2. Ce vase a été signalé par M. Engel dans la *Revue archéologique*, 1896, II, p. 225, ou pour mieux dire M. Engel a pris note de deux vases de ce type ; je n'en ai retrouvé qu'un seul.

3. La figure ne donne qu'une partie de l'ornement courant.

C'est à ce genre de décor qu'il faut rattacher une disposition assez

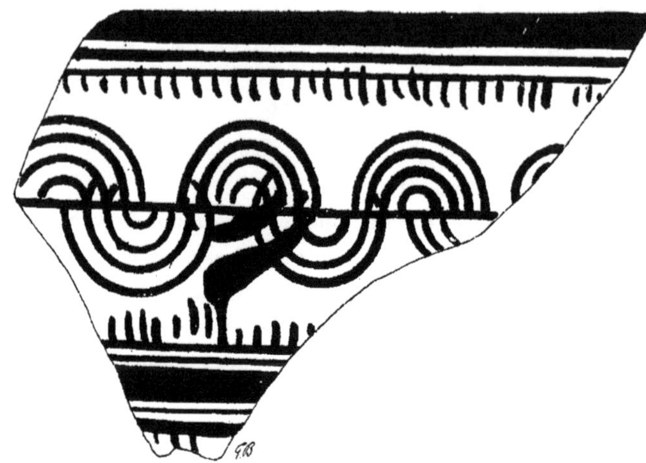

Fig. 67. — Amarejo.

heureuse, bien que très simple : de petits cercles non tangents, dont les

Fig. 68 et 69. — Elche.

centres sont situés sur une même ligne, sont enveloppés de cercles concentriques à plus long rayon, de telle façon que chacun de ces derniers

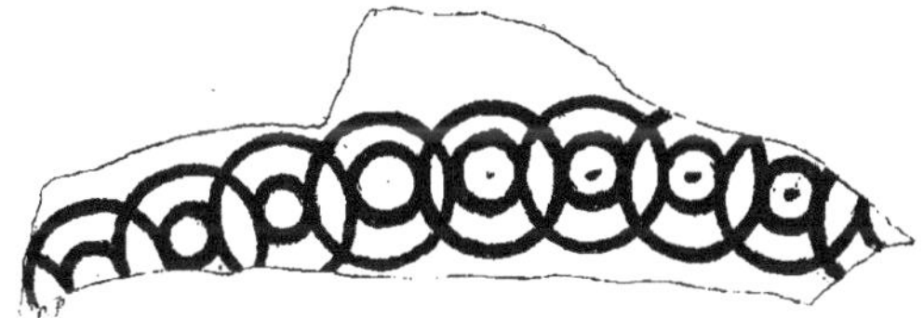

FIG. 70. — Amarejo.

soit en même temps tangent aux deux petits cercles voisins. Les grands

FIG. 71 et 72. — Amarejo et Méca.

cercles se recoupent alors, formant de jolis secteurs curvilignes (Fig. 70,

FIG. 73 et 74. — Amarejo.

Amarejo). Assez souvent le peintre n'a figuré que la moitié ou les deux tiers de l'ornement, qui s'appuie sur un ruban ; la disposition rappelle alors d'assez près ces cordons de cerceaux que l'on plante en bordure dans les jardins (Fig. 71, 72, Amarejo et Meca). Les cercles peuvent aussi se recouvrir en partie les uns les autres, ou être simplement tangents (Fig. 73, 74, Amarejo).

Enfin il faut ajouter que les deux systèmes de décor rectalinéaire et curviligne peuvent s'amalgamer l'un à l'autre, comme en font foi la plu-

Fig. 75. — Collection P. Ibarra. (Elche.)

part des figures jusqu'ici données. Ces images me dispensent d'une description qui pourrait être fatiguante. Je crois pourtant devoir attirer l'attention sur un petit plat de l'Alcudia d'Elche (collection Pedro Ibarra), où la liaison des triglyphes qui forment la première zone, près du pied, avec les demi-cercles de la zone suivante dessine une sorte de crosse assez ingénieuse (Fig. 75). On le retrouve, mais indiqué avec une mollesse maladroite sur la grande urne qui a passé de Saragosse au Cabinet de l'Académie de l'Histoire, à Madrid (Fig. 14).

J'ai gardé pour le décrire en dernier lieu le plus fréquent peut-être

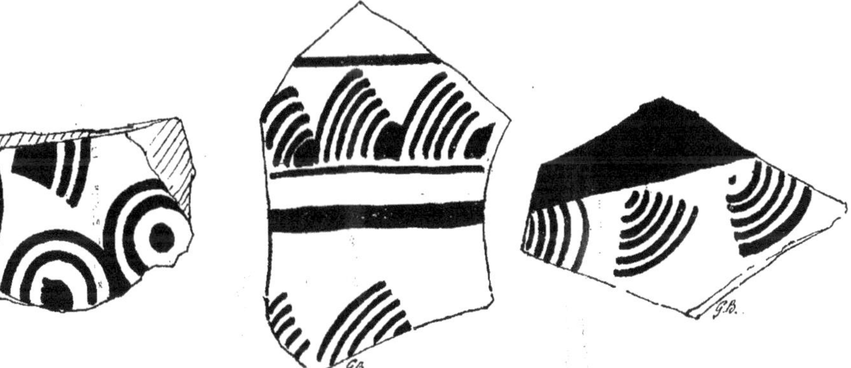

Fig. 76, 77, 78. — Amarejo.

des ornements géométriques, celui qui prête, dans la poterie que j'exa-

Fig. 79, 80, 81, 82. — Cerro de l'Amarejo.

mine, aux groupements les plus variés. Il s'agit d'un véritable coin formé d'un secteur de cercle dans lequel sont enfermés des segments de circonférences concentriques. Ce coin s'applique d'ordinaire par un des côtés de l'angle sur un autre ornement; quand il s'appuie sur l'un des rubans qui déterminent les zones, et cela est fréquent, il a donc deux côtés curvilignes. Je n'ai pas constaté qu'il fût jamais employé isolément. Presque toujours il y en a des séries disposées en dents de scie[1].

Fig. 83. — Fuente-Tojar. (Musée de Madrid)

(Fig. 13, n° 174, 14, 24, 28, 32, 33, 56, 62, 63, 75, 76, 77, 78, 79, 80, 81, 82, 83, 84, 85, 86).

On l'a très souvent fait servir à la décoration de fonds de coupes, à l'intérieur, au revers ou sur les bords. Quelquefois les deux bords d'une même zone en sont garnis (Fig. 86) et quelquefois encore ils flanquent

1. Fig. 13, (Carmona); 14, (Arse); 24 (Elche); 28 (Yecla); 32, 33 (Madrid); 56 (Amarejo); 62, 63 (Meca); 75 (Elche); 76, 77, 78 (Amarejo); 79 (Alberca de Murcie); 80, 81, 82 (Amarejo); 83 (Fuente-Tojar-Madrid); 84 (Elche); 85, 86 (Alberca de Murcie).

Le Père Lozano, dans son *Histoire de Jumilla* (pl. n° 1111) donne, comme je l'ai dit, le dessin d'une œnochoé trouvée à Archena, près de Murcie; ce motif en fait le principal ornement.

les rubans qui séparent deux zones, et courent de chaque côté dans un
sens opposé (Fig. 24, 62) ; on les voit aussi groupés trois par trois,
chaque groupe étant séparé du suivant par un intervalle (Fig. 28).

Il peut y avoir du reste des complications heureuses. Par exemple il
arrive que les coins se recouvrent en partie les uns les autres, de façon
que les plus petits arcs de cercles de l'un, en se prolongeant, forment
les plus grands de l'autre :

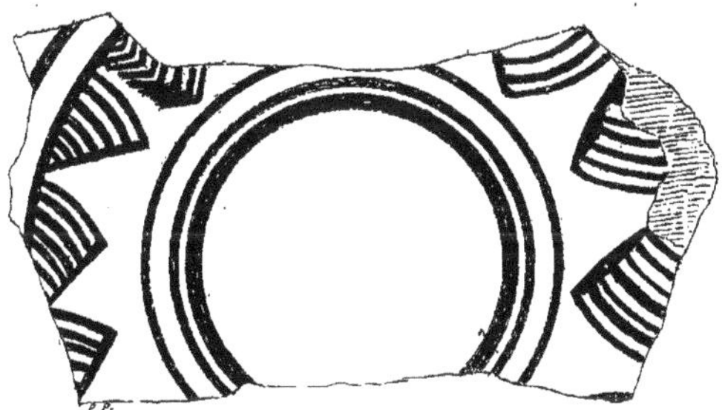

Fig. 84. — Elche. (Louvre.)

Les variantes, d'autre part, sont nombreuses et parfois délicates. Par
exemple, sur un bord de coupe, les pointes des dents sont émoussées et
arrondies (Fig. 82), ou bien les côtés de l'angle sont supprimés, et l'or-

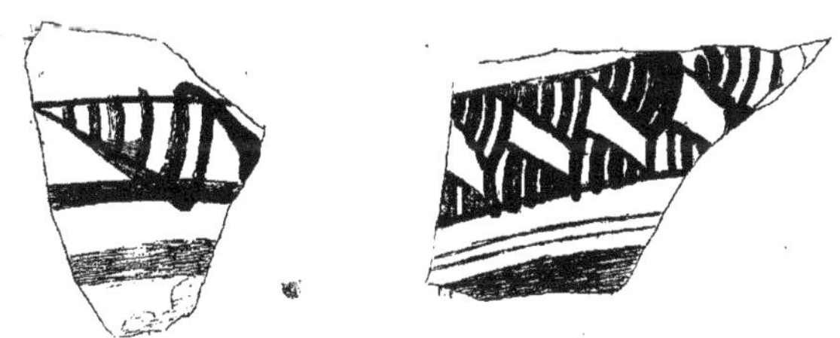

Fig. 85 et 86. — Alberca de Murcie.

nement en paraît plus léger (Fig. 24, 32, 62 et 63, 75, 76, 77, 78).
J'aurais pu ramasser des milliers de tessons où il était fait usage de ce
motif, sous ses différents aspects ; j'en ai récolté un grand nombre,
mais je n'en présente que quelques-uns, pour ne pas fatiguer le lecteur.

Tous les débris énumérés jusqu'ici sont de style géométrique pur, c'est-
à-dire que les éléments peuvent en être tracés avec la règle et le compas.

Est-ce un progrès, est-ce au contraire un signe de fatigue ? Toujours est-il que sur quelques vases la ligne droite s'infléchit, s'incurve, comme tremblante, et la circonférence, au lieu d'être nettement tracée au compas, est formée de traits à main levée, irrégulière et sans souci de parallélisme. Le plus frappant spécimen est le vase presque intact de la collection Cánovas, à Lorca, qui a été trouvé dans une mine à Herrerías de Vera (Fig. 35). D'ailleurs le style de la décoration de ce vase et la teinte de la couleur comme de l'argile indiquent une fabrique spéciale.

*
* *

Après la décoration géométrique, en voici une plus souple et plus

Fig. 87, 88, 89, 90. — Elche, Amarejo, Alberca de Murcie,.

hardie : après les circonférences concentriques voici les enroulements,

que nous montrent très nettement des tessons d'Elche, de l'Alberca de
Murcie, de l'Amarejo (Fig. 87, 88, 89, 90). L'irrégularité des spirales,
l'épaisseur du trait, prouvent que l'exécution n'a rien de mathématique.
D'ailleurs tous les documents que j'ai recueillis ou notés semblent con-
courir à prouver que ce motif ne s'est pas suffi à lui-même, comme il
faisait à Mycènes. On voit partir de quelque point de la volute des traits

Fig. 91. — Amarejo.   Fig. 92. — Meca.

qui la raccordent avec d'autres ornements, et l'on peut affirmer, je
crois, que ce motif se rattache le plus souvent à la décoration végétale
et peut-être aussi animale[1]. Mais il y a pourtant des exemples où il
reste plus géométrique et se réduit à de simples et ingénieuses combinaisons de rinceaux[2].

Du reste la plante, feuilles, fleurs, vrilles, tiges, joue un rôle impor-

1. Fig. 87, 88 (Elche) ; 89 (Amarejo) ; 90 (Alberca de Murcie).
2. Fig. 91 (Amarejo) ; 92 (Meca).

tant dans cette céramique espagnole. On sent un effort tantôt pour copier
la nature, tantôt pour l'interpréter et la styliser.

Dans la première catégorie je place le fragment que représente la
figure 93 (Elche, Musée de Madrid) où se trouve dessinée une plante
grasse, d'après nature, ou tout au moins de manière à imiter la nature,
car les différentes feuilles sont irrégulières quoique symétriques ; il en

Fig. 93, 94, 95. — Elche. (Madrid.)

est de même de la figure 94 *(Id.)* où l'on voit comme les extrémités de
vrilles de volubilis ou de vigne, de la figure 95 *(Id.)* qui semble représenter une feuille de fougère, et des figures 96, 97, 98, où l'on reconnaît aisément des épines courtes ou longues[1].

Mais le prix revient au grand tesson, Fig. 99, qui se trouve à Madrid ;
le champ est divisé en deux par une double ligne sinueuse ressemblant
à un ruban brodé de pois ; d'un côté sont de menues tiges flanquées de

---

1. Fig. 96, 97, 98 (Meca). Le dessin de la figure 96 ressemble, si l'on veut, à certaines
feuilles de scolopendre dentelée.

feuilles et de petites baies rondes, peut-être des branches d'olivier ou de
laurier, de l'autre de petits rameaux portant des fleurs étoilées.

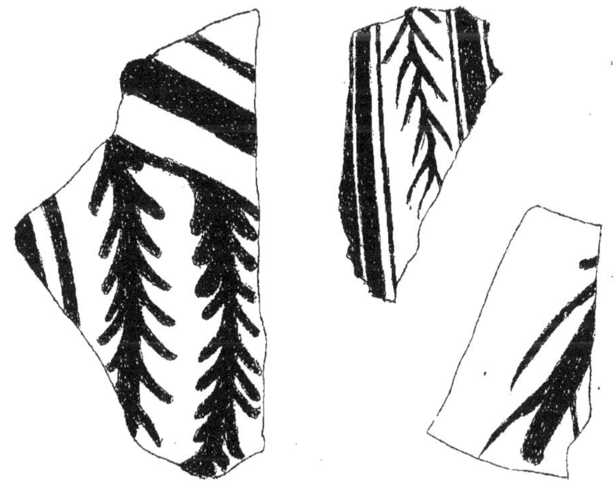

Fig. 96, 97, 98. — Meca.

Il faut en rapprocher un fragment qui, s'il était plus grand, aurait
beaucoup de valeur ; je l'ai trouvé à l'Amarejo, et déposé au Louvre.

Fig. 99. — Elche. (Musée de Madrid.)

On y voit deux fruits, des grenades très probablement, cantonnés de part
et d'autre d'une tige en S. Cela formait un ornement courant d'élégante

forme ondulée ; une autre zone parallèle à celle-là avait aussi reçu des fruits ou des fleurs, mais il en reste trop peu pour que j'ose préciser davantage (Fig. 100).

La supériorité reste encore à un important débris de vase à peu près

Fig. 100. — Amarejo.

cylindrique du Musée de Tarragone. Entre de longues dents striées verticalement de lignes droites et de raies de points, on voit de larges marguerites portées par une tige souple ornée de deux feuilles. Le dessin est tout à fait juste et la fleur semble copiée d'après nature. C'est un des motifs à la fois les plus simples et les plus francs que j'aie notés dans le vaste ensemble de la décoration ibérique[1] (Fig. 101).

Je dois comparer à ce fragment, auquel ils le cèdent d'ailleurs, deux vases complets conservés l'un au Musée de Madrid (Fig. 102) et l'autre au Musée de Murcie (Fig. 103)[2]. Le premier, qui provient peut-être d'Elche, est une petite cruche avec une anse en travers du col. La principale zone est richement décorée de métopes dont le champ est occupé par des feuillages : des tiges qui semblent sortir de terre portent

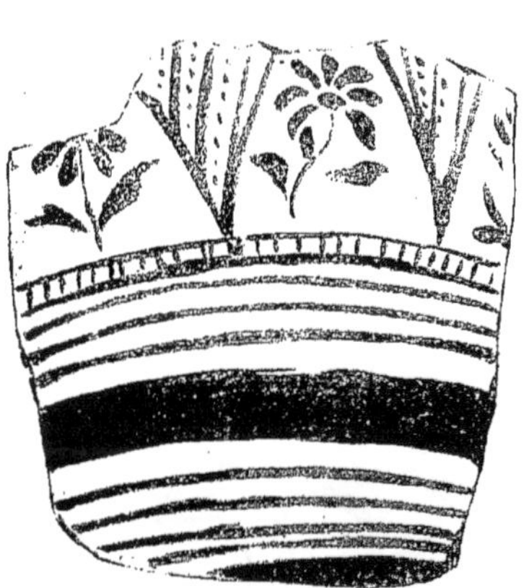

Fig. 101. — Musée de Tarragone.

à leur extrémité supérieure de larges feuilles en forme de cœur, comme

---

1. *Catálogo del Museo arquelógico de Tarragona*, p. 167, n° 2565 (Num. 2564-2567). Fragmentos de vasijas con pinturas monocromatas. D. P. y S. A. (Excma Diputacion Provincial de Tarragona y Sociedad arqueológica Tarragonense). M. G. J. de Guillén-García, *Les Hétéens* etc., fig. 3.

2. De ce dernier je n'ai dessiné que l'ornement. Le motif se répète plusieurs fois autour de la panse.

Fig. 102. — Musée de Madrid.

Fig. 103. — Musée de Murcie.

Fig. 104 à 115.

des feuilles de lierre ou de liseron ; sur les côtés sont des feuilles plus
petites et de petites boules, boutons de fleurs ou fruits. Le vase de Murcie
est une sorte de bouteille à une anse allant du goulot à la panse ; à la
naissance de la gorge est une zone de métopes, et le champ de chacune a
reçu une simple feuille en forme de cœur. A droite et à gauche la feuille
est flanquée d'un groupe de points qui se
retrouve à la même place sur le vase de
Madrid.

Au contraire, les ornements figurés du
numéro 104 au numéro 129[1] semblent
avoir la précision qui est la marque de la
stylisation décorative ; la figure 113 mérite
une mention spéciale à cause de la margue-
rite qui remplit le vide du champ et qu'il
serait impossible d'identifier rigoureusement.

Cette fleurette se retrouve aussi sur le
fragment de Madrid n° 17641 (Pl. I) avec
une double spirale formée de vrilles ; on la
voit aussi sur la figure 88, et plus compliquée encore sur la figure 183. Peut-être bien

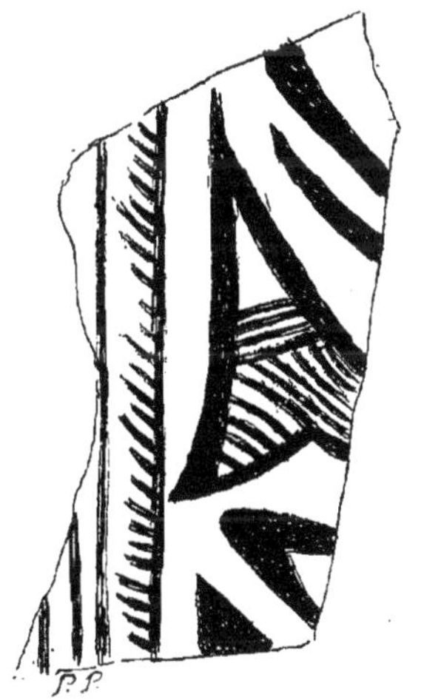

FIG. 116. — Meca.

même, faut-il la reconnaître, très agrandie, sur les tessons 161, 164,
167 (Meca)[2].

Non moins intéressants sont des tessons à décor végétal de l'Amarejo
actuellement au Musée du Louvre. Ils proviennent de jarres très grandes,
comme le prouvent la courbure et l'épaisseur de l'argile (Fig. 130-134) ;
la décoration est faite d'éléments floraux, mais elle n'a rien de semblable, par exemple, à celle de la figure 99. Les vrilles tracées en lignes
serpentines où en spirales y dominent ; mais ces vrilles mêmes sont fran-
chement stylisées et se raccordent avec tout un ensemble de figures

1. Fig. 104 (Elche); 105, 106 (Alberca de
Murcie); 107 (Meca); 108 (Elche); 109
(Meca); 110 (Alberca de Murcie); 111
(Elche); 112 (Meca); 113 (Alberca de Mur-
cie); 114 (Meca); 115 (Amarejo); 116
(Meca); 117 (Elche); 118 (Cabeza del
Griego); 119 (Amarejo); 120 (Meca); 121,
122 (Amarejo); 123 (Meca); 124, 125, 126
(Amarejo); 127 (Meca); 128, 129 (Amarejo).
2. Voy. infrà, p. 85.

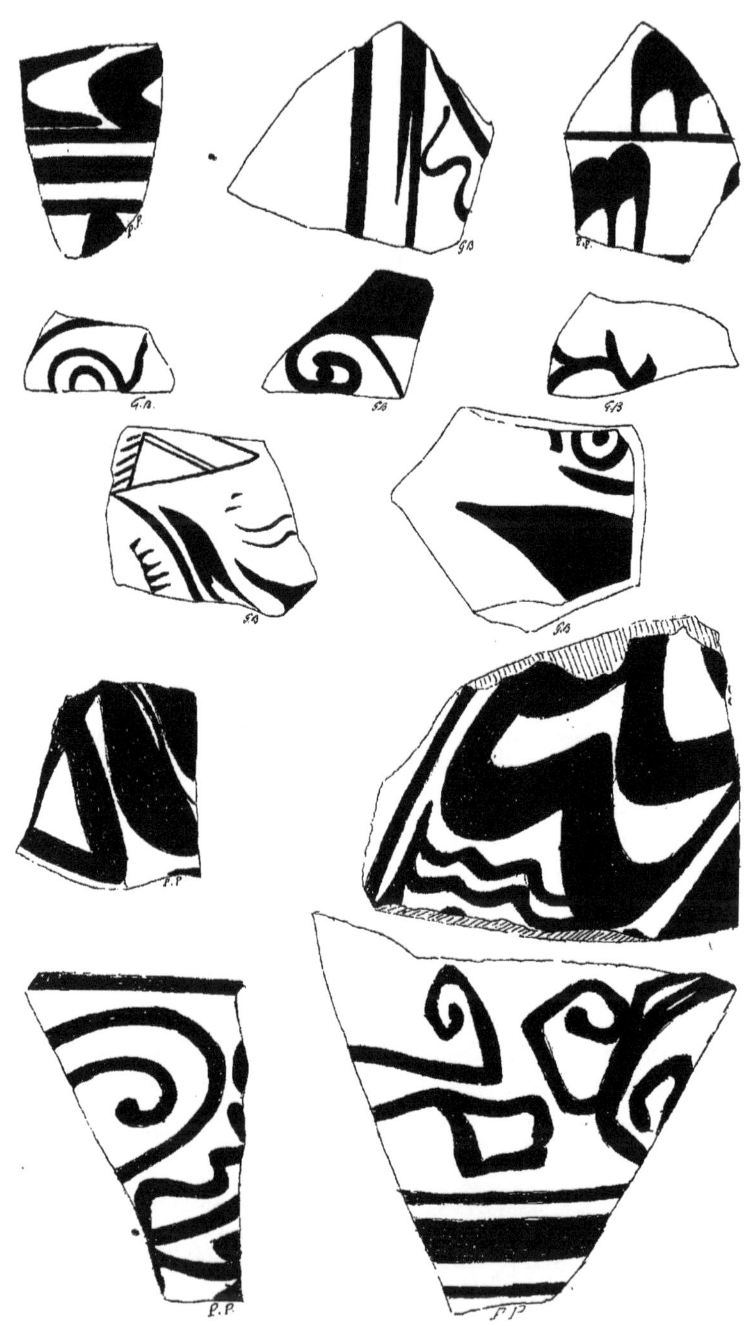

Fig. 127-128.

irrégulières, dessinées hardiment, sans parti pris, qui rappellent des figures géométriques mais n'en sont pas précisément. J'ai noté des ornements analogues, et surtout les mêmes procédés en beaucoup de fragments recueillis à Mycènes même [1].

En dehors des débris de cette grande jarre, sur des tessons de l'Amarejo et de Meca que j'ai déjà signalés (Fig. 127, 128, 129), on reconnaît sans peine une ornementation du même type, et c'est elle aussi qui se

FIG. 129. — Amarejo.

retrouve sur deux morceaux du Musée de Tarragone [2] (Fig. 135) et de Villanueva y Geltrú (Fig. 15).

Nos figures 131, 132, 134 (Amarejo) en particulier présentent une forme que j'avais crue jusqu'à présent spéciale à Mycènes. Schliemann a recueilli un débris sur lequel sont figurées deux spirales opposées, et de chacune d'elles sort un corps d'escargot [3]; à l'Amarejo se retrouve le même ornement, sauf la tête de l'animal, et ce motif a eu beaucoup de succès, comme le prouvent d'assez nombreux fragments ramassés en divers lieux. Les traits du quadrillage que l'on remarque sur les tessons n°s 110, 111, 114, 115, 136, 139 (Meca), se rattachent peut-être

1. Voyez par exemple : A. Furtwaengler et G. Leeschcke, *Mykenische Vasen*, pl. XXIX, n°s 247, 250, 252, 258; pl. XXXII, n°s 302, 363, 364, 373, 374; XXXVIII, n°s 386, 387, 388.

2. G. J. de Guillén-García, *Les Hétéens* etc., fig. 2 (= Musée de Tarragone, n° 2567 et n° 2566).

3. *Mykenische Vasen*, pl. XXXVI, fig. 364.

au même principe ; mais on verra plus loin qu'on peut aussi songer à une autre interprétation.

Si dans tous ces motifs l'idée végétale est un peu obscure, il faut faire une exception pour la figure 130, où l'on voit la plante sortir de terre, s'étaler en éventail et lancer de droite et de gauche ses tiges et ses vrilles, sans que néanmoins disparaisse la stylisation géométrique.

Fig. 130. — Amarejo. (Louvre).

Enfin je crois qu'il convient de faire quelques réserves, avant de les rattacher à la décoration florale stylisée, sur un certain nombre de dessins imprécis, comme ceux que représentent les figures 136, 137, 138, 139, 140, 141, 142, 143, 144, 145, 147, 148, 149, 150 ; la figure 146 au contraire donne assez bien l'idée de longues tiges pointues et flexibles, comme celles de l'iris, reployées sur elles-mêmes à leur extrémité[1].

---

1. Fig. 140 (Meca) ; 141 (Elche) ; 142 (Meca) ; 143, 144 (Alberca de Murcie) ; 145, 146, 147 (Meca) ; 148 (Villaricos) ; 149, 150 (Meca).

FIG. 131, 132. — Amarejo. (Musée du Louvre.)

Fig. 133. — Amarejo. (Musée du Louvre.)

Fig. 134! — Amarejo.

Fig. 135. — Musée de Tarragone.

Fig. 136-139. — Meca.

Fig. 140-148. — Amarejo, Elche, Meca, etc.

Une place à part doit être faite à un ingénieux lacis de tiges et de

Fig. 149. — Meca.

feuilles rubanées, thème qui revient à satiété dans la céramique qui

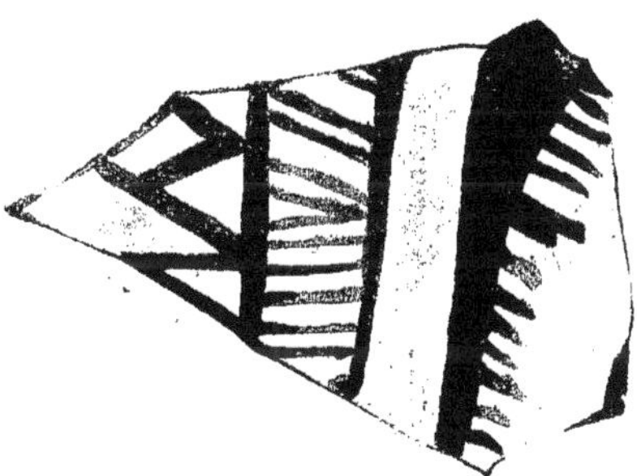

Fig. 150. — Meca.

nous occupe. Les décorateurs en ont vraiment abusé, et l'on en serait

Fig. 151-157.

promptement fatigué, s'il n'était pas d'ordinaire joint à d'autres

Fig. 158. — Amarejo.

éléments moins banaux qui le rejettent au rang d'accessoire. Avec les

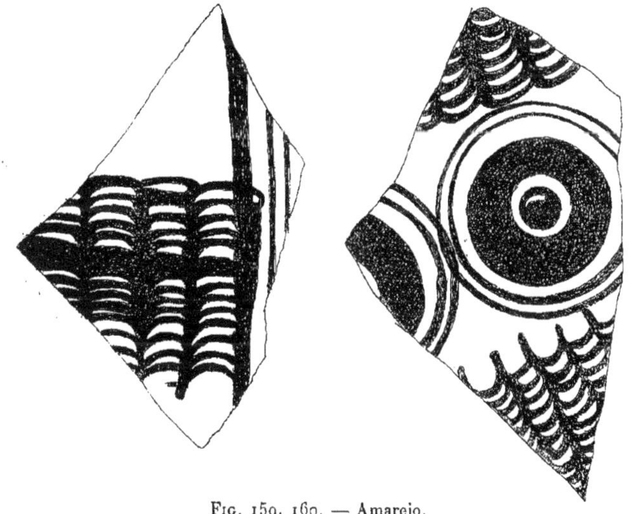

Fig. 159, 160. — Amarejo.

coins formés de quarts de cercles dont j'ai parlé et les faisceaux de

Fig. 161-167. — Meca.

lignes ondulées verticales, on peut dire que ce motif, qu'il soit du reste plus ou moins précis dans sa forme, est caractérisque de la poterie que j'étudie. Je n'ai dessiné que les spécimens les moins communs de cet ornement et je le retrouve pourtant un très grand nombre de fois[1] (Fig. 58, 151-157, 159, 160).

Comme en tout essai de classification du genre de celui-ci, certains motifs rentrent difficilement dans une série précise ; on verra donc rassemblés sous les numéros 161 à 167[2] quelques débris, des fonds de coupes, décorés de lignes rayonnantes. Ce sont des ornements rapides, qui dénotent une exécution aisée, et plus de routine que d'imagination. J'en dirai autant du treillis de

Fig. 168. — Elche. (Musée de Madrid).

lignes qui s'entremêlent sur le flanc d'une cruche d'Elche, au Musée de Madrid[3] (Fig. 168).

*
* *

Le mélange de l'élément géométrique à l'élément floral a donné naissance à une ornementation de caractère très spécial que l'on peut étudier sur des vases intacts recueillis à Meca. Le dessin le plus simple se trouve sur un vase en forme d'*askos*. C'est un motif courant formé de deux lignes ondulées parallèles ; dans le creux des ondulations s'enroulent des spirales opposées. Le trait de pinceau est large et irrégulier. On voit qu'il a été tracée à main levée, et aussi sans aucune préoccupation d'exactitude mathémathique (Fig. 169). Sur une œnochoé fort bien conservée

1. Fig. 151 (Elche). Le dessin ne donne qu'un fragment du décor d'un vase déposé au Musée de Madrid (n° 15633). Le même motif y est reproduit à satiété sur la panse. Fig. 152 (Meca) ; 153 (*id.*) ; 154 (Amarejo) ; 155, 156, 157 (Meca) ; 158, 159, 160 (Amarejo).

2. Tous ces tessons ont été recueillis à Meca.

3. Cf. fig. 151.

Fig. 169. — Meca. (Musée du Louvre.)

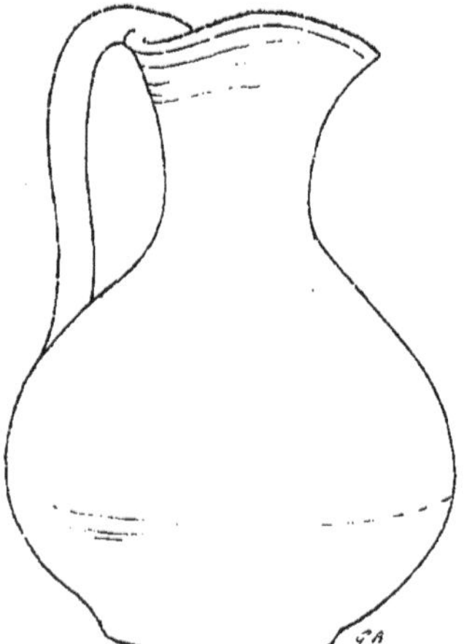

Fig. 170. — Œnochoé de Meca. (Musée du Louvre.)

(Fig. 170) on retrouve cette même disposition de spirales alternées ; mais les enroulements sont réunis aux tiges par un système de lignes plus ou moins infléchies, et les vides sont garnis par des sortes de sacs ou d'ampoules à surface quadrillée des bords desquels peuvent même s'échapper de petites spirales ou vrilles accessoires. On trouve d'assez frappants spécimens de cette adjonction à Elche, à Meca, à l'Alberca de Murcie par exemple (Fig. 87, 88, 110, 111, 139) et toujours sur des vases très soignés [1]. Elle est un peu modifiée sur le vase du Musée de Madrid dont la figure 171 reproduit l'ornement courant.

Fig. 171. — Musée de Madrid.

La figure 172, copiée sur un tout petit vase en forme de tasse sans anse avec un rebord, procède du même principe ; mais le dessin est moins élégant ; les volutes sont réduites, tandis que le méandre est très épais.

La disposition de décor suivante (Fig. 173), empruntée au col d'une petite urne de forme primitive et lourde, est plus compliquée, et aussi plus riche. La zone est partagée en deux sections par un petit tableau oblong divisé en une série de triangles au moyen de deux diagonales et d'une sécante médiane parallèle aux petits côtés. Deux de ces triangles sont occupés par des triangles curvilignes opposés par les sommets qui se confondent avec le centre du rectangle. A droite un tableau plus large renferme quatre crosses dont les têtes se replient en une spirale serrée. Elles sont disposées deux par deux contre les deux plus petits côtés du rectangle, et s'opposent ainsi deux à deux. Le champ resté libre est semé irrégulièrement de quatre motifs peu précis : deux accents circonflexes,

<hr>

1. Cf. fig. 107, 109, 114, 115. On remarquera que l'ornement s'ajoute, sur ces débris et ceux auxquels je les compare, à des motifs de stylo végétal.

un losange et une sorte de zig-zag. Le tableau de gauche, un rectancle beaucoup plus allongé, contient d'abord trois longues pointes aiguës

Fig. 172. — Meca. (Musée du Louvre.)

entre lesquelles sont tracées trois lignes droites recoupées de petits traits verticaux ; puis une longue crosse dont la volute vient affleurer les

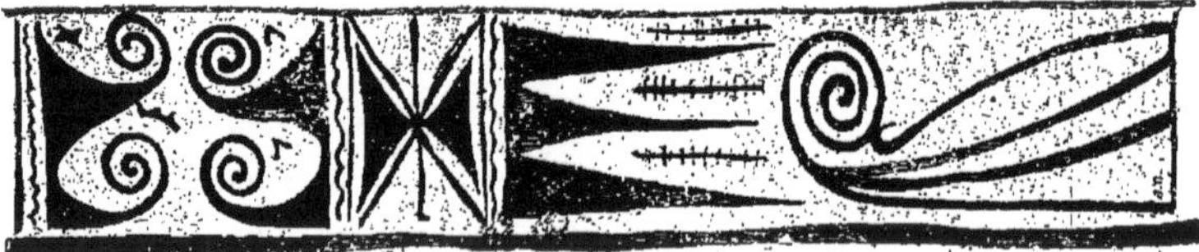

Fig. 173. — Meca. (Musée du Louvre.)

pointes précédentes, et dont la tige, formée de quatre gros traits souples, vient s'épanouir à l'autre extrémité du cadre. Les triangles déterminés par les trois pointes, les deux triangles curvilignes du premier tableau, les tiges des crosses du second sont peints en silhouette noire, tandis que la grande crosse du troisième tableau est tout entière dessinée au trait. Cela forme un agréable contraste.

Cet ornement, que j'appelle une crosse, a déjà paru sur quelques-uns des morceaux que j'ai décrits, en particulier sur les débris de grandes jarres de l'Amarejo représentés par les figures 131, 132, 133 et dont l'importance me paraît exceptionnelle ; je les retrouve sur un petit tesson de même origine, reste d'un vaisseau plus petit et d'autre fabrique (Fig. 174) ; mais surtout il est intéressant sur deux vases d'Elche conservés à Madrid, une bouteille à grosse panse et une cruche à trois anses (Fig. 175 et 176). Car il apparaît dans ces deux cas

Fig. 174. — Meca.

comme se suffisant à lui-même, et toute l'élégance de la décoration réside dans la répétition des motifs juxtaposés. Sur le second de ces ustensiles l'œil de la volute n'est marqué que par un point central, nettement détaché de la courbe.

J'ai pu reconstituer aussi, en recollant trois tessons soigneusement recueillis, le dessin courant qui ornait la panse d'un vase de l'Amarejo extrêmement fin et de décoration très soignée. Aucune autre poterie ibérique ne montre autant d'habileté technique de la part du céramiste, autant de goût et de légèreté de main de la part du peintre. Le décor consiste simplement en une série de crosses dont la spirale, prolongée par une vrille retournée en sens contraire, est d'une extrême pureté. Tous les détails de fabrication et d'ornement de ces morceaux ont un prix exceptionnel, et j'y reviendrai en temps et lieu (Fig. 177).

Je crois que plus les découvertes de vases ibériques se multiplieront, plus on verra s'enrichir la série des dessins du genre de ces derniers ; ils caractériseront un style particulièrement original de la poterie ibérique, et les vases qu'ils orneront seront précieux. A ce titre, à côté des vases de Meca, il faut mettre ceux du Musée de Sarragosse, et le seul connu de la collection Pablo Gil. La crosse et la spirale jouent un rôle capital dans leur décoration. La crosse semble exclusivement employée sur un

Fig. 175 et 176. — Elche. (Musée de Madrid.)

grand récipient en forme de pot de fleurs à rebord, dont la surface est
divisée en tableaux verticaux, mais sans intervention de triglyphes ; les

FIG. 177. — Amarejo. (Louvre.)

crosses, qui varient de dimensions, sont ajustées deux à deux et simu-

1   2

FIG. 178. — Musée de Sarragosse.

lent des séries d'accolades superposées ; cela ne va pas sans quelque
monotonie (Fig. 178, 1).

Au contraire, sur un autre grand vase à la panse arrondie et à l'étroite embouchure, les crosses qui forment aussi le thème principal, mais non unique, sont semées sur l'argile non pas au hasard, mais très librement ; leurs têtes enroulées s'opposent ou se répondent avec une souple élégance (Fig. 178, 2).

Moins nettement caractérisé est le décor intérieur de deux assiettes profondes de la même fabrique, mais évidemment plus communes. L'une tout au fond, autour d'un léger *umbo* central, est ornée d'un cercle de spirales décrites par deux lignes qui courent parallèlement, et d'une zone concentrique à cette première zone, où sont peints deux méandres

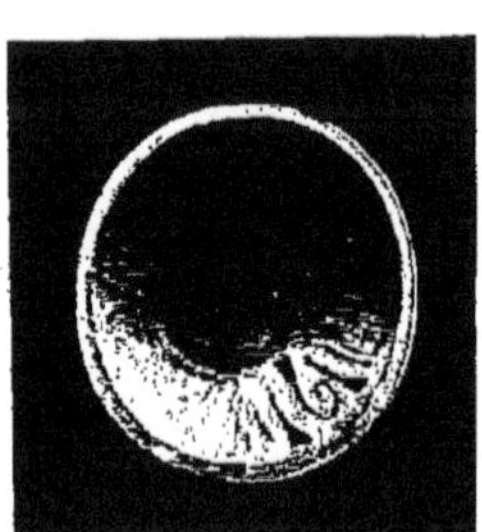 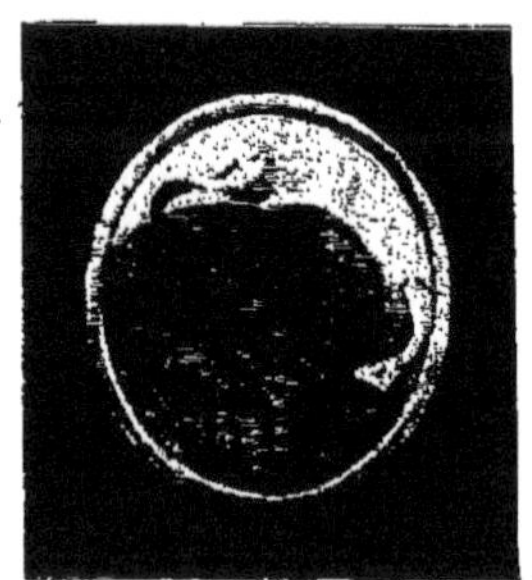

FIG. 179. — Musée de Saragosse.

négligemment enchevêtrés et tracés (Fig 179, 2). A l'intérieur de l'autre sont figurées des crosses rangées comme les rayons d'une roue ; entre elles sont jetées librement des lignes courbes qui semblent les relier, et des tiges surmontées d'une espèce de fleur triangulaire (Fig. 179, 1).

Enfin, il y a plus d'imagination et de variété dans l'urne de M. Pablo Gil (Fig. 16) ; la crosse et la spirale s'y trouvent abondamment au milieu d'un décor touffu librement distribué autour de la panse. Mais on y voit aussi des ornements floraux stylisés et d'autres dessins dérivés de figures géométriques. Le mélange est heureux, et le vase est par ses dimensions, comme par la combinaison de ses ornements, l'un des plus beaux exemplaires de ce style, et des plus instructifs.

Ce mélange, d'ailleurs, n'a rien qui doive étonner, car il en est fréquemment de semblables dans d'autres fabriques, et la fabrique même d'où proviennent les vases de Saragosse n'avait pas de modèles exclu-

sifs ; j'ai déjà parlé du grand récipient qui appartient à l'Académie de
l'Histoire, à Madrid (Fig. 14). Un plat creux du Musée de Saragosse,
du genre des deux précédents, présente un décor qui, réduit à l'essentiel, consiste en une série de cercles concentriques aux bords, dans
lesquels est inscrit un carré recoupé par des diagonales.

Il faut rapprocher de ces vases intéressants une sorte de cruche à une
seule anse, dont la partie supérieure est malheureusement mutilée, et
qui, suivant le Père Lozano à qui l'on en doit un dessin très sommaire,
était abondamment et richement décorée dans le même style ; les spirales,
les crosses, les rinceaux y sont avec aisance entremêlés. L'objet aurait
été trouvé à Archena [1].

*
* *

J'arrive maintenant à la dernière étape qui n'est pas la moins intéressante. A côté de la plante stylisée ou non, chimérique ou réelle, il faut
placer l'animal. Le plus important exemplaire de cette décoration, par
la taille et le sujet, provient d'Elche, et se trouve au Musée de Madrid où
il porte le n° 17641 (Pl. I).

C'est un fragment de vase dont par malheur il est impossible de déter-
miner la forme exacte, mais qui certainement était de proportions peu
communes. La preuve en est que la terre est épaisse de 5 millimètres,
et qu'il mesure dans sa plus grande hauteur 25 centimètres, dans sa plus
grande largeur 22 centimètres et demi, que de plus le champ en est rempli, essentiellement, par une figure incomplète. Cette figure est peinte
en rouge brun ; l'argile est de teinte jaune rougeâtre. Du reste notre
image dispense d'une description minutieuse. On voit que des bandes
plates et régulières tracées au pinceau sur la panse du vase mis au four
déterminaient une zone couverte de motifs. Le groupe conservé comporte
un carnassier, chien ou loup, faisant la chasse à de grands oiseaux. Dans
sa course il en a renversé un qui se débat du bec et des griffes ; un autre
voltige au-dessus, dans le champ, et semble vouloir se poser sur le dos

1. P. Lozano, *Historia de Jumilla*, Lam, n° IIII.

de l'ennemi. Au-dessous des pattes de derrière de l'animal on voit une fleur formée de deux rinceaux opposés, et sous son ventre un ornement en figure d'arête. L'oiseau volant tient au bec une sorte de vrille en zig-zag.

D'un style beaucoup moins original et de forme moins nette est le petit quadrupède que l'on voit sur un débris appartenant à D. Pedro

Fig. 180. — Elche. (Collection Pedro Ibarra.)

Ibarra, à Elche (Fig. 180) ; c'est très probablement un lièvre, si l'on en juge à la longueur de ses oreilles, à la forme de sa queue et à ses pattes de devant plus courtes que celles de derrière. On voit sur le tesson, au-dessus de la tête du lièvre, un long bec d'oiseau, sans qu'on puisse dire si cet oiseau était l'adversaire du premier animal, ou simplement une figure de remplissage.

C'est le seul animal de ce style que je connaisse ; mais le carnassier et l'oiseau de la même espèce que ceux du grand grand fragment d'Elche étaient pour les céramistes de cette ville des sujets de prédilection. La figure 181 représente un reste de tête de chien ou de loup aux dents aiguës, et au-dessus un grand oiseau qui s'envole ; le dessin étant de grandeur naturelle, on voit quelle était l'importance de ces figures, et l'on peut deviner quelles étaient les dimensions du vase. La figure 182 montre une chasse du même genre dans des proportions plus res-

FIG. 181. — Elche. (Musée de Madrid.)

treintes[1]. L'oiseau paraît encore, ou du moins on le reconnaît très aisément sur les fragments que reproduisent les figures 183, 1, 2, 3, 185-187[2], tantôt plus gros, tantôt plus petit, réduit tantôt à la tête, tantôt au cou, tantôt au ventre, ou même, comme dans le dernier débris, au bout des ailes et à la queue fourchue[3].

Fig. 182. — Elche. (Musée de Madrid.)

Deux de ces derniers dessins ont surtout de l'intérêt. Sur l'un (Fig. 183, 2) il y a sous le ventre de l'oiseau, dans le champ déterminé par les lignes de son corps et de ses pattes, deux gros poissons affrontés ; on reconnaît très aisément leur dos rond et comme bossu, leur corps strié divisé en trois bandes et leur petite tête pointue ; leurs nageoires dorsales et leurs queues sont très librement développées en rinceaux de style décoratif. Sur l'autre (Fig. 184), le champ laissé libre entre les pattes d'un grand oiseau qui s'envole et une patte d'un autre animal,

---

1. Ces deux fragments sont, comme le premier, au Musée de Madrid, et proviennent de la collection Aureliano Ibarra.

2. Fig. 183, 1 (Elche-Madrid) ; 183, 2, 3 (Elche, coll. Pedro Ibarra) ; 184 (Elche-Madrid) ; 185 (Elche-Louvre) ; 186 (Elche-Madrid) ; 187 (Meca). Sur le fragment fig. 185, on voit son bec et sa tête ; il est en train de picorer peut-être sur le dos d'un gros poisson dont l'espèce de crosse placée devant lui serait une nageoire ; sur les fragments fig. 87, 88, on doit sans doute reconnaître les plumes d'une aile au-dessous de la volute. La présence même de cette volute au-dessus de l'oiseau et rattachée à son corps n'a rien d'invraisemblable ; il y en a d'autres exemples certains, par exemple fig. 181.

3. Cf. Fig. 193 (Meca) ; 194 (Elche-Madrid) ; 195, 196 (Meca) ; j'avoue que ces fragments sont bien obscurs.

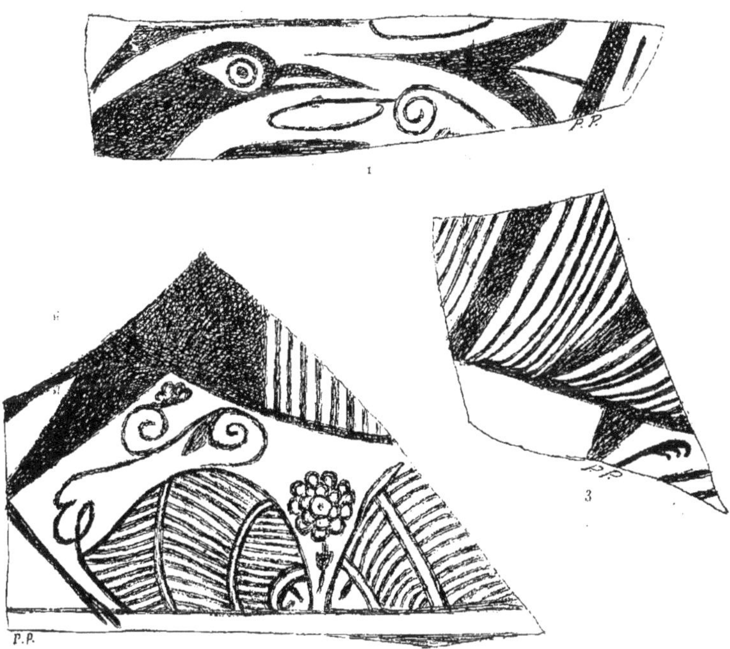

Fig. 183. 1, 2, 3. — Elche.

Fig. 184. — Elche.

peut-être un quadrupède, est rempli par l'image de trois poissons. L'un, malheureusement incomplet, est de la même race que ceux du vase précédent, les autres sont d'une espèce différente, plus longs et plus minces ;

Fig. 185-189.

leurs corps sont du reste striés de la même manière ; ils sont d'une conception plus libre, sans aucune idée de stylisation.

Fig. 190. — Elche. (Musée de Madrid.)

Ces poissons ne sont pas les seuls ; en voici un assez gros, dont le ventre et le dos sont hérisés de longues nageoires piquantes (Fig. 188) ; il manque malheureusement la tête et la queue ; et peut-être le reste d'un autre (Fig. 189) dont le dos est aussi barbelé. La tête au contraire

est seule conservée sur un autre tesson de Meca ; le poisson devait être
de grande taille[1] (Fig. 192). Enfin, j'ai remarqué parmi les ornements
géométriques, droites, triangles, crosses, d'un vase du Musée de Madrid
(Elche), la présence de quatre petits dessins, très curieusement placés,
dont un au moins figure un poisson (Fig. 190).

Fig. 191. — Musée de Tarragone.

Une mention spéciale est due à un fond de coupe du Musée de Tarragone, dont le revers est décoré d'une zone d'oiseaux qui volent ; ce sont
des oies ou des cygnes, si l'on en juge à la longueur de leur cou, à la
grandeur de leurs ailes, et à la forme trapue du corps et de la queue de
la plupart (Fig. 191)[2]. Ils diffèrent encore des oiseaux décrits jusqu'ici
par la technique, car ils sont peints en silhouette brune. Il faut en rapprocher, bien qu'il soit dessiné au trait, le fragment reproduit figure 186,

1. Par analogie, on pourrait songer à retrouver un morceau de corps de poisson dans
le fragment de Meca, fig. 196.

2. G. J. de Guillén-García, *Les Héléens*
etc., fig. 4 (N° 2503 du Musée).

et trouvé à Meca. Il me semble y reconnaître la queue fourchue et la pointe des ailes d'un oiseau volant; le dessin est d'ailleurs plus libre.

Fig. 192-196. — Meca, Elche.

Enfin, les dessins des figures 193-196 pourraient bien se rapporter à des images d'oiseaux ou de poissons fort mutilés.

***

Je m'arrête tout spécialement sur quelques débris tout petits et très humbles en apparence, mais dont la valeur archéologique est grande.

Sur deux d'entre eux sont les seules représentations que je connaisse,

dans cette antique céramique, de la figure humaine. Sur le premier
(Fig. 197) que possède D. Pedro Ibarra, à Elche, il ne reste plus, par
malheur, que le quart environ d'un visage vu de face, c'est-à-dire un peu

Fig. 197. — Elche.
(Collection Pedro Ibarra.)

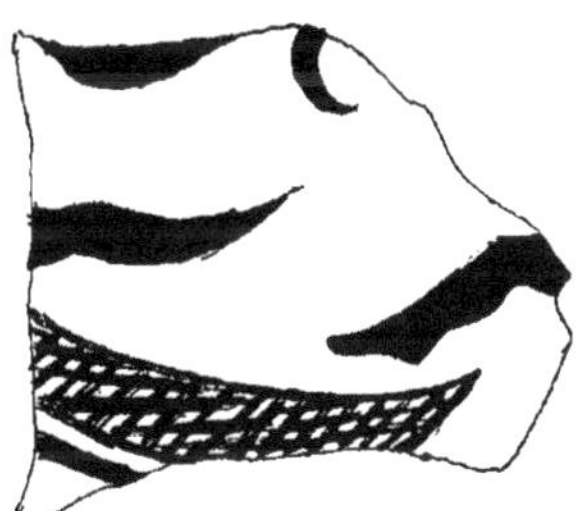

Fig. 198. — Meca. (Louvre.)

du front et deux rangs étagés de boucles indiquées par un quadrillage,
la moitié de l'œil, très grand, avec les sourcils, l'oreille et un peu de la
joue. On ne voit rien du nez, de la bouche ni du menton. Il va sans dire
que le dessin est tout à fait sommaire, un simple trait lourdement appuyé ;
il serait impossible, par exemple, de retrouver la forme anatomique de
l'oreille, et quant à l'œil, il est tel que
l'aurait pu dessiner le plus maladroit
des enfants [1].

Sur le second, qui provient de
Meca (Fig. 198), en laissant de côté
deux dessins impossibles à identifier,
il reste une jambe d'homme qui se
tend pour se poser sur un objet long
et recourbé où je ne puis voir qu'une
sorte de barque. La rotule, le mollet,

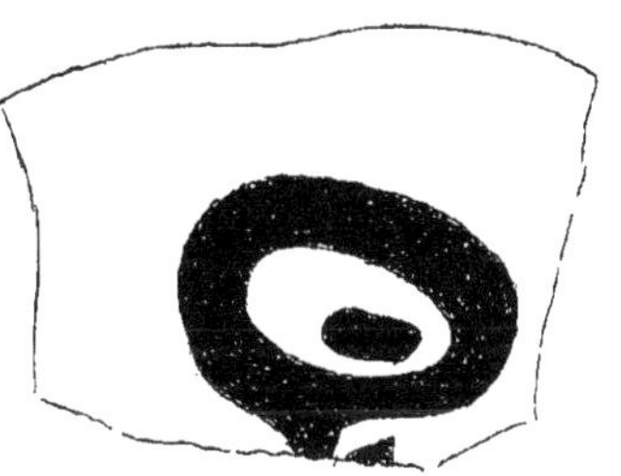

Fig. 199. — Meca.

le talon, la pointe du pied sont très nettement profilés en silhouette
noire. C'est le même procédé que j'ai noté sur deux autres fragments

1. On peut se demander si c'est un œil que représente le dessin de la figure 199 (Meca).

de Meca où l'on peut reconnaître la partie inférieure du ventre et les pattes de quadrupèdes au galop. Le fond libre de l'un des tessons est orné d'une double spirale en forme d'S (Fig. 200, 201).

Fig. 200 et 201. — Meca.

Un autre débris, en guise d'ornement, porte des lettres de l'alphabet ibérique. Une première ligne est formée de quatre caractères ; sur une seconde on voit les restes de deux autres (Fig. 202). Je ne connais qu'un autre exemple d'inscription ibérique peinte sur un vase, je veux dire peinte avant la cuisson, de telle sorte que les lettres jouent un véritable rôle décoratif ; c'est sur le pied très contourné et très haut d'un vase du Musée de Tarragone (Fig. 203). Par malheur il ne subsiste que trois signes complets, l'ustensile s'étant brisé juste à la base de la panse que contournait l'inscription.

Fig. 202. — Meca. (Louvre.)

Le dernier fragment se trouve aussi à Tarragone (n° 2568 du Musée) ; il est très spécial, et ne peut entrer dans aucune des catégories précédentes. C'est une petite tête de femme modelée en bas-relief qui était appliquée contre la paroi d'un vase, à l'endroit où venait s'attacher une anse. Ce petit morceau de sculpture n'est pas d'un très bon style ; elle n'est pas une œuvre d'art, elle n'est ni bien fine ni bien jolie ; mais elle n'en a pas moins une notable valeur archéologique. On ne peut du reste mettre en doute la provenance ibérique du vase d'où elle provient,

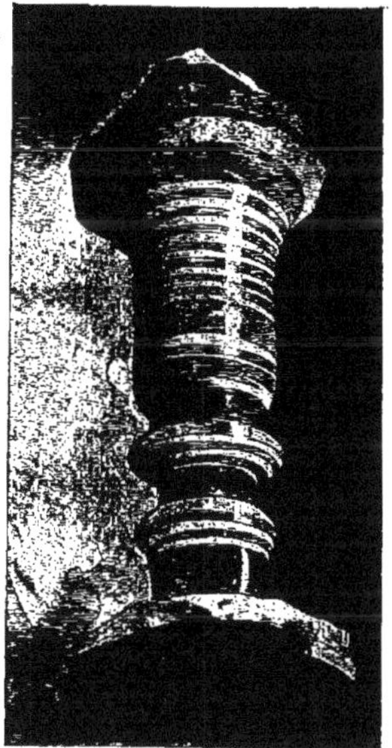

Fig. 203. — Musée de Tarragone.

Fig. 204 — Musée de Tarragone.

car elle est prouvée par la qualité de l'argile et les ornements au pinceau
que le potier a ajoutés tout autour de la tête. (Fig. 204).

*
* *

Il va sans dire — je l'ai du reste indiqué en passant — que tous les
éléments décoratifs que j'ai décrits et énumérés peuvent se trouver
mélangés et combinés sur un même vase. Pour n'en citer qu'un exemple
typique, le combat du quadrupède et des oiseaux qui est représenté sur le
grand fragment d'Elche (Pl. I) occupe une zone au-dessous de laquelle
en était une autre où s'étalait le motif purement géométrique des demi-
cercles concentriques. Il est nécessaire d'insister sur cette remarque
essentielle pour l'étude du développement du style.

*
* *

Cette revue des thèmes décoratifs terminée, il est temps d'examiner
la forme des vases et d'insister sur les détails techniques de la fabrication ou de l'ornementation qui contribuent à donner à cette céramique
son individualité.

Sur le premier point, l'on n'est encore que bien insuffisamment rensei-
gné. J'ai dit dans quel état d'émiettement ont été recueillis la très grande
majorité des documents à l'Amarejo, à Meca, à Elche, à l'Alberca de
Murcie, à Monteagudo, partout enfin. C'est à peine si une quarantaine
de vases complets nous sont parvenus. Sur le nombre je n'en connais que
fort peu auxquels on puisse donner un nom précis tiré de la nomencla-
ture antique : c'est d'abord une *œnochoé* trouvée à Meca (Fig. 170) ;
ensuite une sorte de cruche de même provenance, peut, sans trop d'hésitation être nommée *askos*[1]. Il y a de plus un assez grand nombre de plats
à rebords plus ou moins relevés, de diamètre variable, qui sont de véritables phiales ou patères, comme il s'en trouve par centaines dans la
céramique grecque et romaine. Quelques fragments dont l'argile est très

---

1. Trouvée à Meca, déposée au Louvre. La figure 169 donne l'ornement peint qui la décore.

fine et la peinture très soignée pourraient faire penser à des coupes en
forme de *kylix*, mais je ne suis pas sûr que le pied soit différent du pied
des patères précédentes, ni surtout qu'il y ait eu les anses caractéristiques
de la kylix.

C'est là tout ; pour chacun des vases entiers qui restent, ou de ceux
dont les débris permettent de reconstituer le type, il faudrait une description spéciale ; même la céramique mycénienne, dont j'ai déjà rapidement
évoqué le souvenir et qui m'occupera plus encore, cette céramique aux
formes plus massives et plus lourdes que celles de l'époque classique
mais néanmoins très variées, ne nous offre que très peu de points de
comparaison. En Espagne, le galbe des vases décorés est très simple ;
les potiers affectionnent la ligne droite. Le vase du Musée de Madrid
n° 12527 (Fig. 171) est un simple tronc de cône. L'un des plus jolis
vases de Saragosse (Fig. 178), comme le petit vase de Meca (Fig. 172),
n'est au fond qu'un cylindre auquel on a ajouté un bord plat en saillie.
Le vase de M. Cánovas, à Lorca (Fig. 35), ressemble à un barillet trapu
construit au moyen de deux troncs de cône unis par un angle à peine
émoussé, et ce modèle se retrouve plusieurs fois, très peu modifié, quoique
de dimensions diverses. Une variante intéressante est celle où l'on voit
le cylindre se resserrer et s'étrangler au-dessous du rebord, afin que
l'ouverture soit plus petite (Fig. 33, 83). L'urne du Musée des Pères
Escolapios d'Yecla, dont les lèvres s'étalent, dont le col est relevé d'un
double cordon en relief, a une panse qui donne en profil une droite
oblique, et ce n'est que vers le fond qu'elle s'arrondit et se courbe jusqu'à la base (Fig. 28).

Je pourrais multiplier les exemples, mais les formes arrondies ne
manquent pas non plus : bouteilles à gros ventre, à court goulot, sans
anses (Fig. 21, Amarejo ; Fig. 175, Elche), petites urnes ressemblant à
des *pélikés* sans anses, avec la panse plus ou moins bombée, l'embouchure plus ou moins évasée (Elche, Meca), cruches très simples à une ou
plusieurs anses ne dépassant pas en hauteur le niveau de l'embouchure
(Fig. 55, 168, 176)[1], et surtout grands récipients à gros ventre, tantôt en

1. Cf. Furtwængler et Loeschcke, *Mykenische Vasen*, Vasenformen, n° 60.

forme de bouillote sans anse, tantôt en forme de pot à graisse ou de marmite. Ces derniers n'ont pas d'anses, ou en ont deux ou trois disposées
verticalement ou horizontalement à la naissance du ventre (Fig. 14, 29,
36). J'ai noté seulement un vase avec trois anses allant des lèvres à la
panse (Fig. 176).

Comme formes particulièrement intéressantes, j'ai remarqué une
cruche du Musée de Madrid (Fig. 102) avec une anse en forme de bride,

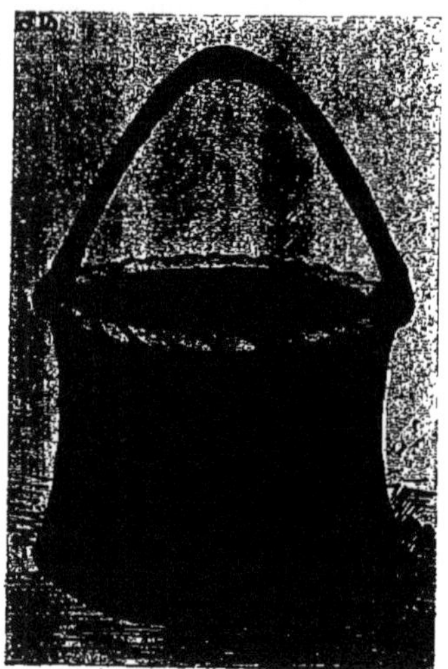

Fig. 205. — Musée de Madrid.

comme nos cruches modernes [1], et un
vase imitant un panier rond en van-
nerie dont l'anse est placée de même
(Fig. 205).

Enfin le fragment du Musée de Tarragone, où restent quelques lettres ibériques, est un pied de coupe très élevée ;
la forme du récipient ne se peut restituer ; mais je ne saurais mieux comparer le support qu'à celui d'un dinos
(Fig. 203) [2].

La forme des anses a sa valeur dans
l'étude d'une série céramique ; aussi
ai-je recueilli avec soin toutes celles qui
m'ont semblé intéressantes. J'ai déjà
signalé quelques vases très anciens
ayant servi d'urnes cinéraires, dont les deux anses ne sont vraiment que
des excroissances d'argile percées d'un trou. Le Louvre en possède un
complet, très original, trouvé à Meca. Les tenons en question sont à
cheval, si je puis dire, sur le récipient lui-même et sur le couvercle qui
adhèrent hermétiquement l'un à l'autre ; un trou est percé dans l'argile
de chacun d'eux, dans le sens vertical ; il suffisait de passer une corde-
lette ou une tresse de sparte dans ces trous pour assurer à la fois la fer-

1. Cf. Furtwængler et Lœschcke, *Mykenische Vasen*, Vasenformen, n° 112, sauf les
trois pieds.

2. E. Pottier, *Catalogue des vases antiques de terre cuite du Louvre*, pl. III,
n° 13.

meture et la suspension de cette sorte de marmite. La forme de ces
anses d'une part, de l'autre le sens dans lequel elles sont forées sont des
marques, comme on sait, de très haute antiquité (Fig. 206, à gauche).

Fig. 206. — Meca. (Louvre.)

Une autre urne funéraire de même origine a aussi conservé ses deux
anses, mais celles-ci sont des pièces adventices très dégagées de la panse,
leur forme est d'ailleurs toute simple, comme le montre la figure 206
(à droite), et leur petitesse prouve qu'elles étaient plutôt destinées à une
corde de suspension qu'elles ne servaient à porter l'objet directement
avec la main.

Tres fréquemment, dans les ustensiles de grandes dimensions, l'anse,
comme il est naturel, devient plus large, plus épaisse et se renforce même
d'un boudin d'argile en relief (Fig. 207). Quelquefois elle est constituée
par deux ou trois boudins juxtaposés *(Ibid.)* ou par une torsade *(Ibid.)*.
J'ai recueilli un fragment de ce type dont chaque partie est ornée d'une
ligne en zigzags réguliers tracée en creux ou au pointillé (Amarejo).

Il semble que la pratique ait prévalu de placer les anses très près de
l'orifice ; j'ai recueilli deux exemples curieux : la lèvre du vase, à l'endroit même d'où l'anse partait verticalement, était découpée ici en dents,

Fig. 207. — Anses de vases ibérique (Amarejo, Meca).

là en festons arrondis (Amarejo, Fig. 207). J'ignore du reste quelle était l'intention utilitaire ou artistique du potier.

Les anses, ou plutôt les poignées horizontales ne sont pas rares non plus. Tantôt elles ne sont constituées que par un renforcement du rebord du vase, que l'on double d'une torsade (*Ibid.*, Meca), ou d'une série de pastilles concaves où peuvent venir s'appliquer et se fixer les doigts (*Ibid.*, Meca), tantôt elles consistent en une pièce de rapport, de modèle très simple, par exemple une torsade *(Ibid.)*, appliquée contre la panse ou détachée (Elche, inédit).

De toutes ces dispositions on pourrait trouver des exemples un peu partout. En voici une que je crois originale et qui a beaucoup d'intérêt ; j'en ai recueilli deux débris à Meca *(Ibid.)*. On saisissait le vase par le rebord élargi et épaissi, comme je viens de l'indiquer, mais les extrémités de ces sortes de poignées étaient indiquées par l'adjonction d'une volute qui leur donnait un peu l'aspect d'un chapiteau ionique[1]. Je ne puis m'empêcher de croire qu'en effet le chapiteau de ce modèle, dont les Ibères ont fait usage dans leur architecture, a sa part d'influence dans cette ingénieuse invention[2].

Tout à fait exceptionnelle est comme technique la forme d'une anse qui est conservée à Madrid et provient peut-être d'Elche : le corps de l'anse résulte de l'assemblage d'une grosse corde entre deux tresses, tout cela modelé en relief ; mais au point d'attache, le potier a tracé au pinceau, au-dessous de chacune des tresses, deux jolies spirales opposées. Le motif est heureux dans son élégance (Fig. 208).

Quant à la technique, je n'ai rien noté de bien spécial en ce qui concerne la pâte même des vases ; elle est d'ordinaire fine et bien malaxée, toutes les fois que la surface est destinée à recevoir une déco-

---

1. Il est peut-être bon de rappeler que les Mycéniens ont fait usage des volutes opposées comme motif de décoration. J'en citerai un exemple sur un cylindre formé d'une plaque d'or (Schliemann, *Mycènes*, fig. 484). Le motif n'est sans doute qu'une traduction de la représentation conventionnelle du palmier, telle qu'on la voit à Mycènes (*Ibid.*, fig. 163, 470, 303, 278).

2. Chacun connaît les grandes amphores grecques dont les anses se convulsent en volutes. Il est bien entendu que, vu l'époque où elles ont été fabriquées, et vu leur beauté, elles n'ont aucun rapport avec les modestes débris ibériques dont je parle.

ration peinte, que, par suite, elle est d'une fabrication relativement récente, et que le tour a été employé par le potier. Au contraire, la céramique la plus ancienne (l'usage a dû persister à travers les ans pour les poteries communes) qu'elle soit faite à la main ou au tour[2], est fabriquée avec une terre très peu argileuse, pleine de petits grains blancs qui semblent du marbre pilé, ou de petits graviers noirs ; la couleur en

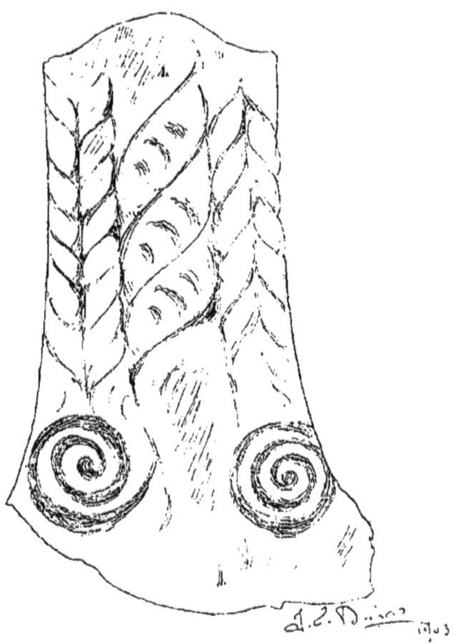

Fig. 208. — Elche ? (Madrid.)

varie entre le rose vif, les diverses nuances du jaune, le gris et le noir foncé. J'en ai rapporté au Louvre des spécimens divers. Il faut bien remarquer que dans cette série l'épaisseur des parois ne permet de rien préjuger en ce qui concerne la grandeur du récipient. J'ai trouvé des débris de creusets fort exigus dont les flancs étaient beaucoup plus épais que ceux de jarres de fortes dimensions[3]. Mais, comme il est juste, puisqu'il s'agit

---

2. Quelquefois, malgré l'irrégularité évidente et la maladresse du travail, on reconnaît des marques indéniables de tournassage.

3. Fragment d'une grande jarre de l'Amarejo : épaisseur, 0ᵐ,15. — Fragment d'une grande jarre de même provenance : épaisseur de 0ᵐ,007 à 0ᵐ,010. — Fond de bol ou de creuset de l'Amarejo : épaisseur, 0ᵐ,01.

d'une industrie moins primitive et plus logiquement raisonnée, si l'on examine les vases peints, on voit tout de suite que plus ces vases sont petits, plus l'argile devient mince, et que plus l'ornementation est soignée, plus la pâte devient fine, plus la surface en est délicatement polie. Je puis citer un fragment de tout petit vase dont la terre, d'un gris foncé, a un grain très serré et n'a presque pas plus d'épaisseur qu'une lame de couteau (Fig. 139, Meca), et les débris d'une cruche jaune pâle qui, par la légèreté et la densité de la pâte, la finesse et le poli de l'épiderme, peut lutter avec ce que les céramistes grecs ont fait de mieux ; la décoration, d'une extrême pureté de lignes, témoigne aussi d'un art arrivé à sa perfection (Fig. 177).

Ce à quoi les potiers ibères me semblent avoir été moins habiles, c'est à cuire leurs vases ; j'ai pu faire de nombreuses observations qui dénotent leur inexpérience.

Je ne parle pas seulement des poteries très primitives dont beaucoup peut-être n'ont pas été mises au four, mais simplement séchées au soleil. Quelles que soient les ardeurs de juillet et d'août sur les acropoles de l'Amarejo, de Meca ou de Montcagudo — j'en puis parler savamment — 45 ou 50° n'ont pu suffire à mettre en fusion tous les menus débris calcaires incorporés dans la pâte ; ils sont restés dans leur premier état. Mais quelquefois les vases destinés à la cuisine ont subi sur le foyer des températures assez élevées pour fondre le calcaire à la surface externe, tandis que dans l'épaisseur de la paroi et à la surface interne ce calcaire n'a subi aucune transformation. C'est le cas, en particulier, d'un fragment de grande jarre de l'Amarejo dont l'épaisseur varie de 7 à 10 millimètres et dont une légère plaque externe est de couleur rouge brique et homogène, tandis que la masse de l'argile est brune, semée de petits cailloux ; il n'y a eu qu'un commencement de fusion et de vitrification[1].

---

1. Voici la note que j'ai prise à propos de ce débris :

« Fragment de grande jarre. Terre brune ; le feu a rougi une mince plaque à la surface extérieure ; cette surface a été polie ; la surface interne est absolument rugueuse. On y voit de petits cailloux qui, à l'intérieur de la pâte ont été fondus par la chaleur. »

Épaisseur : de 0ᵐ,007 à 0ᵐ,010 (Amarejo).

Les céramiques plus récentes ou plus soignées (l'un vaut souvent l'autre) ont été mises au four, sans exception, et cuites consciencieusement. Mais les chauffeurs n'ont que très rarement su ménager la force et la durée du feu ; presque toujours les cassures des vases montrent la pâte formée de trois couches superposées : à l'intérieur et à l'extérieur du récipient l'argile est jaune ou rouge et très bien fondue, mais entre ces deux couches s'en trouve une autre, très nettement distincte d'ordinaire, qui a gardé la couleur grise de la terre crue et qui est d'une densité moins homogène. Il est certain que la chaleur n'a pas eu le temps de pénétrer également dans toute l'épaisseur de la paroi ; le feu sans doute était trop vif au début de l'opération que l'on était obligé d'interrompre avant que tout le vase ne fût également cuit, pour éviter des brûlures extérieures, l'écaillement et l'éclatement.

Il arrive aussi avec la même fréquence que les parois se séparent en deux couches seulement ; ces couches, du reste, varient de couleur suivant la nature de la glaise et le degré de la cuisson. Si le plus souvent la tranche la plus cuite est jaune, et la moins cuite grise, il arrive aussi que la plus cuite, la tranche externe, est noire, comme brûlée, et la tranche interne jaune, comme séchée à point, ou même qu'il y ait un noyau jaune compris entre deux plaques noires.

Même lorsque la pâte n'a pas ce défaut et qu'elle semble avoir subi une chaleur mieux réglée, il est très ordinaire de voir la surface de l'argile varier de nuance par places, souvent de façon très sensible ; on dirait des coups de feu qui ont fait des taches. C'est le cas d'un assez grand nombre de fragments de coupes que j'ai indiquées plus haut comme particulièrement soignées ; j'ai remarqué par exemple un fragment où la terre est rouge à l'extérieur, jaune au revers et un autre où la terre varie à la surface du jaune au gris de fer.

En somme, malgré ces défauts, les potiers sont arrivés à donner à leurs produits une solidité et une légèreté dont il faut leur savoir gré ; je n'ai trouvé qu'un petit nombre de spécimens dont la pâte soit molle, cotonneuse, ou pour mieux dire savonneuse, que l'ongle puisse aisément rayer. On sait que des argiles de ce genre, dont la qualité est mauvaise se rencontrent assez souvent en Grèce sans que l'on ait toujours le droit d'attribuer ce vice à l'action chimique des terrains où les objets sont restés enfouis pendant des siècles.

En ce qui concerne la technique de la peinture, je constate d'abord que les décorateurs de nos vases n'ont à aucune époque connu le secret du vernis qui donne à la céramique de l'âge d'or, en Grèce, une partie de son prix et de son originalité. Les potiers ibères doivent être mis en cela sur le même rang que les Phéniciens, les Chypriotes, les Carthaginois et les Grecs archaïques, depuis les Mycéniens jusqu'au vi^e siècle.

Les couleurs qu'ils ont employées ne sont pas très variées. On pourrait, je crois, si l'on en faisait l'étude chimique, les réduire à deux groupes de substances. Les unes, rouges clair à l'état naturel, suivant le degré de cuisson et suivant leur amalgame avec les différentes sortes d'argiles, variaient du rouge vif au brun rouge, au brun gris ou au noir. Le même motif ou la même série de motifs, exécutés sans nul doute au même moment, avec le même pinceau et la même préparation colorante, voient le ton et la couleur même changer à peu près sans transition. Les autres ont pour ton fondamental une nuance vineuse qui, à l'usage et par l'effet du feu, passe par toute une gamme de roses sombres et de violacés. Ces dernières teintes sont d'un emploi plus rare et réservées à des ustensiles de quelque prix. Cela ne veut pas dire d'ailleurs qu'elles aient été appliquées à une époque plus récente, puisqu'on les trouve sur de très anciens vases de Meca.

J'ai remarqué, du reste, qu'elles sont très fragiles et s'écaillent avec une grande facilité. Une multitude de tessons qui restent depuis des siècles exposés à la surface du sol sont actuellement sans aucune trace de peinture ; c'est, pour un grand nombre, que la couleur est tombée, rongée par l'air et les intempéries, car il est difficile d'admettre que les vases dont ils proviennent, vu la qualité de l'argile, soient restés sans ornements. Beaucoup d'autres, que j'ai retirés de la terre, étaient couverts d'un épais dépôt calcaire ; toutes les surfaces dont la peinture était violacée ou lie de vin s'écaillent dès qu'on les touche, et la couleur se détache de l'argile avec la couche adventice. D'ailleurs cette couleur se combine très aisément avec les éléments calcaires du sol, et quand elle reste adhérente au vase, en le nettoyant on arrive malaisément à la décrasser ;

le calcaire persiste presque partout où est passé le pinceau, et le dessin ressemble bientôt à une sorte d'incrustation blanche ayant un léger relief.

Au contraire, la teinte rouge brique ou rouge pâle, les teintes brunes, grises et noires, sont bien adhérentes à la glaise, très solides et durables ; le grattage même ne réussit qu'avec peine à les détruire.

D'ordinaire, toutes ces couleurs sont appliquées sur l'argile naturelle, sans aucun intermédiaire de bain de chaux ou d'engobe quelconque. Cependant le procédé qui consiste à préparer la surface des vases à mieux recevoir la couleur au moyen d'un enduit qui bouche les pores, et a plus d'affinité que la glaise même avec les matières colorantes, ce procédé, si connu des céramistes de la Grèce, n'a pas été ignoré des céramistes de l'Espagne. C'est à Meca et à l'Amarejo que j'en ai pu recueillir des preuves certaines. Les figures 123 et 129 reproduisent des tessons dont l'argile est rouge brique, mais dont la surface a été trempée dans du blanc ou badigeonnée de blanc avant de recevoir des dessins gris [1].

Les dessins étaient d'ordinaire exécutés au pinceau, à main levée, qu'il s'agît de motifs géométriques ou autres. Il n'y avait d'exception que pour certaines figures géométriques, les circonférences complètes, ou parfois les simples arcs, tangents ou concentriques, dont la régularité exigeait l'emploi du compas. Mais les spirales, par exemple, étaient toutes tracées sans le secours d'aucun instrument, même celles dont l'enroulement paraît le plus délicat et le plus pur (Fig. 177). Il faut pourtant signaler l'important tesson où se trouve peint un rang d'oves ; le motif est tout à fait architectural, aussi le décorateur a-t-il cherché à obtenir une fermeté exceptionnelle, et ses oves sont formés par une très ingénieuse quoique très simple combinaison de circonférences qui se coupent et dont le compas a

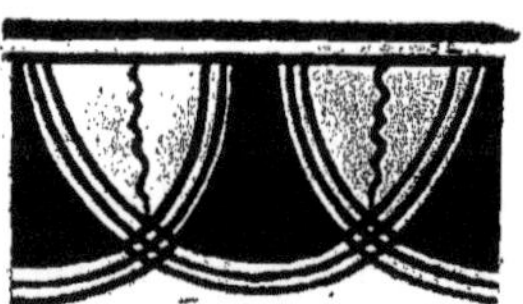

Fig. 209. — Amarejo. (Louvre.)

assuré la précision (Fig. 209). Quoi qu'il en soit, en règle générale, le

1. J'ai noté un autre exemplaire douteux d'engobe blanc sous une peinture lie de vin, à Meca. Une grande urne de la Cruz del Negro, (Carmona) dont je parlerai, porte sur le flanc une zone blanche décorée de groupes tangents de cercles concentriques; mais je dirai plus tard mes raisons d'y voir un produit d'importation punique.

secours de tout instrument semblait inutile à des artisans dont la main
pouvait trembler ou se tromper quelquefois, mais était plutôt sûre d'elle
et obéissait aisément aux inspirations de la fantaisie.

Pour pousser plus loin cette analyse, je dois faire remarquer que les
peintures de cette céramique sont en majeure partie de simples peintures
au trait. Quand il s'agit d'ornements géométriques, la chose va de soi.
Il n'en est pas toujours de même pour les dessins de fleurs et d'animaux ; là le pinceau étale largement la couleur en teinte plate, et de
cette façon les feuilles, les fruits, aussi bien que les corps d'oiseaux, de
fauves ou de poissons, se détachent en masse sombre sur le fond clair du
vase. C'est le procédé en usage dans toute la céramique primitive de
Chypre, de Mycènes, de l'Ionie. Mais il a en Espagne quelque originalité qu'il serait injuste de passer sous silence.

On sait comment les Grecs avaient conçu leurs vases à figures noires :
ces figures n'étaient que des silhouettes, des ombres portées sur un fond
clair. Si le décorateur voulait détacher quelques détails de la masse
sombre, comme le contour d'un bras ou d'une main, un œil, une oreille,
un pli d'étoffe, il y réussissait au moyen d'un trait incis qui, éraillant la
couche noire, faisait reparaître l'argile, ou d'un trait menu de pinceau
trempé dans de la couleur blanche. D'autres accidents de la surface du
modèle étaient reproduits au moyen de taches diversement colorées, le
plus souvent blanches ou violettes. Nos décorateurs ibères, plus naïve-
ment, mais par une pratique qui pourtant exigeait quelque dextérité, se
contentaient de réserver des blancs partout où ils le croyaient nécessaire,
à l'intérieur de leur silhouette noire ou brune. C'est ainsi qu'ils sont
arrivés d'une façon toute conventionnelle, mais non sans charme, à exprimer les yeux de leurs animaux (Pl. I, Fig. 181, 182, 183.1), les plumes
de leurs oiseaux *Ibid.*, les écailles de leurs poissons (Fig. 183, 2)[1]. Pas
une seule fois je n'ai observé trace de traits de burin, bien que j'aie par-

1. Le procédé de l'incision est du reste celui de l'archaïsme grec proprement dit. Les décorateurs mycéniens, comme les ibériques, réservent plutôt des blancs ; les exemples seraient innombrables : j'indique les derniers qui me sont tombés sous les yeux en lisant l'étude récente de M. Dunkan Mackenzie, *The pottery of Knossos* (*Journal of hellenic studies*, 1903). La figure 14 (p. 198) nous montre justement des yeux d'oiseaux et de poissons. On peut fort bien admettre que le procédé est passé d'Orient en Occident.

fois été tenté de le faire, car il m'est arrivé de trouver dans des ruines, mêlés aux fragments ibériques, des fragments d'époque arabe, de style géométrique ou floral, assez semblables en somme aux premiers, et qui présentaient cette particularité. Un peu d'habitude permet d'éviter la confusion ; la terre, la couleur, le type même du dessin ne sont pas identiques ; mais il n'en est pas moins curieux de constater que les Maures ont remis en usage un procédé que les Ibères n'ont pas emprunté à leurs initiateurs.

Telle est, d'après les documents actuels dont j'ai connaissance, cette céramique dont je ne crois pas avoir négligé aucun élément essentiel, géométrique, végétal ou animal.

Nul peuple, nulle civilisation, ainsi qu'on l'a souvent et justement affirmé, ne peut revendiquer comme un honneur exclusif l'invention du décor géométrique[1]. L'ornementation des vases, des bijoux, des objets de toute sorte au moyen d'un enchevêtrement régulier de droites et de courbes naît comme d'instinct sous les doigts des artisans primitifs. Aussi ne fais-je point aux indigènes de la Péninsule ibérique l'affront de les mettre sous ce rapport au-dessous des premiers habitants de l'Hellas, des rustiques Kabyles de nos jours ou des barbares Océaniens. Et s'il est vrai, comme on l'a soutenu, que le travail du vannier a inspiré celui du potier, il ne peut sembler étrange que dans la région de Carthagène (*Carthago spartaria*), de Murcie ou d'Alicante, où la sparterie a toujours été une des industries principales, des vases très anciens reproduisent les dessins naïfs des nattes et des coussins.

Mais il faut, d'autre part, remarquer que le décor géométrique n'est

1. Voy. E. Pottier, *Catalogue des vases antiques de terre cuite du Musée du Louvre*, 1re partie, p. 196 : « Comme le rectiligne spontané que nous avons observé à Hissarlik et à Chypre, il y a eu dans les îles et en Grèce un curviligne *spontané* qui existe en tous lieux, aussi bien dans l'extrême Asie et en Amérique qu'en Europe. Sans quitter le Louvre, il suffira de faire un tour dans les salles ethnographiques du Musée de marine pour s'assurer que les Chinois, les Péruviens, et les indigènes de la Polynésie ont pratiqué des combinaisons linéaires qui offrent avec le rectiligne de Chypre ou le curviligne de Mycènes des analogies frappantes. » Voy. la comparaison établie par M. Perrot entre le géométrique chypriote et le péruvien (*Histoire de l'art dans l'antiquité*, III, p. 725 et s.).

pas partout et toujours le même. Certaines dispositions, qui ne s'imposent pas, naissent de l'invention et de la fantaisie [1].

Je suis ici frappé de deux distributions très fréquentes, d'abord la division de la panse des vases en zones parallèles, ensuite et surtout de la subdivision de ces zones en tableaux, en métopes, comme je l'ai dit, au moyen de groupes de traits verticaux jouant le rôle de triglyphes, que le champ de ces métopes soit du reste décoré ou non. Ce système fait immédiatement songer à la Grèce, et pas n'est besoin de citer les innombrables vases de Chypre [2], de Théra [3], de Rhodes [4], du Dipylon [5], de Béotie [6], d'Italie [7], sans compter ceux de Tirynthe et de Mycènes [8], où on le voit appliqué avec une ingénieuse variété.

La manière dont sont dessinés les ornements qui séparent les tableaux n'est pas indifférente. Le plus fréquemment ce sont de larges bandes de lignes parallèlement ondulées : le motif devient même un peu fatigant à la longue. Les Grecs primitifs n'en ont pas fait un moindre abus, et l'on en pourrait relever des centaines d'exemples, à Tirynthe [9], à Troie [10], à Théra [11], en Italie, en Sicile [12], dans nombre d'autres villes ou régions encore.

1. « La question devient tout autre quand il s'agit d'un curviligne qui, combiné avec d'autres formules linéaires, donne naissance à un style particulier et compliqué, dont la naissance spontanée en plusieurs lieux paraîtrait peu vraisemblable. Tel est par exemple le plafond d'Orchomène, ou la fresque de Tirynthe qui offrent une similitude parfaite avec certains plafonds des nécropoles égyptiennes. » E. Pottier, *loc. laud*.

2. E. Pottier, *Vases antiques du Louvre*, pl. 7, nos 100, 103, 105; pl. 8, no 21; Perrot et Chipiez, *Histoire de l'art*, III, fig. 508; M. Collignon et L. Couve, *Catalogue des Vases peints du Musée national d'Athènes*, pl. V, no 54.

3. E. Pfuhl, *Der archaische Friedhof am Stadtberge von Thera*, dans *Athenische Mitteilungen*, XXVIII, Beilage II, no 2; fig. 19; Beil. III, nos 3, 4; Beil. V, nos 1, 2, etc., etc.

4. E. Pottier, *Vases antiques du Louvre*, pl. 10, nos 286, 266; pl. II, no 288.

5. Id., *ibid*, pl. 20, no 311; M. Collignon

et L. Couve, *Catalogue cité*, pl. XII, nos 218, 222, etc., etc.

6. Id., *ibid*., pl. 21, no 572; Id., *Revue archéologique*, 1898, pl. IV, no 6 (*Nouvelles acquisitions du Louvre*).

7. Id., *Ibid*., pl. 29, no 30. P. Orsi, *Le necropole di Licodia Eubea, ed i vasi geometrici del quarto periodo siculo*, dans *Rœmische Mitteilungen*, 1898, p. 305 et s., fig. 54, 55, 58, 64 à 67, etc. Bœhlau, *Die Grabfunde von Pitigliano im berliner Museum*, dans *Jahrbuch des deuts. kais. arch. Instituts*, 1900, no 15, fig. 13; no 16, fig. 14.

8. Schliemann, *Tirynthe*, pl. XX a et fig. 14, 42, 44, 45; *Mycènes*, fig. 37, 53, 198, 204.

9. Schliemann, *Tirynthe*, pl. XX a.

10. Dœrpfeld, *Ilios und Troja*, I, fig. 234, 235.

11. E. Pfuhl, *Athenische Mitteilungen*, 1903, Beilage III, nos 3 et 4; V, no 1; XI, no 9; XVIII (sans numéro); XXVI, nos 1, 2, 3 (sur le col); XXVII, nos 1, 2, 3, etc., etc.

12. *Jahrbuch des deuts. kais. arch. Insti-*

Les dessins qui remplissent les zones continues, les tableaux des métopes (je parle des dessins purement géométriques) sont, nous l'avons vu, formés de droites, ou de cercles ou de demi-cercles concentriques. Les premiers de ces ornements n'ont rien d'original ; je dois noter cependant que quelques-uns de nos fragments ressemblent singulièrement à tel ou tel vase de Chypre, de Rhodes ou d'Italie [1]. Les fragments d'Elche (Fig. 31, 47), s'ils avaient été trouvés en Grèce, et si l'argile et la couleur des traits n'avaient leurs caractères distincts, auraient aisément pris rang dans une série grecque ou italiote.

Quant aux ornements constitués par des cercles, ils paraissent, au premier abord, plus originaux ; ils ont cependant tous ou presque tous leurs similaires dans la céramique des peuples classiques. J'ai noté des cercles concentriques sur beaucoup de vases, en particulier des vases chypriotes du Louvre [2], un vase proto-béotien [3], un vase géométrique grec de provenance non indiquée [4], deux vases de la Nécropole de Vulci [5]. Ils apparaissent aussi à Troie, à Mycènes et à Cnossos [6], mais plus rarement et tracés à main levée, non au compas ; même dans quelques spécimens ils ne sont que le cadre d'ornements plus compliqués, de véritables rosaces. Au contraire, les demi-cercles concentriques, particulièrement aimés des potiers espagnols, sont d'usage courant dans la céramique

---

tuts, 1900 : Bœhlau, *Die Grabfunde von Pitigliano im berliner Museum*, n° 15, fig. 13; n° 16, fig. 14; *Rœmische Mitteilungen*, 1898 : P. Orsi, *Le necropole di Licodia Eubea*, fig. 45, 46, 47, 54, 55, 64, 65, 66, 67, etc., et surtout 58, etc.; Gsell, *La nécropole de Vulci*, pl. I, n° 3. Cf. E. Pottier, *Revue archéologique*, 1898, pl. IV, n° 6.

1. Cf. le col du vase d'Ormidia au Musée de New-York (Perrot et Chipiez, *Histoire de l'art*, III, fig. 507), ou le col de l'amphore de Curium (*ibid.*, fig. 514), et au hasard, dans E. Pottier, *Vases antiques du Louvre*, pl. 7, n° 105 (Chypre) ; pl. 10, n° A 266 (Théra); pl. 31, n° D 73 (Italie). — E. Pfuhl, *Athenische Mitteilungen*, XXVIII, Beilage III, n°s 3, 4; IV, n°s 1, 2, 3; V, n° 1; VII, n°s 2, 3; VIII, n°s 1, 2; X, n°s 1, 2, 3, 4, etc., etc. (Théra).

2. E. Pottier, *Vases antiques du Louvre* pl. 8, n° 120; pl. 9, n°s 165-167.

3. *Jahrbuch des deuts. kais. arch. Instituts*, 1888, p. 337, fig. 11.

4. *Ibid.*, 1886, p. 135, n° 2949.

5. Gsell, *La nécropole de Vulci*, pl. I, n°s 2, 3.

6. Dœrpfeld, *Troja und Ilios*, I, fig. 231, 235. Furtwængler et Lœschcke, *Mykenische Vasen*, II, n° 13; XXVIII, n°s 235, 236, 243; Schliemann, *Tirynthe*, pl. XX *a*; *Journal of hellenic studies*, 1903, p. 186; *Athenische Mitteilungen*, XXVIII, Beilage V, n° 1; XVII, n° 4; p. 170, fig. 49 (Samos?); Beil. XXVI, n°s 1, 2, 4, etc., etc.; M. Collignon et L. Couve, *Catalogue des Vases peints du Musée national d'Athènes*, pl. III, n° 21 (Crète); cf. pl. V, n°s 34, 35, 46 (Chypre); VII, n° 116 (Attique); VIII, n° 137 (Syra?); n°s 128, 129 (Attique), etc., etc.

mycénienne ; on les trouve à Ialysos[1], à Mycènes[2], à Tirynthe[3], en Crète[4], à Théra[5], à Athènes[6], en Italie[7].

J'ai signalé une disposition spéciale, celle où des demi-cercles prolongés d'un côté par des droites forment comme des crosses : c'est un système dont je ne connais pas l'équivalent exact, mais qui a fort bien pu être inspiré par des vases du genre de celui, trouvé à Chypre, qu'a publié M. Pottier dans son album des vases du Louvre, pl. 7, n° 100.

Si, d'autre part, les dispositions que j'ai signalées plus haut et que reproduisent les figures 68 ou 69 sont nouvelles, à ma connaissance, du moins la première a quelque analogie avec des ornements de vases étrusques du Louvre[8], mais ici le rapprochement, je l'avoue, peut paraître factice.

Je n'ai le souvenir, dans la céramique classique, que d'un vase où paraissent des dessins tout à fait analogues à celui que constituent des quarts de cercles concentriques : il a été trouvé à Aphidna, en Attique[9] ; mais il serait facile de relever des dessins qui s'inspirent du même principe et ont pu en donner l'idée, par exemple les dents qui décorent des vases mycéniens[10], des vases rhodiens du VIIIe siècle[11], ou des vases géométriques de Béotie[12] et d'Italie[13].

1. *Mykenische Vasen*, II, n° 8 ; VII, n° 36 XIII, 37 XIV ; XI, n° 66 XXI.

2. *Ibid.*, XXXIII, 315, 318 ; XXXVI, 382 ; XXXVII, 393 ; Schliemann, *Mycènes*, fig. 53.

3. Schliemann, *Tirynthe*, fig. 38, 42 ; pl. XXIV.

4. *Jahrbuch des deuts. kais. arch. Instituts*, 1899, p. 40, fig. 22 ; *American Journal of archæology*, 1901, V, p. 311, fig. 4 (*Globular vase from Courtes*) ; pl. VIII, n° 8 ; pl. X, n° 13.

5. Cf. *Athenische Mitteilungen*, XXVIII, Beilage XXII, n° 5.

6. *Jahrbuch des deuts. kais. arch. Instituts*, 1888, fig. 91, 92.

7. E. Pottier, *Vases antiques du Louvre*, pl. 29, n° 18 ; cf. *Rœmische Mitteilungen*, 1900, fig. 6.

8. *Ibid.*, pl. 24, n°s 502, 349, 357 ; pl. 27, n° 659.

9. Sam. Wide, *Aphidna in Nordattika*, dans *Athenische Mitteilungen*, XXI, pl. XV, n° 6. J'ai noté (*Ibid.*, pl. 8, n° 151 (Chypre), pl. II, n° 305 (Rhodes) des quarts de cercles concentriques qui ont quelque analogie avec le dessin ibérique, mais qui jouent un rôle différent. Ils remplissent les angles d'un rectangle. Cf. *Revue archéologique*, 1898, pl. IV, n° 6. Cette disposition se retrouve en Espagne ; je l'ai notée au Musée de Cordoue sur les vases n°s 135, 136, 138, 139 (Fuente-Tojar(?) ou Almedinilla (?). C'est le lieu de remarquer que déjà à Troie, sur des poteries à décor incis, se trouvent des dents qui se rattachent exactement au même principe (Dœrpfeld, *Troja und Ilios*, I, fig. 214 (surtout le dernier fragment).

10. Furtwængler et Lœschcke, *Mykenische Thongefæsse*, pl. IV, n° 13 ; pl. VII, n° 36.

11. E. Pottier, *Vases antiques du Louvre*, pl. 12, n°s 314, 315, 316, 317.

12. *Ibid.*, pl. 21, n° 566.

13. *Ibid.*, pl. 30, n° 54.

Enfin je n'ai pas trouvé de dessin ressemblant à celui du vase de l'Amarejo que reproduit en partie la figure 41, ou des fragments de coupes de Meca ou de l'Amarejo (Fig. 70, 72) ; mais j'ai noté sur des tessons mycéniens une sorte de natte de même style[1], et sur un vase géométrique d'Italie la même disposition, sauf que les cercles intérieurs sont remplacés par des traits sinueux placés horizontalement[2].

J'ai besoin d'insister davantage sur les nombreux fragments où sont peintes des spirales ; j'en ai recueilli 25 exemplaires principaux. On sait quel rôle joue cette forme dans la décoration mycénienne. On l'a remarquée sur des vases provenant de toutes les parties de l'Europe orientale et de l'Asie où s'est répandue la culture dite mycénienne, en Thessalie, en Troade et en Carie ou en Crète aussi bien qu'à Tirynthe et à Mycènes même. Trois particularités la caractérisent : tantôt les Mycéniens l'ont employée à l'état solitaire, pour remplir un vide, tantôt ils en ont groupé une série de manière à former un ornement courant, tantôt ils l'ont employée comme partie intégrante de véritables sujets décoratifs[3]. Or il est très intéressant de noter que les potiers espagnols ont tiré de la spirale les trois mêmes partis. Le même enroulement en forme d'S que le sculpteur des stèles funéraires de Mycènes a placé dans les parties vides de sa pierre, au-dessus, au-dessous, à côté des personnages, je le retrouve sur un fragment de Meca, servant aussi de remplissage, peut-être même sous le ventre d'un quadrupède (Fig. 200), et les exemples, pour être rares, n'en ont pas moins de valeur[4].

Plus fréquemment, les spirales se succèdent à la suite l'une de l'autre, en ornement continu, rapprochées, et pour ainsi dire accrochées ensemble de manière plus ou moins heureuse ; je citerai des dispositions élé-

---

1. *Mykenische Vasen*, pl. XXXIV, n° 342 ; pl. XXXVII, n° 380. Cf. encore *Athenische Mitteilungen*, XXVIII, Beilage XXVII, n° 2.

2. E. Pottier, *Vases antiques du Louvre*, pl. 31, n° 81.

3. Voici quelques exemples caractéristiques que j'ai notés hors de Mycènes et de Tyrinthe ; je les ai choisis parce qu'on peut rapprocher de tous ces dessins des dessins ibériques. Troie : Dœrpfeld, *Troja und Ilios*, I, fig. 171, 176, 177, 179, 180, 181 ; Beilage 39, n° III. Thessalie : Sam. Wide, *Nachleben mykenischer Ornamente*, dans *Athenische Mitteilungen*. XXII, p. 245, fig. 15 ; XIV, pl. IX. Carie : *Athenische Mitteilungen*, XII, p. 230. Crète (Cnossos) : *Journal of hellenic studies*, 1903, p. 191, fig. 9. Voy. aussi Furtwængler et Lœschcke, *Mykenische Thongefæsse*, pl. VI, n° 34 ; pl. VII, n° 42 ; pl. XI, n° 56.

4. Voyez encore pl. I, au-dessous des pattes de derrière du carnassier.

mentaires : spirales en S alignées bout à bout (Fig. 91, et une assiette de
Saragosse) ; rinceaux simplement alternés de part et d'autre d'une, deux
ou trois lignes ondulées (Fig. 169, 170, 171, 172), et des dispositions
déjà plus compliquées, où tantôt la symétrie est recherchée et le motif
reproduit avec une régularité parfaite, comme on le voit dans de jolies
lignes de crosses (Fig. 175, 176) : où tantôt, au contraire, le pinceau du
décorateur s'est abandonné à une fantaisie plus libre (Fig. 92, 128, 129,
135-139). Dans cette dernière série il faut signaler comme particulièrement heureuses les crosses juxtaposées dont j'ai relevé d'importants
spécimens, en particulier sur la petite urne sans anses trouvée à
Meca (Fig. 173), sur le vase semblable à un pot de fleurs de Saragosse
(Fig. 178, 1), sur le débris de l'Amarejo dont j'ai reproduit le dessin
figure 134 et sur plusieurs fragments de grandes jarres de même provenance (Fig. 131, 132). Quelques-uns de ces derniers débris appartiennent d'ailleurs à la troisième catégorie, celle où la spirale ne se suffit
plus à elle-même, mais joue son rôle dans des motifs quelquefois assez
complexes [1].

Il serait trop long d'analyser même les principaux de ces motifs,
et les dessins que j'en ai pris (Fig. 87, 88, 89, 90, 120, 121, 180,
183, 2, etc., etc.) me dispensent d'entrer dans le détail. Mais je dois
insister sur un point qui a la plus haute importance, à savoir que ces
dessins surtout permettent d'établir la parenté des vases ibériques où
sont peintes des combinaisons de ce genre avec les vases mycéniens ;
c'est que seule jusqu'ici, si je ne me trompe, la céramique mycénienne
a présenté des dispositions analogues [2]. Il serait facile de multiplier

---

1. Cf. des crosses sur une peinture murale du
palais de Tirynthe dans Schliemann, *Tirynthe*,
pl. VI. J'ai noté aussi, comme ayant des analogies intéressantes avec les crosses ibériques,
les motifs suivants : *Journal of hellenic studies*, 1901, D. G. Hogarth and F. B. Welch,
Primitive painted pottery in Crete, fig. 10 :
M. Mayer, *Ceramica dell' Apulia preellenica*, dans *Rœmische Mitteilungen*, XII,
fig. 19.

2. Je ne prétends pas, naturellement, que
la spirale ou la crosse n'aient pas tenu leur
place dans la céramique en dehors des produits
mycéniens ; mais c'est là seulement qu'elles
se rencontrent en abondance comme un ornement primordial du décor. En parcourant l'album des *Vases antiques du Louvre* de M. Pottier, je la rencontre sur trois vases étrusques
(pl. 23, C, 41 ; pl. 25, C, 551 ; pl. 28, C, 664
(crosse fort semblable à celle de la petite tasse
de Meca (fig. 153), du VIIe ou VIe s. après
J.-C.), et sur un vase de style corinthien trouvé
en Italie (pl. 30, E, 642). Mais ce dernier vase
(VIe s.) est déjà une œuvre appartenant à la

encore, ici ou dans des notes, des comparaisons entre les documents mycéniens et les nôtres, mais cet étalage d'érudition facile serait fastidieux, et de plus sans grande utilité, tant les faits parlent clairement [1].

La spirale entre, à Mycènes, pour une large part dans l'ornementation végétale ; l'élégance naturelle des vrilles enroulées a donné sans peine l'idée du rinceau. En Espagne il en est de même. Des fragments d'Elche (Fig. 87, 88), de l'Alberca (Fig. 90) et surtout de l'Amarejo (Fig. 89, 130, 131, 133), sans oublier Meca (Fig. 136-139, etc.), en montrent l'exemple constant, et les dessins où apparaît la spirale sont ceux qui donnent surtout à la collection entière l'impression d'influence mycénienne. Au premier rang il faut placer les restes des grandes jarres de l'Amarejo que j'ai décrites (Fig. 130-133), où le mélange des crosses, des vrilles, des spirales, des enroulements en forme d'escargots est si original, mais évoque tant de souvenirs de l'Orient [2].

Si l'on considère d'autre part les dessins végétaux où l'enroulement ne joue pas le principal rôle, on est aussi frappé des nombreux rapprochements qu'ils éveillent avec l'ornementation mycénienne. Cinq tessons espagnols montrent la plante copiée d'après nature, dans sa forme réelle (Fig. 93, 94, 99, 100 et surtout 101 (Tarragone) [3]. Notre figure 99

Grèce classique ; un rang de spirales décorant la naissance de la panse n'est qu'un ornement très secondaire, une simple bordure. Il en est de même pour les vases d'Égine publiés par M. L. Pallat dans les *Athenische Mitteilungen*, XXII, fig. 25, 30, 33, 40. Ce simple relevé suffit à assurer ma thèse.

1. Voyez cependant Schliemann, *Tirynthe*, fig. 41 ; 146 *a* et *b*. Il faudrait y ajouter les peintures murales, pl. V et suivantes ; *Mykenische Vasen*, pl. XXIX, n°s 255, 261 ; XXXV, n° 357 ; XXXVI, n°s 364, 370, 371, 374, etc.

2. Il suffit de comparer à nos figures les quelques dessins suivants : Schliemann, *Tirynthe*, p. 333, fig. 146 ; Duncan Mackenzie, *The pottery of Knossos*, dans *Journal of hellenic studies*, 1903, p. 177, fig. 4 ; pl. V ; pl. VII, n° 17 (abstraction faite de la couleur) ;

Dœrpfeld, *Troja und Ilios*, I, fig. 171, 180. Pour les spirales à forme d'escargot, voy. *supra*, p. 73, et note. Je signale particulièrement quelques débris mycéniens trouvés à Rhodes, et conservés au Louvre (E. Pottier, *Catalogue des vases antiques de terre cuite*, Ire partie, p. 159, n°s 277 à 285). Quelques-uns de ces tessons ont reçu une décoration florale avec des spirales ; ce sont les plus semblables que je connaisse aux tessons ibériques pour la couleur de la terre et de la peinture, et pour le style.

3. La figure 96 rappelle de très près la plante figurée sur un vase de Cnossos publié par M. Duncan Mackenzie (*Journal of hellenic studies*, 1903, p. 178, fig. 5). C'est une sorte de fougère ou de scolopendre. Bien entendu je parle seulement de la forme, la technique étant toute différente. Dans le même

(Elche) ressemble d'assez près à un fragment de peinture murale de Tirynthe[1] ; c'est la même plante qui est dessinée Figure 93 (Elche) et sur un vase de l'Acropole d'Athènes[2], et quant aux vrilles de la figure 94, c'est par dizaines qu'on leur trouverait des similaires dans les albums de MM. Furtwængler et Lœschcke. Au contraire, je ne trouve rien que rappelle le dessin de notre figure 100 (Amarejo) où sont représentées sans doute des grenades. Je ne sais si le grenadier était indigène sur la côte orientale de l'Espagne ; si oui, il y aurait là un fait d'observation notable, parce que l'invention ni la copie de la nature ne semblent des qualités bien développées chez les Ibères. Les fleurettes du fragment de Tarragone représenté par la figure 101 semblent aussi originales ; on ne retrouve, chez les Mycéniens, les marguerites que stylisées.

Les exemples de fleurs ou de plantes stylisées sont d'ailleurs nombreux et je les ai décrits plus haut ; je me borne à rappeler les figures 104 à 116. Les seules qu'on pourrait essayer de compléter donneraient des images très voisines de celles qui décorent, par exemple, la panse d'un beau vase d'Ialysos[3] et de deux beaux vases de Mycènes[4].

Comme il était facile de le prévoir, un certain nombre de dessins ne rentrent dans aucune des catégories précédentes, et néanmoins se rattachent à une ou à plusieurs d'entre elles. Je les ai naturellement groupés avec les motifs qui me semblent avoir le plus d'analogie avec eux[5].

Quelques-uns ne manquent pas d'intérêt. Ainsi les figures 87 et 88 font songer au décor de certaines peintures murales de Tirynthe, où l'on dirait représentées de grandes ailes d'oiseaux, de sphinx ou de griffons[6]. Si les figures 49 à 54 ne font que nous montrer un ornement courant très répandu, des S alignées parallèlement ou feignant de se pour-

<hr>

travail quelques-uns des dessins qui constituent la figure 11 montrent d'ailleurs des copies de feuilles naturelles traitées exactement comme les peintures de nos tessons ibériques. Ce rapport est très notable.

1. Schliemann, *Tirynthe*, fig. 139, 140.
2. *Mykenische Vasen*, pl. XVI, n° 104.
3. *Ibid.*, pl. V, 28 B xii.
4. Schliemann, *Mycènes*, fig. 232, 233 = *Mykenische Thongefässe*, pl. II = Perrot et Chipiez, *Histoire de l'art, Grèce primitive*, pl. XXI.
5. Fig. 49, 50 (Elche); 51 à 54 (Meca); 27, 2 (Lorca); 22 (Amarejo); 27, 1 (Elche); 140, 145 (Amarejo); 199 (Meca); 142 (Meca); 117, 119 (Amarejo); 26 (Amarejo); 174 (Amarejo); 27, 3 (Elche-Madrid).
6. Schliemann, *Tirynthe*, pl. VI et VII.

suivre pour s'accrocher l'une à l'autre[1] ; si d'autres fois l'on n'y rencontre que des tracés plus ou moins purs de spirales (Fig. 120, 121, 124), ou des essais plus ou moins heureux de stylisation florale (Fig. 104, 105, 106, 107, etc.), on y trouve aussi des motifs plus ingénieux, comme l'imbrication (Fig. 139, 142) ou la bordure de petites crosses peintes à plein pinceau (Fig. 174). et même un ornement qu'il serait téméraire de reconstituer dans son intégrité, mais qui ressemble beaucoup, dans la partie conservée, à cette sorte de torche étoilée que l'on voit entre les mains de quelques images archaïques d'Artémis sur des vases grecs (Fig. 112)[2]. La figure 199, qui a sans doute la prétention de représenter un œil, a ceci de notable qu'elle est peinte sur un fragment de bec d'œnochoé.

Les figures 161, 162, 163. 164, 165, 166. 167. sont toutes copiées d'après des fonds de petites coupes recueillis exclusivement à Meca. Le décorateur. sans s'appliquer à tracer des dessins très réguliers et précis, y a fait pourtant un assez heureux usage à la fois du décor géométrique et du décor floral stylisé. Tantôt il se contente de tracer un ou plusieurs cercles concentriques au centre de l'ustensile, et de faire rayonner de fines lignes droites, assez éloignées les unes des autres (Fig. 163), mais qu'il rapproche aussi, à l'occasion, en faisceau plus serré (Fig. 164), ou qu'il dirige dans divers sens pour obtenir un élégant lacis de losanges (Fig. 167) ; tantôt il fait usage de festons dont la convexité est opposée au centre de la coupe (Fig. 162), tantôt enfin il occupe l'espace à décorer au moyen de larges marguerites à plusieurs pétales (Fig. 165). Il sait même, quand il le veut, réunir et combiner ces divers éléments (Fig. 161, 162. 166) ; mais aucun de ces trois fragments n'est assez précis pour permettre de compléter graphiquement le motif.

J'arrive aux figures d'animaux. Elles se réduisent jusqu'ici à un petit

---

1. Cet ornement est très fréquent dans la céramique grecque. Voy. par ex. *Athenische Mitteilungen*, 1897, p. 301, fig. 25, 26 (Égine). *Ibid.*, p. 138, fig. 6 ; p. 288, fig. 14, et surtout *Journal of hellenic studies*, 1903, pl. V, n° 3 ; VI, n° 4 ; VII, n°s 9, 11 (Cnossos) ; *Athenische Mitteilungen*, 1903, Beilage VI, n° 3 (Théra) ; XXX, n° 3 (Eubée?).

2. Voy. par ex. Daremberg et Saglio, *Dictionnaire des antiquités*, art Diana, fig. 2369. Je n'insiste pas sur ce rapprochement. La ressemblance est peut-être tout à fait fortuite.

nombre de types, chiens ou loups, oiseaux, poissons, plus un lièvre.
Aucune de ces bêtes n'a de similaire exact dans la poterie de l'Europe
orientale, des îles ou de l'Asie. Les poissons avec le dos rond ressemblent
aux jolies dorades qui se jouent aux bords ilicitans, dans l'écume des
vagues déferlantes ; mais d'ailleurs l'identification n'est pas certaine, et
l'on comprend que le décorateur s'est inspiré de la nature sans la copier ;
il en est de même pour les poissons de la figure 184 et celui de la figure
188, qu'on ne saurait nommer. Ceux qui ont été peints sur un vase
d'Elche, ne sont que de simples petits ornements de remplissage. mais
leur mouvement est juste et vrai [1].

Par une amusante fantaisie, les dorades, si dorades il y a, sont ornées
d'une queue et de nageoires dorsales qui se développent en rinceaux
fleuris. Le succès de cette stylisation d'un nouveau genre a été assez
grand, car si je ne me trompe, et si sur les fragments d'Elche 87 et 88 on
doit reconnaître des restes d'ailes d'oiseaux, les enroulements et les fleurons qui les décorent se rattachaient directement aux figures vivantes.
La même remarque s'applique au grand tesson que reproduit la figure
181, et peut-être aux débris moins importants représentés par les figures
193, 194; l'observation est certaine pour un des débris les plus intéressants de la collection, provenant d'Elche (Fig. 180). celui où le peintre
a dessiné un lièvre. La queue de l'animal se rattache curieusement à
une fleur placée par derrière ; mais ici la main de l'artiste n'a pas été très
légère et le raccord est exécuté sans adresse.

Je ne connais en dehors de ces tessons espagnols que de rares exemples d'une fantaisie analogue ; ils ont été signalés par M. Salomon Reinach dans son étude sur *La Sculpture en Europe avant les influences gréco-
orientales*. Le plus curieux est un fragment de fourreau d'épée découvert à
La Tène, et où l'on voit gravés d'abord un cerf dont les cornes se développent en rinceaux. et au-dessous de lui deux monstres affrontés dont
les pattes de derrière et la queue s'allongent et se courbent en vrilles [2].
L'art de la Tène étant très nettement caractérisé, il n'y a pas lieu, je
crois, de tirer des conclusions de ce rapprochement: mais il est bon tou-

1. Madrid, n° 17649, Fig. 190.   330 (*Gazette des Beaux-Arts*, 1893, II, .
2. *L'Anthropologie*, 1895, p. 673; fig.   371), fig. 331, 332, 333, 334.

tefois de rappeler que ce n'est pas la première fois que l'étude des monuments ibériques suggère une comparaison de ce genre.

Des oiseaux je distingue plusieurs espèces, d'abord des oiseaux de proie au long bec crochu, aux serres fines et acérées, d'humeur batailleuse, puisqu'on les voit aux prises avec des carnassiers, ensuite des volatiles plus doux, des oies ou des cygnes, puis des pigeons peut-être, à en juger d'après la forme de leur col et le soin que le céramiste a pris de marquer les reflets nuancés des plumes. Des premiers on peut rapprocher un oiseau peint sur une gourde chypriote du Louvre, bien que son cou ait la flexibilité d'un cou de cygne[1], et les grands oiseaux peints sur quelques-uns des plus beaux vases mycéniens[2]. Il faut noter que l'un des oiseaux du grand fragment d'Elche (Pl. I) tient au bec une sorte de tige en zigzag.

C'est encore à Mycènes que fait songer le petit lièvre dont je viens de parler. Sur les planches XXXIX et XL de l'album de MM. Furtwængler et Lœschcke, se trouvent groupés un grand nombre de fragments où l'on voit des animaux de petites dimensions dessinés avec une naïveté maladroite; ce sont des oiseaux, des poissons, des lièvres, des quadrupèdes cornus dessinés en des attitudes pittoresques. La forme de quelques-uns est simplement indiquée au trait; mais la plupart ont le corps entièrement colorié, se détachant en rouge, brun ou noir sur le fond clair du vase. Ils ont une frappante analogie de style et d'exécution avec le lièvre d'Elche, bien que celui-ci soit représenté avec un peu plus de finesse et de précision. Je citerai surtout les fragments reproduits pl. XXXIX. n°s 400, 401, 409.

Restent les carnassiers des grands fragments d'Elche. La vue de ces animaux, si l'on ne considère que leur forme, éveille plus d'un souvenir précis, mais ce n'est ni à Mycènes ni à Chypre que nous sommes conduits; il faut aller en Béotie et surtout en Attique. Sur quelques-uns des vases proto-attiques qu'a publiés M. Bœhlau[3] apparaissent des chiens

----

1. E. Pottier, *Vases antiques du Louvre,* pl. 8, n° 151.

2. *Mykenische Vasen,* XXXVII, n° 380; XXXVIII, 393.

3. *Jahrbuch des deut. kais. arch. Instituts,* 1887, p. 32 et s.; pl. 3, 4, 5. (= M. Collignon et L. Couve, *Catalogue des Vases peints du Musée national d'Athènes,* pl

sauvages ou des loups dont les corps ont la même sveltesse de lévriers héraldiques, la même gueule armée de crocs, le même rictus féroce ; dont les pattes se haussent de même sur de longues griffes pointues ; tels les loups de la planche III et de la figure 8. Il faut noter sur le premier vase la présence, à côté des carnassiers, de grands oiseaux dont le cou, la tête et le bec rappellent ceux des fragments d'Elche. Des monstres analogues se retrouvent souvent non seulement dans la céramique attique[1], mais aussi dans l'art béotien. On connaît la fibule publiée par Bœhlau[2], et surtout le vase acquis en 1897 par le Louvre et qu'a publié M. E. Pottier[3].

Si, après ces analyses, je veux encore signaler un rapport frappant entre les céramiques primitives de l'Espagne et celles de la Méditerranée orientale, il m'est facile de faire remarquer en Ibérie le même souci de remplir les vides laissés entre les images principales au moyen de fleurettes, de rinceaux, de lignes zigzaguées, d'ornements à forme d'arêtes de poissons ou de petits branchages à courtes feuilles alternées, quand ce né sont pas d'autres animaux, des poissons, par exemple, qui viennent se placer entre les pattes des quadrupèdes ou des oiseaux[4]. L'abus, du reste, n'a pas manqué de se produire ; la tendance fatale des imitateurs est l'exagération, et c'est ainsi que sur un fragment d'Elche (Fig. 184) on voit le reste du ventre et d'une patte d'un gros oiseau, sous ce ventre les pattes d'un autre oiseau plus petit et dans les trois vides que laisse

XIX, n° 462 ; pl. XX, n°ˢ 464, 468). Voyez aussi l'animal dessiné sur un tesson proto-attique d'Égine, publié par L. Pallat, *Athenische Mitteilungen*, XXII, p. 266, fig. 1, et celui qu'a fait connaître M. E. Pottier, *Revue archéologique*, 1898, *Nouvelles acquisitions du Musée du Louvre*, pl. III à gauche.

1. J'ai noté, par exemple, ceux qui déchirent un guerrier, *Archæologische Zeitung*, 1885, pl. VIII.

2. *Jahrbuch*, 1888, p. 362.

3. *Revue archéologique*, 1899, 1, p. 5, fig. 2 et pl. III. M. Bonsor (*Colonies pré-romaines*, p. 124) fait très justement observer que les animaux, des lions, ou des chiens, parfois accroupis avec un oiseau sur le dos et un autre entre les pattes, tels qu'on les voit sur les fragments d'Elche, sont un motif qui sert à décorer plusieurs peignes carthaginois qu'il a recueillis dans ses fouilles, à la Cruz del Negro. De fait, le thème semble bien d'origine orientale, mais les peintures d'Elche et les dessins gravés de Carmona sont d'un style absolument distinct.

4. Je n'ignore pas, du reste, que cette horreur du vide n'est pas spéciale aux décorateurs orientaux et à leurs imitateurs. On connaît, par exemple, ce beau fragment de l'époque dite *élaphienne* par certains archéologues, où l'on voit de gros poissons, des saumons sans doute, gravés entre les pattes et jusque sur le dos de trois élans groupés. Voy. E. Piette, *Notes pour servir à l'histoire de l'art primitif*, dans l'*Anthropologie*, 1894, p. 144, fig. 15 (caverne de Lortet).

cette complication de jambes, trois gros poissons. Il n'y avait plus de raison pour s'arrêter.

Enfin, pour descendre à de menues ressemblances qui ont bien leur prix, j'ai noté ce détail que l'oiseau volant au-dessus du monstre dans le grand fragment d'Elche (Pl. I) et tenant au bec une tige en zigzag, un brin d'herbe peut-être, ne fait qu'imiter en ce point deux quadrupèdes gravés sur une fibule béotienne du Musée d'Athènes[1]. Autour de ces animaux, on voit aussi voler des oiseaux ; ce thème est répété sur quelques autres fibules qui sont sans doute de la même fabrique[2]. Sur une terre cuite publiée par M. Maurice Holleaux et qui représente une idole béotienne, la robe est décorée d'un oiseau du même style[3].

On le voit, il n'est pas un seul de ces fragments espagnols qui ne donne lieu à quelques rapprochements avec la céramique la plus ancienne du bassin oriental de la Méditerranée et du bassin central[4]. Les noms de

1. Ἐφημερὶς ἀρχαιολογική, 1892, pl. XI, 2. = Perrot et Chipiez, *Grèce archaïque*, fig. 132.

2. Perrot et Chipiez, *Ibid.*, fig. 118, 128. On y trouve aussi des poissons, fig. 126, 129. On voit aussi ce thème sur quelques-uns des ivoires phéniciens trouvés et publiés par M. Bonsor.

3. *Monument Piot*, I, pl. 3.

4. J'ajoute ici quelques rapprochements qui, dans l'ensemble, sont très instructifs.

Les fig. 56 et 210 nous montrent le signe du swastika. J'en ai aussi noté des exemples sur de petites stèles pyrénéennes, au musée de Saint-Germain (nos 18723, 22177, 22178 etc.). On sait que ce symbole, venu d'Orient sans doute, est un élément très employé de la décoration grecque primitive ; il serait superflu d'en relever même les seuls exemples mycéniens. A propos de la fig. 210, voy. Salomon Reinach, *Revue archéologique*, 1902, *Étude sur le swastika à tête bifide*.

Fig. 21, 22, 27, 1, 43 (zigzags), cf. *Athenische Mitteilungen*, 1903, p. 96, Beilage II, nos 1, 23 (zone au-dessus des anses) ; p. 132, fig. 48, etc., etc. (Théra).

Fig. 55, cf. *Ibid.*, p. 109, fig. 23 (Théra).

Fig. 96, cf. *Journal of hellenic studies*, 1903, p. 196, fig. 12.

Fig. 119, cf. *ibid*, p. 119, fig. 3, nos 1, 2, 3.

Fig. 169, 171, 172, cf. *ibid.*, 195, fig. 11 (Cnossos) ; *Athenische Mitteilungen*, XXII, p. 281, fig. 13 (Égine).

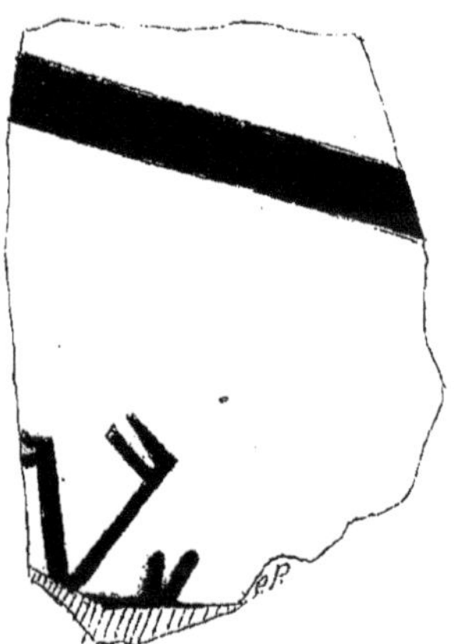

FIG. 210. — Meca. (Louvre.)

Fig. 202, 203. Les vases grecs décorés d'alphabets ne sont pas rares ; je cite, parce que la signature de l'artiste sert ici de principal ornement, un vase du Musée des Beaux-Arts de

Chypre, de Rhodes et de Théra, de Troie, de Mycènes, de Tirynthe et de Cnossos, d'Athènes et de Thèbes, celui de la Sicile et de l'Italie méridionale ont été tour à tour ou à la fois évoqués ; souvent même la comparaison a mis en relief des ressemblances qui approchaient de l'identité. Il en résulte qu'un lien étroit a uni à de très lointaines époques ces divers pays à l'Ibérie et qu'une partie tout au moins de cette péninsule, à l'âge le plus reculé de son histoire, fut tributaire des arts industriels qui, venus d'Orient, se développaient, s'enrichissaient, s'originalisaient en passant par la Grèce.

Et si l'impression que m'ont faite dès le début les débris que j'ai décrits, impression qui persiste et s'accentue après une étude minutieuse, ne me trompe pas, c'est la céramique mycénienne qui est au début proche parente de la céramique espagnole. Le décor floral de l'Amarejo, de Meca, d'Elche, de Tarragone, de Saragosse est caractéristique ; on ne peut s'empêcher de reconnaître comme une filiation qui le lie aux prototypes recueillis dans le bassin de la mer Égée. Quant aux animaux, si leurs formes ont surtout rappelé des monuments trouvés en Attique ou en Boétie, du moins dois-je insister sur ce point que les lignes qui dessinent, différencient ou décorent, à l'intérieur de la silhouette, les diverses parties de leur corps, que les traits exprimant les plumes, les poils ou les écailles trouvent avant tout leurs similaires dans les albums mycéniens de MM. Furtwængler et Lœschcke.

Si, d'autre part, je m'attache de préférence aux motifs purement linéaires de la décoration, c'est, avec les vases mycéniens, les vases primitifs de l'Italie méridionale qui sont le plus nettement évoqués dans mes souvenirs. M. Orsi a publié des vases de la nécropole de Licodia-Eubea, dans la province de Catane, où se retrouvent exactement quelques-uns des dessins les plus caractéristiques de ceux que j'ai étudiés en Espagne [1]. La figure 58 du mémoire que je cite me donne le modèle le plus précis de ce groupe de verticales serpentantes dont les Espagnols

---

Boston, publié dans la *Revue archéologique*, 1902, p. 41.

Les **Figures** 102, 103, 105, 110, 113 montrent, complètes ou faciles à compléter, de larges feuilles en forme de cœurs qui sont aussi très caractéristiques d'un grand nombre de vases mycéniens ; voy. en particulier les vases thessaliens publiés par P. Wolters dans les *Athenische Mitteilungen*, XXIV, pl. IX, 6 ; X, 6.

1. *Rœmische Mitteilungen*, 1898, p. 305 et s.

ont vraiment abusé. Sur les ustensiles recueillis dans la nécropole sicilienne l'usage des bandes circulaires divisées en tableaux, comme des métopes, est aussi fréquent que sur les débris ibériques (Fig. 54, 55, 64-67, etc.). Le même archéologue a trouvé dans la nécropole sicule de Léontinoi une série de grands vases dont la décoration linéaire affecte aussi la disposition par zones, avec tous les systèmes de métopes, de lignes ondulées parallèles, de cercles, de dents, etc., et dont les formes simples et un peu lourdes répondent admirablement à celles des vases ibériques [1]. En Apulie, dans la Peucezia et la Messapie, M. Mayer a étudié des vases décorés de demi-cercles tangents aussi sur un cordon circulaire, comme j'en ai noté sur un grand nombre de coupes d'Espagne (Fig. 54, 55, 57) et de divers tessons (Fig. 4, 6, 25, etc.)[2], et aussi des rangées de crosses analogues de forme et de facture à celles que j'ai décrites plus haut [3]. Sur des vases de Tarente aussi revient fréquemment la disposition par zones divisées en tableaux, et plus particulièrement on y retrouve les séries de dents du genre de celles que j'ai si souvent relevées et dessinées dans mes recherches à l'Amarejo, à Meca, à l'Alberca de Murcie [4].

Il ne peut y avoir en tout cela simple coïncidence. Mais cette constatation ne diminue en rien l'importance des souvenirs mycéniens que j'ai rappelés, car le temps n'est plus où l'on établissait une barrière entre la Grèce et l'Italie, et l'on sait que dès le xiie siècle sans doute, en même temps que des rivalités de concurrence, il y eut entre les deux régions méditerranéennes de nombreux échanges industriels et artistiques [5].

Ainsi les sculptures du Cerro de los Santos et le buste d'Elche ont

1. P. Orsì, *Siculi e Greci in Leontinoi*, dans *Rœmische Mitteilungen*, 1901, fig. 8, 10 à 20, 24-28.

2. T. Mayer, *Ceramica dell' Apulia preellenica*, dans *Rœmische Mitteilungen*, 1900, fasc. I, p. 12 et s., 6, 8, 9.

3. *Ibid.*, fig. 19.

4. *Ibid.*, p. 187, fig. 5, n° 130.

5. M. E. Pottier a très nettement posé et résumé la question dans son *Catalogue des vases du Louvre*, p. 280 et s., et je ne puis résister au plaisir de citer les lignes suivantes : » Le rôle de l'Italie en face de la Grèce continentale a été longtemps celui d'un véritable concurrent. Elle a bénéficié au début des mêmes apports : 1° ceux de la civilisation européenne, venus surtout par voie de terre, confinés dans l'étude du géométrique et des combinaisons abstraites de lignes, probablement sous l'empire de la métallurgie ; 2° ceux de la civilisation orientale, venus surtout par voie de mer, transmis fidèlement ou déjà altérés par les Phéniciens, Syriens, Égéens et Grecs d'Asie, ouvrant aux artistes la vue sur le monde vivant, sur les végétaux, les animaux, les hommes. »

prouvé sans conteste que non seulement l'art grec archaïque a pénétré en
Espagne et qu'il a exercé une notable influence sur l'art indigène, mais
qu'à une époque encore plus ancienne l'art mycénien ou égéen, comme
on voudra l'appeler, en même temps que l'art oriental, a répandu son
influence plus loin que la Sicile même, jusqu'en Espagne. L'étude de la
céramique des Ibères confirme par des faits plus nettement établis encore
cette théorie nouvelle, et ce n'est peut-être pas là un des moindres résultats des recherches que j'ai pu faire. Mais ce fait acquis, et bien acquis,
suscite plus d'un problème.

D'abord notre poterie, que j'ai toujours appelée indigène, mérite-t-elle
vraiment l'épithète et ne serait-elle pas plutôt importée en Espagne ? Sur
ce point le doute ne me semble pas permis. Si j'ai, au cours des descriptions précédentes, relevé mainte et mainte similitude d'ornementation
entre la céramique ibérique et l'égéenne, jamais
je n'ai eu à signaler d'idéntité absolue. Il est
même fort remarquable que les exemples de céramique importée soient extrèmement rares. Je ne
parle, bien entendu, que de la céramique la plus
ancienne, à laquelle puisse s'attribuer l'épithète
de mycénienne ou phénicienne. car pour les
vases grecs proprement dits et romains, on en a
toujours trouvé un grand nombre dans les nécropoles d'Espagne. Pour ma part, je ne pourrais
citer que très peu de documents ; d'abord les

Fig. 211. — Urne carthaginoise
(Carmona).

vases qui ont été recueillis dans les colonies agricoles pré-romaines de la
vallée du Bétis par M. Bonsor, et qu'il désigne sous le nom de poterie
orientale[1]. Il faudrait employer, je crois, le mot *carthaginoise*. si l'on
en juge par le vase dont notre figure 211 reproduit la forme et le motif

---

1. G. Bonsor, *Colonies pré-romaines*. p.
111 et s., fig. 81 à 106, 107 à 116, 117 à
160.

M. Bonsor dit *orientale et celtique*, mais
j'ai fait remarquer plus haut (p. 42) que
M. Bonsor a renoncé à reconnaître pour
celtiques une grande partie des vases qu'il a
trouvés ; ils sont indigènes et préhistoriques.

décoratif, et aussi pour les objets certainement puniques qui se groupent autour de ce récipient et des récipients analogues trouvés dans les mêmes fouilles ou dans celles, toutes récentes et inédites, d'Osuna.

Ensuite je signalerai un petit plat qui m'a été donné à Redobán (actuellement au Louvre), dont la terre et la coloration se distinguent très nettement. L'ornement caractéristique de cet ustensile est formé par des petits groupes de traits ondulés parallèles, très courts ; ces motifs alternent avec des groupes d'accents circonflexes ou de chevrons superposés. La céramique primitive de Grèce et d'Italie en offre des exemples innombrables. On peut citer en particulier le dessin de nombreux vases sicules publiés par M. Orsi[1], par exemple celui que représente, dans son mémoire, la figure 20. Le vase si original figurant un oiseau à tête de bœuf qui, trouvé à Ampurias, est conservé au Musée de Gérone et qu'a publié M. Léon Heuzey[2], est d'origine orientale ; il a été importé par les Grecs, avec bien d'autres sans doute du même genre qui n'ont pas été recueillis. Je ne doute pas, d'autre part, que M. l'ingénieur Siret n'ait trouvé encore d'autres vases phéniciens ou puniques dans la nécropole de Villaricos-Baria. Mais somme toute, et jusqu'à plus ample informé, il est surprenant que l'importation de céramique ait laissé si peu de trace, car elle fut à coup sûr considérable puisqu'elle a exercé une influence si nette et si certaine sur l'industrie ibérique.

Quant aux différences, elles portent d'abord sur l'ornementation qui jamais ne se confond absolument, je l'ai dit plusieurs fois, avec l'ornementation grecque ou italiote, et ensuite sur la nature de l'argile, sur les formes des ustensiles et, ce qui a plus d'importance encore, sur l'aspect de la couleur et la manière dont elle est appliquée sur les vases.

Je n'aurais pour l'établir qu'à reproduire ici les remarques que j'ai faites sur ces divers sujets. Je rappellerai seulement que les récipients très peu nombreux qui nous sont parvenus intacts, ou qu'il est possible de restituer, n'ont que très exceptionnellement des similaires dans les séries orientales, mycéniennes ou grecques archaïques.

---

1. *Rœmische Mitteilungen*, 1900. Voyez surtout p. 76, fig. 20 (Cava di S. Aloe).

2. *Monuments Piot*, 1901, *Le taureau chaldéen à tête humaine*, fig. 5 et 6.

D'autre part. si des ressemblances ou des différences dans la couleur et la densité de deux pâtes céramiques ne prouvent pas grand'chose sur leur communauté ou leur diversité d'origine, du moins en ce qui concerne le choix et l'application des couleurs, en un mot la technique de la peinture ornementale telle que je l'ai analysée en son lieu. les vases que j'appelle ibériques ne donnent jamais la même impression que ceux auxquels on peut les comparer pour le style du décor.

Par exemple. en aucun cas, qu'elle soit peinte directement ou sur engobe, la couleur n'est lustrée ; elle est toujours mate, je dirai même terne, et l'on sait que c'est le contraire qui se produit le plus souvent en Grèce. Seulement quelques vases chypriotes, théréens et mycéniens, ceux-ci même très rares, tous appartenant à la plus lointaine époque. manquent de cette glaçure qui donne aux couleurs, noir, jaune ou rouge, une résistance et un éclat exceptionnels. Ceux mêmes des tessons ibériques qui semblent de fabrication récente, comme je le dirai, diffèrent en cela des céramiques fabriquées dans les pays de la Méditerranée égéenne. C'est bien la preuve que les vases primitifs d'Espagne sont de fabrication espagnole : les potiers de ce pays ont bien su imiter le décor. il n'ont pas connu le secret précieux du lustre et de la glaçure ; leurs couleurs restent perpétuellement mates et quelquefois sans solidité ; un lavage un peu prolongé peut effacer, je l'ai dit. les dessins des plus beaux vases de l'Amarejo.

De même. les exemples d'engobe sont la très rare exception en Espagne, et jamais je n'en ai observé un seul de retouches ou de rehauts en couleur différente, comme on en voit souvent dans la plus ancienne fabrication, en pays classiques.

Je ne manquerai pas de noter aussi que l'imagination des potiers ibères est beaucoup moins vive et riche que celle de leurs maîtres. On sait l'extrême difficulté qu'a la critique à classifier nettement les vases primitifs de la Grèce ; à quelles nombreuses subdivisions sont obligés de recourir ceux qui veulent écrire l'histoire du style géométrique et du style mycénien depuis ses lointains débuts en Troade ou à Théra jusqu'au seuil de l'âge classique à Athènes ou en Béotie, tant il y a de variété dans un même pays ou d'un pays à l'autre, et aussi à la même époque et

d'une époque à l'autre. Les céramistes ibères sont pauvres et monotones ;
leur décor géométrique se traîne en des motifs peu nombreux, très simples et toujours les mêmes. La circonférence leur a fourni quelques combinaisons heureuses, mais les dessins rectilignes sont mesquins et sans
variété : ils n'ont pas utilisé, par exemple, la souplesse de la grecque,
dont les Rhodiens, les Attiques, les Béotiens ont tiré de si ingénieux
ornements, et se rapprochent en cela des Italo-Grecs. Le décor floral de
Mycènes est parfois d'une véritable splendeur, que les peintres copient
ou qu'ils interprètent la nature. Tel vase mycénien porte des fleurs
d'une élégance raffinée ; l'art décoratif a rarement dessiné et disposé la
plante avec plus de souple richesse. En Espagne, jusqu'ici, ne s'est
révélé rien de tel. Les fragments de l'Amarejo ne sont qu'un essai assez
maladroit : les plantes sont dessinées confusément : leurs tiges enroulées
ou droites ne témoignent que d'une facture conventionnelle et routinière.
Et quant aux animaux, qui dénotent plus de goût et d'habileté, on voit
sans peine qu'ils n'ont rien de réel : les peintres les représentent selon une
formule acquise : la faune de leur pays ne les a pas plus inspirés que la
flore : leurs oiseaux, leurs poissons, leurs quadrupèdes sont de purs êtres
imaginaires et, jusqu'à nouvel ordre, il faut avouer que rien ne vaut
ici ces heureuses figures des vases mycéniens, les pieuvres d'Ialysos,
de Chypre ou de Mycènes, dont l'air fantastique et féerique n'empêche
pas l'identification précise.

*
* *

Je viens d'écrire les mots de convention, de routine et de formule ; je
dois insister sur ces reproches, dont la portée est particulièrement grave
en ce qui concerne l'industrie des Ibères. La question, fort délicate, se
joint d'elle-même à la question de dates, qui ne l'est pas moins.

Quelques-uns seulement des débris ou des vases dont j'ai parlé proviennent de fouilles scientifiques et même de sondages plutôt que de
fouilles. Ce sont ceux que j'ai rapportés de l'Amarejo et de Meca. Tous
les autres, du moins ceux que j'ai recueillis personnellement à l'Alberca
de Murcie, à Elche, à Lorca, à Rojales, à Monteagudo, étaient à la sur-

face de sols maintes fois remués : ils étaient dispersés pêle-mêle avec une infinité de morceaux dont les uns, faits à la main, représentent l'industrie la plus grossière et la plus reculée, celle que les Espagnols appellent proto-historique, dont les autres sont incontestablement d'époque romaine, je parle de la vaisselle samienne, du *barro sagun-tino.*

A l'Amarejo, j'ai fait plusieurs tranchées en croix au sommet du mamelon ; je n'y ai trouvé aucune trace de construction, mais seulement des fragments de poteries mêlés avec beaucoup d'os d'animaux, par exemple des mâchoires de chiens et de sangliers et des dents de chevaux, avec cela beaucoup de cendres. Au flanc de la montagne, qui semble étagée par terrasses, j'ai trouvé en grande majorité des tessons de vaisselle très rude et primitive ; la terre en est noire, avec des petits cailloux blancs amalgamés, et très épaisse : puis venaient confusément, et non par couches, des tessons plus soignés, d'une terre grise et peu compacte ; plusieurs petits plats et petits pots sans valeur de cette classe ont même été retrouvés intacts ; enfin, un grand nombre de débris du style de ceux que j'ai déposés au Louvre, à décoration géométrique ou florale. Le butin le plus important consiste dans les restes de deux grandes jarres ; elles étaient enfouies à près de deux mètres de profondeur, tout à côté d'un foyer à l'air libre qu'abritait seulement la paroi verticale au pied de laquelle il était situé. Le sol en était formé d'un dallage de briques crues, en terre rouge vif, que la chaleur avait fondues et soudées ensemble. Sur ces briques reposaient une épaisse couche de cendre, puis des ossements calcinés et des fragments de poteries communes, tous brûlés, quelques-uns couverts encore de suie. Ces détails sembleraient indiquer une époque très ancienne, et de fait je crois que la céramique de l'Amarejo est plus ancienne que celle de l'Alberca de Murcie ou d'Elche, comme je l'établirai tout à l'heure. Cependant, je ne dois pas dissimuler que j'ai recueilli au même endroit, dans la même couche de terre, deux petits débris que j'ai conservés avec soin comme deux précieux témoins, ce sont deux morceaux de vases grecs (Fig. 2 et 3). D. Pascual Serrano, de Boncte, m'avait bien dit avoir trouvé dans des tombeaux, tout au pied de l'Amarejo, des vases qu'à la description qu'il m'en faisait je devais tenir pour grecs ; mais le fait me paraissait peu vraisemblable. Il n'y a plus maintenant à le mettre en doute. Mais ce qu'il y a de déconcertant, c'est que les débris recueillis par moi n'appartiennent pas même à l'âge archaïque ; tous les deux proviennent de vases à figures rouges. Sur l'un on voit une palmette, sur l'autre est peinte une guirlande de myrte, en blanc. En somme, ils peuvent remonter l'un et l'autre au ive siècle avant notre ère. Dès lors, je n'ose plus faire de conjecture sur l'âge des vases de l'Amarejo, et par suite sur l'âge de la céramique espagnole à influences helléniques en général, surtout si je me rappelle que M. Pedro Ibarra a trouvé une monnaie romaine, un as, dans un vase à décor géométrique de l'Alcudia d'Elche. Son témoignage ne peut être mis en doute.

Un fait sans plus me paraît hors de discussion, et c'est celui même qu'ont établi, je l'espère, les deux premiers chapitres de ce livre. C'est que longtemps avant la fondation des comptoirs phocéens sur la côte orientale de l'Espagne, les habitants de ce pays ont reçu la visite des marchands, les productions industrielles des peuples occupant le monde devenu plus tard le monde hellénique. Le style mycénien s'est répandu dans les ateliers des potiers espagnols à une époque certainement bien antérieure à l'établissement des Grecs à Emporiæ. Les Grecs du viie siècle, en allant coloniser les rivages de l'Espagne, n'ont pas ouvert des débouchés nouveaux à leur commerce, ni frayé des chemins inconnus : ils n'ont fait que suivre un mouvement depuis longtemps commencé. Ils n'ont été, comme importateurs de vases et d'ustensiles de terre cuite, que les successeurs des Mycéniens (on sait dans quel sens j'emploie ce mot, faute d'un meilleur) et de tous les peuples dont les arts découlent, avec plus ou moins de rigueur, de l'art des Mycéniens.

Mais il faut faire ici une constatation imprévue et très curieuse. Les Grecs, ceux du vie siècle, ceux du ve et des suivants, les archaïques et les classiques, n'ont pas eu sur les céramistes de l'Espagne la même influence que leurs lointains prédécesseurs.

Les Ibères ont connu les vases grecs proprement dits, à figures noires ou à figures rouges, aussi bien que les vases mycéniens, ioniens ou italiotes ; cela ne fait aucun doute, puisqu'on en a trouvé d'innombrables spécimens disséminés un peu partout dans le sol de la Péninsule, mêlés à la poterie indigène, à Redobán, à Elche, à l'Amarejo, tout autant qu'à Ampurias ou à Villaricos ; ils les ont connus et appréciés, ils les ont achetés au même titre que les statuettes archaïques de bronze qu'ils aimaient à conserver. Mais cette industrie nouvelle, si originale et si parfaite, n'a eu sur l'industrie traditionnelle qu'ils cultivaient qu'un effet superficiel, j'allais dire nul. Ceux qui avaient subi l'autorité d'arts encore primitifs, qui s'étaient complu dans l'emploi de thèmes décoratifs empruntés à des modèles très naïfs, hésitants encore, ne se sont pas laissé aller au charme d'images nouvelles, bien faites pourtant pour séduire et s'imposer.

Depuis l'apparition du style mycénien en Espagne jusqu'à l'époque romaine, il ne semble pas que les formes céramiques se soient modifiées, qu'elles se soient étirées, amincies, galbées avec plus d'élégance et de délicatesse. Les Ibères n'ont adopté, en fait de type gracieux, que l'œnochoé à bec trilobé, mais l'œnochoé n'est pas une invention des Grecs proprement dits ; elle est extrêmement ancienne, puisqu'on la trouve déjà par exemple dans la plus ancienne poterie chypriote[1]. Mais ni la cylix à pied élevé et à anses horizontales, ni le canthare, ni l'amphore, ni l'hydrie ne les ont inspirés ; ils n'ont pas compris l'importance du lustre et du vernis, qui rendent les dessins plus brillants et plus solides ; et en ce qui concerne la technique, ils sont arrivés tout au plus, à l'exemple des Grecs, à mieux préparer leur argile, à rendre leur pâte plus fine, plus serrée, plus légère et de très mince épaisseur. Quant à l'ornementation elle-même, il faut avouer, quelque étonnement que cet aveu nous cause, que les progrès accomplis par les Grecs n'ont presque pas servi aux Ibères. La figure humaine, dont le rôle décoratif devient prépondérant dans les ateliers helléniques, reste le plus ordinairement en dehors des thèmes ibériques. Je n'ai pu signaler, on se le rappelle, que deux très primitifs essais de représentation humaine[2], l'un (Fig. 197),

---

1. E. Pottier, *Vases antiques du Louvre*, pl. 8, A 114.

2. On m'a signalé un vase, trouvé dans les environs de Orihuela ou de Murcie, où semble dessinée sur la panse une sorte de ronde de personnages vêtus, et se tenant par la main. Le vase est authentique — j'en ai eu sous les yeux un fragment — mais je ne puis en parler avec compétence, n'en ayant vu qu'un sommaire et imparfait croquis.

très ancien sans doute, antérieur à l'époque classique, l'autre plus récent peut-être, où l'on retrouve un débris de silhouette noire (Fig. 198). Et en dehors de ces très humbles tessons je n'ai réussi jusqu'ici à noter comme témoignages de l'influence de la céramique classique que cinq fragments, deux où restent quelques lettres d'une inscription ibérique (Fig. 202 et 203), un autre, trouvé à l'Amarejo, où sont tracées des oves du plus pur dessin (Fig. 209), un quatrième où sont accolés des rinceaux peints avec une légèreté, une précision, une élégance de contour qu'auraient admirées les plus ingénieux des décorateurs attiques (Fig. 177), un dernier enfin où l'anse se rattache au corps du vase derrière une tête chevelue de style assez avancé, modelée en relief (Fig. 204).

Certes, il est fort possible que des découvertes ultérieures viennent ébranler, sinon détruire mes conclusions. Plus que personne je désire que la trouvaille de quelque vase largement inspiré des plus beaux vases grecs prouve bientôt que, comme les sculpteurs, les céramistes ont été les heureux disciples et à la fois les émules des Grecs ; qu'à côté du buste d'Elche on puisse dresser un vase qui témoigne du même talent à la fois original et tout imprégné du génie grec. Mais je crains bien qu'il n'en soit pas ainsi. L'Alcudia d'Elche n'a pas sans doute révélé tous ses secrets, mais on peut dire que depuis de si longues années qu'on en retourne la surface, que des milliers et des milliers de tessons y ont été recueillis, ibères, grecs et romains, tous les types céramiques qu'elle renfermait nous sont connus par quelque débris. C'est là cependant qu'il y aurait eu le plus de chances de trouver le chef-d'œuvre rêvé ; Elche, plus que toute autre ville semble avoir eu le privilège d'une culture artistique raffinée.

Les choses étant ainsi, je me crois en droit d'affirmer que l'histoire de la céramique des Ibères n'a qu'un chapitre, un chapitre long et intéressant, à coup sûr, mais unique. Pendant de longs siècles, jusqu'à la conquête romaine, après même cette conquête, ils sont restés fidèles au style qu'ils avaient emprunté à leurs premiers fournisseurs orientaux et qu'ils avaient du reste marqué de leur empreinte personnelle. Ce style, pendant une longue période, s'est modifié à mesure que se modifiaient de

leur côté les styles qu'il imitait, et si les vases à décor floral font surtout
songer à Mycènes, les vases géométriques rappellent plutôt les vases
italiotes, et les vases à figures animales sont proches parents par certains
côtés des vases proto-attiques et proto-béotiens.

Mais bientôt, quand le style primitif a fait place dans les régions
orientales au style archaïque, et le style archaïque au style classique, il y
a eu comme un brusque arrêt de développement parallèle dans la Péninsule occidentale. Le style céramique d'Ibérie s'est figé, et c'est là surtout
que l'on peut parler de la longue survivance du style mycénien et du
style géométrique.

Que si l'on recherche les causes d'une si fâcheuse aventure, peut-être
est-il facile de l'expliquer. Bien que les historiens de la céramique
grecque réussissent sans trop de difficultés à montrer que les fabricants
sont passés par une suite de transitions logiques des œuvres primitives
aux œuvres classiques, et qu'ils établissent une filiation toute naturelle des
vases de style mycénien aux vases à figures rouges, il n'en est pas moins
vrai que si, supprimant les intermédiaires, on place brusquement en face
l'une de l'autre une grande hydrie proto-attique et une coupe d'Euphronios, un spectateur non prévenu aura peine à reconnaître leur parenté et
sa surprise sera grande lorsqu'un archéologue la lui fera comprendre. La
même surprise a dû saisir les Ibères ; les premières peintures de vases
archaïques à figures noires, lorsqu'ils les ont vues d'abord, les ont éton-
nés, sans doute, et ne les ont pas ravis, parce que vraiment elles ne sont
pas d'une telle beauté que l'effet en puisse être irrésistible. Habitués à
leur décor géométrique ou floral, habiles à dessiner leurs agencements de
raies, de cercles et de spirales, leurs plantes chimériques, leurs fantastiques monstres conventionnels, ils n'ont pas pensé qu'il valût la peine
de rien changer à leurs habitudes. La clientèle achetant avec plaisir des
ustensiles dont les ornements aussi bien que les formes satisfaisaient
depuis longtemps son goût et plaisaient à ses regards, ils n'ont pas cru pru-
dent d'essayer de changer ses habitudes et de lui imposer des créations
nouvelles. La routine, en art et en industrie, sort à la fois de la paresse
et de la timidité des artistes et des fabricants et de la patience et de l'in-
différence du public. D'ailleurs, les rapports entre la Grèce et l'Espagne

devenant de plus en plus faciles et fréquents, les importations de vases grecs se multipliant avec plus d'aisance, il était plus simple d'acheter directement ces produits et d'en faire usage que de demander aux ateliers locaux d'en fournir d'aussi beaux et d'aussi décoratifs, faits à leur imitation. Toute la poterie de luxe fut désormais de la poterie fabriquée en Grèce.

Il faut bien dire aussi que sous sa forme nouvelle la poterie grecque était plus difficile à imiter. Si Euphronios, par exemple, est arrivé à exécuter ses chefs-d'œuvre, c'est sans doute avant tout parce qu'il avait un merveilleux talent ; mais c'est aussi parce que le potier avait su lui préparer la surface admirablement unie et polie de l'argile la plus fine ; c'est parce qu'il avait à sa disposition une couleur d'une fluidité parfaite, que le plus ténu brin de pinceau pouvait déposer en lignes minces sans crachures ni bavures ; c'est, en un mot, parce que le potier et lui-même, le peintre, avaient des procédés, peut-être des secrets de métier et d'art qui les servaient au mieux de leurs efforts et de leurs désirs. Mais ces procédés, ces secrets ne se devinent pas à la simple inspection des vases : il faut, pour les connaître, les apprendre ou les surprendre dans les ateliers ; et probablement jamais les potiers ibères n'ont songé à aller se mettre à l'école à Athènes ou à Corinthe.

Enfin, s'il est en somme assez aisé d'acquérir une souplesse, une dextérité de main suffisante pour reproduire avec de légères variantes, qui ne demandent pas grande imagination, des combinaisons de lignes droites et de lignes courbes, pour dessiner élégamment des rinceaux et des plantes selon des types depuis longtemps connus ; si un décorateur un peu versé dans son art et formé par une longue tradition doit arriver sans peine à peindre agréablement des animaux de pure invention, des monstres de rêve ; si l'exécution de toute cette imagerie de convention, hors de la nature et de la vérité, n'exige point du tout d'imagination et exige très peu de qualités de facture, il n'en est pas de même lorsqu'il s'agit de dessiner et de peindre la figure humaine dans sa réalité vivante. Je comprends que les décorateurs espagnols aient hésité à suivre les Grecs dans cette voie nouvelle, toute hérissée d'obstacles, et que, ne se sentant pas capables de les imiter et de les suivre, même de loin, ils aient préféré ne pas tenter cette nouvelle fortune et s'endormir dans la sécurité tranquille de leurs habitudes. Du reste, les Grecs ont marché d'un tel pas à la conquête de la forme parfaite, si peu d'années séparent les plus simples vases archaïques des chefs-d'œuvre des maîtres du ve siècle que, si l'on admet que les Ibères ont eu à un moment une hésitation à suivre les progrès de la céramique grecque, on doit en conclure qu'ils devaient forcément renoncer à cette poursuite ; ils furent trop vite dépassés et distancés de trop loin.

Avouons d'ailleurs que les Ibères n'avaient pas de dispositions très marquées pour l'étude et la représentation de la figure humaine. Je ne l'ai pas dissimulé dans le chapitre précédent ; si l'on met à part le buste d'Elche, si l'on excepte un certain nombre de têtes du Cerro de los Santos, toutes les œuvres de sculpture sorties de la main des Ibères que nous connaissons jusqu'à présent sont d'un art maladroit ; on ne doit pas même exclure de ce jugement la grande statue du Musée de Madrid. L'auteur du chef-d'œuvre du Louvre a un génie si exceptionnel qu'on a soutenu qu'il était grec ; quelle preuve plus frappante de la médiocrité de la plupart de ses émules. L'art du Cerro vaudrait bien peu, s'il ne rachetait par l'originalité de son caractère la faiblesse de sa technique. Presque toujours, en s'attachant à reproduire les formes d'un corps ou l'expression d'un visage, les sculpteurs n'ont réussi qu'à façonner des statues dont la valeur archéologique l'emporte sur le mérite d'art ; ils ont donc assez mal profité, en général, des leçons et des modèles que leur fournissaient les Grecs : il a fallu l'admirable découverte d'Elche pour relever et réhabiliter les premiers artistes espagnols. Dès lors, qu'y a-t-il d'étonnant à ce que d'humbles peintres de vases, de simples ouvriers dont l'éducation devait être bien plus rudimentaire, n'aient pas osé s'attaquer à la représentation de l'homme et de la femme et peindre, comme les Grecs, des dieux, des héros ou de simples mortels, des scènes de la vie mythylogique ou de la vie réelle ? Faut-il leur en vouloir de s'en être tenus aux leçons apprises, aux sujets, aux motifs de décoration que leurs ateliers s'étaient transmis à travers les âges ?

Soit, dira-t-on ; ainsi s'explique la routine, si elle ne s'excuse pas. Mais comment se fait-il que les traditions routinières se soient conservées si longtemps ? Une loi fatale, et d'ailleurs fort heureuse, veut, quand un art ou une industrie ne progressent pas, qu'ils végètent peu d'années et meurent, ou bien qu'ils se rénovent par un effort vigoureux. La céramique des Ibères devait se régénérer ou périr.

Le fait est qu'elle n'a pas su se refaire une jeunesse et une force ; elle n'a pas été sauvée par une heureuse réaction, ni par une invention féconde de génie, et de ce fait je ne puis pas deviner la cause. La vérité est encore que, malgré les apparences, elle est morte de bonne heure, car durer ce n'est pas toujours vivre. Remplacer l'étude des bons modèles et l'observation de la nature par une simple habileté de métier ; se satisfaire à bon compte de ce qui plaisait à de nombreuses générations antérieures et répéter à satiété, d'un pinceau blasé, les mêmes ornements mille et mille fois vus, c'est s'enlizer pour disparaître.

Et c'est bien la fatalité à laquelle n'ont pas échappé les potiers ibères. Un détail que j'ai signalé nous le montre parmi bien d'autres. Qu'on se rappelle ces nageoires de poissons se déroulant en fantaisistes spirales, ces corps d'oiseaux accostés de rinceaux et de fleurs, cette invraisemblable queue de lièvre tortillée en vrille : tous ces détails dessinés sur des fragments trouvés à Elche sont de style et de facture très poussés et sans aucun doute de date récente. Mais où faut-il qu'un art en soit tombé pour s'amuser à ces jeux bizarres ? Les animaux les plus fantastiques de l'art grec primitif et archaïque, les monstres qui semblent le moins conformes à la réalité vivante nous intéressent et peuvent nous charmer, malgré leur étrangeté, parce qu'ils sont sincères et qu'on y découvre nettement une inspiration de nature ; mais la plaisante invention des Ibères nous laisse froids et désappointés et nous fait à peine sourire ; elle n'est que le stérile effort d'une industrie perdue. Du jour où les décorateurs de vases ont renoncé à la recherche de formes et de thèmes nouveaux, où ils se sont contentés, en guise de progrès, de tracer leurs dessins et leurs images conventionnels avec plus de netteté, de fermeté, d'une main qui ne tremblait plus, mais sans que leur esprit fût en rien engagé dans l'affaire, ils ont pu répandre les vases par milliers dans toute l'Espagne et en assurer pour de longues années le débit, ils ont pu gagner beaucoup d'argent ; mais du moment qu'ils cessaient de créer, ils cessaient d'exister pour l'art : ils avaient mis le point final à la page de leur histoire. Les produits de leurs ateliers, qu'ils datent en réalité du v⁰ siècle ou de l'époque romaine, sont toujours pour la critique antérieurs à ces dates.

Que si l'on veut maintenant établir une chronologie des vases ibériques comparés entre eux, la chose n'offre pas une très grande difficulté, et d'après les analyses que j'ai faites des plus importants exemplaires, je crois que l'on peut proposer un ordre de succession assez probable.

Il me semble que si je place un des fragments à décor floral de l'Amarejo à côté du fragment d'Elche reproduit par la figure 87 (c'est à dessein que je ne choisis pas le fragment de la Pl. I, par exemple), ce dernier paraît d'un art plus récent et plus habile. Au lieu de traits, de tiges et d'enroulements imprécis, tracés comme au hasard, sans fermeté, avec un désir évident d'aller vite, je vois un dessin sûr de lui, une spirale irrégulière, certainement, comme on peut l'attendre d'un pinceau conduit à main levée, mais nette et bien détachée ; je devine aussi une composition étudiée, aisée et ferme. A plus forte raison, les grands morceaux d'Elche, malgré leurs maladresses, paraissent-ils d'un style plus mûr, d'une technique plus assurée. Je note d'autre part que le grand tesson d'Elche au Musée de Madrid (Pl. I) porte, au-dessous des animaux, les restes d'une zone de cercles concentriques dont le motif est fréquent partout. Ces dessins sont formés avec une régularité et une précision mécaniques, au moyen du compas, dont l'emploi paraît vraiment exclusif. L'ornement est très ancien, mais il s'est perpétué en s'affinant et pour ainsi dire en se rajeunissant.

Si je compare ce procédé savant avec la maladresse du décor rectiligne toujours tracé à la main sans le secours de la règle et sans grande recherche de symétrie ni de correction, ne suis-je pas autorisé à dire que notre céramique se divise en trois grands groupes qui se sont ainsi succédé dans l'ordre du temps :

1° Poterie à décor géométrique et à décor floral irrégulier ;

2° Poterie à décor géométrique et à décor floral régulier ;

3° Poterie à décor animal, avec persistance d'importants éléments linéaires et floraux de style régulier.

Il va sans dire que tous ces groupes ont certainement empiété l'un sur l'autre et qu'un grand nombre de vases tiennent à la fois des trois systèmes et des trois époques.

Un fait d'ailleurs se dégage, c'est que cette céramique, jusqu'à présent si peu connue, a trouvé son expression la plus complète et la plus parfaite dans cette même ville d'Elche que déjà la découverte de la Dame d'Elche nous a montrée douée de véritables privilèges artistiques et qui prendra, j'en suis sûr, une place exceptionnelle dans l'histoire de l'art antique le jour où l'on pourra sérieusement explorer le sol de l'Alcudia.

*
* *

Cette étude de la céramique primitive de l'Ibérie ne serait pas complète si je ne cherchais pas à faire une enquête sur la fabrication des figurines de terre cuite qui, dans les pays de l'antiquité classique, a toujours accompagné l'industrie des vases. Mais il est fort curieux qu'ayant eu en abondance de l'argile excellente, et passés maîtres en l'art de façonner et de décorer les vases, les Ibères n'aient montré aucun goût pour la coroplastie. Ces imitateurs ne semblent pas s'être appliqués à cet art ingénieux et lucratif

---

1. Le lecteur s'étonnera peut-être que je ne parle pas, dans ce chapitre de la céramique, du fameux plat celtibérien à umbo, à figures et inscriptions en relief, dit vase de Ségovie qu'a publié M. A. Heiss dans la *Gazette archéologique*, 1888, p. 312 et pl. 40, et auquel le professeur si regretté E. Hübner a donné une place dans ses *Monumenta linguæ ibericæ*, n° XXXIV. C'est que la bonne foi de ces deux hispanisants, malgré leur compétence, a été surprise. Le plat est faux, et ne peut qu'être faux. M. A. Engel, dans la *Revue archéologique* (1896, p. 226, 227 et pl. XVII) l'a établi aisément. On a signalé actuellement quatre exemplaires de cette ultra moderne antiquité ; M. Engel et moi-même avons vu plusieurs de ses congénères, tout à fait dignes de la famille. On connaît admirablement aujourd'hui les lieux de fabrication, les fabricants, les vendeurs et les courtiers. Il a été très aisé de démasquer cette coupable, mais lucrative industrie, et cela a été fait plusieurs fois, en dernier lieu par l'illustre D. M. R. de Berlanga dans le *Bulletin hispanique* (1904), à propos de falsification de monnaies antiques (Fig. 212). Ce sont les mêmes faussaires de Totana (près de Murcie) qui ont inondé l'Espagne et voudraient inonder la France de ces vases prodigieux dont on ne sera pas fâché de voir ici trois spécimens — et non pas des plus grotesques — pour se mettre en garde contre toute mystification (Fig. 213). On a déjà vu des vases de Totana chez des brocanteurs, à Paris ; le musée de Marseille, mieux inspiré que le musée municipal de Barcelone, a su s'en préserver grâce à l'heureuse défiance du conservateur, mon ami Michel Clerc.

Fig. 212. — Plat ibérique faux, dit de Ségovie.

Fig. 213. — Vases ibériques faux de la fabrique de Totana.

que les Grecs ont cultivé avec passion, car il plaisait aux pauvres qui pouvaient contenter leurs divinités à bon compte, grâce à lui, et les riches, amateurs de fins et délicats bibelots, y trouvaient aussi leur compte.

M. E. Hübner déclare bien qu'il y eut en Espagne des fabriques indigènes de terres cuites, mais il avoue qu'on en connaît bien peu d'exemplaires, et il ne cite que quelques idoles très simples et de caractère local assez antique au Musée de Tarragone [1]. Au Catalogue du Musée, publié par M. Angel del Arco y Molinero, je ne trouve aucune trace de ces figurines. Il n'y est indiqué, sous le numéro 2584, qu'une tête de taureau ayant deux lettres gravées sur le sommet du crâne. J'ai vu ce fragment : le taureau, qui a la tête couverte de bandelettes, me semble de travail romain [2]. Je ne serai pas plus affirmatif pour un bucrâne qui se trouve au Musée archéologique de Madrid, et qui provient, paraît-il, de Palencia [3]. Je me défie aussi d'une femme nue, ayant les deux bras levés et les mains posées au-dessus de la tête. Elle est indiquée à l'inventaire comme provenant de Triedra, dans la province de Valladolid ; mais elle me semble bien *mexicaine*. ainsi qu'un petit torse féminin enveloppé dans un manteau dont l'étoffe est décorée d'un semis de petits cercles gravés et d'un autre torse de femme nue, sans bras [4].

Ce qui m'incite à n'accepter que sous toutes réserves ces minces débris comme ibériques, c'est que je n'ai aucun moyen de contrôler leur authenticité, et que je suis frappé d'ailleurs de ce fait que les archéologues espagnols, comme Cean-Bermúdez, si attentifs à signaler les moindres fragments de statues, d'inscriptions, les moindres objets de bronze, ne parlent jamais, que je sache, de trouvailles de figurines de

---

1. *Arqueologia de España*, p. 207, § 167. A la page suivante, M. Hübner ajoute : « Dans beaucoup d'histoires locales, dans l'œuvre du comte de Lumiares et dans quelques publications particulières, aussi bien que dans le livre du même auteur, *Barros Saguntinos*, il a été publié des objets de terre cuite de diverses classes. Mais il n'existe pas une monographie de ces nombreux monuments, si intéressants pour l'histoire de l'industrie et du commerce... Une amphore romaine et une petite figurine de

terre cuite ont été trouvées récemment à Consuegra (*Boletín de la Academia*, XII, 1898, p. 346).

2. L'objet est classé sous la rubrique *Cerámica griega*, p. 168, n° 2584. Les lettres sont les suivantes IN. Il n'y a pas de raison pour les dire ibériques.

3. N° 14069.

4. Ces deux objets sont aussi au Musée de Madrid.

terre cuite. Si l'on en trouve si peu, ou pour mieux dire si l'on n'en trouve pas, on peut, jusqu'à nouvel ordre, penser que c'est parce que la fabrication n'en fut jamais active.

Cependant il y a eu des ex-voto d'argile au Cerro de los Santos ; j'ai vu dans l'armoire où sont exposés les menus objets recueillis en ce lieu, au Musée de Madrid, une petite tête d'homme à très grandes oreilles, dont la face est à peine modelée et où se détache seulement un long nez proéminent ; le style s'accorde assez avec celui des bronzes primitifs. C'est bien là une terre cuite indigène ; je suis tenté d'en dire autant d'une figurine qui se trouve au Cabinet de l'Académie de l'Histoire, à Madrid. Elle est d'assez grandes dimensions et ne ressemble que peu aux statuettes orientales, grecques ou romaines de type analogue que je connais (Fig. 214)[1]. C'est une déesse-mère assise sur un vaste trône à large dossier. Elle a les bras allongés le long des côtés et des cuisses et dissimulés sous l'ample robe qui la vêt depuis le cou jusqu'aux pieds. Un

Fig. 214. — Terre cuite. (Académie de l'Histoire, à Madrid.)

grand voile qui s'évase en une sorte de large auréole est maintenu au-dessus de la tête par un haut polos cylindrique. Les pieds sont posés sur un tabouret, ou plutôt sur une plinthe qui fait corps avec le trône. Celui-ci est très large et n'a pas de bras. Le personnage est assez sommairement modelé, mais non sans adresse : on sent les jambes, les bras, les seins sous

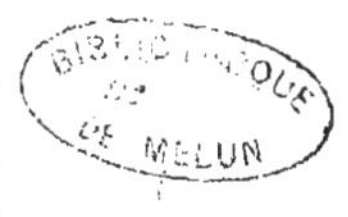

---

1. Hauteur : 0m,35. Pas de numéro. Je dois dire cependant que nombre de terres cuites grecques peuvent être rapprochées de celle-ci. Par exemple je citerai Stackelberg, *Græber der Hellenen*, p. 43 (la déesse du milieu) et surtout Pl. LVII, LVIII. Ces figurines sont d'un art beaucoup plus avancé que celles de Cabeza del Griego. D'autre part le Père De-lattre a trouvé dans des tombes de Carthage des déesses-mères du même type que celle de Madrid ; mais est-il bien sûr qu'elles soient puniques ? (R. P. Delattre, *Nécropole Punique voisine de Sainte-Monique*. 2e sem. des fouilles, 1898, p. 8, fig. 13, et p. 13 (Extrait du Cosmos).

l'étoffe : le visage, qu'anime le sourire archaïque, est correct : les cheveux sont séparés au-dessus du crâne par une raie et retombent de chaque côté en bandeaux bien indiqués. En somme, la statuette n'est pas très originale : mais elle est très intéressante, par le sujet qui est purement oriental ou grec, par le type archaïque du visage et aussi par la technique. La terre est rouge, très cuite : elle a été trempée dans un enduit blanc avant de recevoir sa décoration colorée. On voit encore des traces de peinture entre les seins et tout autour de l'auréole, et au-dessous du siège des lignes horizontales au pinceau. La déesse est pour ainsi dire traitée en bas-relief : en effet, elle se détache en faible saillie sur une plaque qui est seulement bombée et renforcée par derrière, pour assurer la stabilité de l'objet. Il se trouve dans ce revers un trou d'évent ; on discerne aussi quatre trous d'évent supplémentaires par devant, à la hauteur de la cheville.

En somme, la figurine est de date assez récente et, si elle est vraiment ibérique, comme je le crois, elle vient augmenter la série des œuvres imitées avec quelque bonheur par des artistes indigènes d'après des modèles importés, et dont je signalerai des exemples intéressants au prochain chapitre.

Je ne sais si je dois maintenant donner droit de cité ibérique à une tête haute de 15 centimètres qui aurait été recueillie à Poblet et que j'ai photographiée au Musée épiscopal de Vich, en Catalogne. Je ne sache pas que l'on ait trouvé dans ces lieux célèbres des antiquités indigènes ou romaines ; ce fragment, d'ailleurs est bien étrange. C'est un bloc massif de terre rouge brique, façonné par un barbare en forme de tête d'homme barbu. Le nez est mince et crochu ; les yeux sont constitués par deux trous ronds ; la bouche entr'ouverte n'est qu'une cavité ovale entourée d'un bourrelet : l'oreille (la droite est brisée) est mal placée et dessinée au hasard ; les cheveux et la barbe sont piquetés de petits trous. L'aspect est affreux ; mais, encore une fois, si l'on songe à la foule de petits bronzes non moins affreux dont se contentaient les Ibères, il n'y a pas de raison pour ne pas attribuer à quelqu'un d'entre leurs fournisseurs ordinaires ce produit lamentable d'une industrie peu florissante (Fig. 215-216).

Je m'en voudrais de clore ce chapitre sur une pareille horreur. Heureusement que je puis montrer au lecteur des objets moins repoussants ; ce sont des masques de femmes qui sans doute ont servi à quelque usage de décoration architecturale, et qui, par ce fait même, ont de l'intérêt et de la valeur.

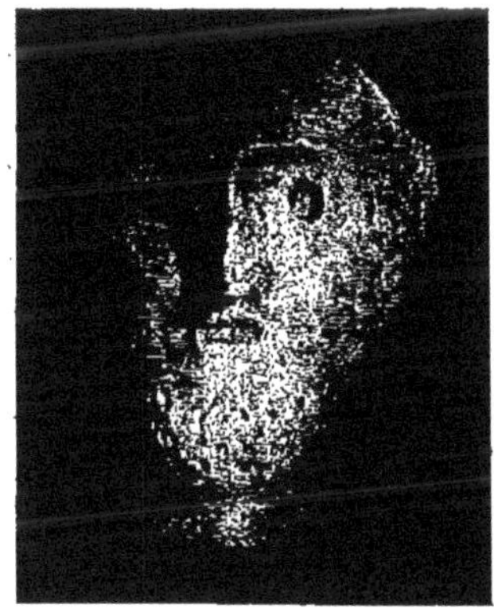 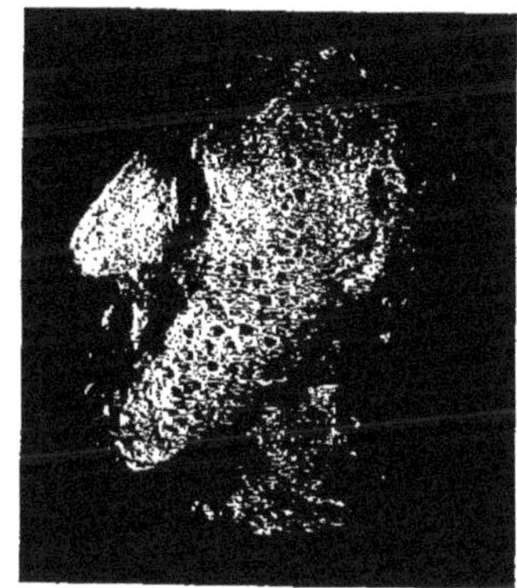

Fig. 215 et 216. — Tête en terre cuite de Poblet. (Musée épiscopal de Vich.)

Plusieurs masques du même type que ceux que reproduisent les figures 217-219 ont été recueillis par M. Román Gavira dans ses fouilles de Cabeza del Griego ; il en existe quelques exemplaires au Musée archéologique de Madrid (salle des Terres cuites) ; M. Román en conserve deux ou trois à Uclés et il a bien voulu me donner celui que j'ai photographié[1] (Fig. 218). Il se trouve actuellement au Louvre et grâce à la générosité de M. Pelayo Quintero, il ne s'y trouve pas seul, car, à la demande de M. Arthur Engel, M. Quintero a fait gracieusement hommage au Musée d'un second spécimen qu'il possédait[2] (Fig. 217).

Le type en est assez original. C'est une tête de femme avec le nez cro-

1. L'objet a été certainement soumis au feu d'un incendie ; on en voit les traces sur la photographie même, si l'on regarde le front et la chevelure.

2. J'ai donné une image en phototypie des masques du Louvre dans le *Bulletin hispanique*, 1902, pl. II, et j'en ai parlé dans une note ajoutée à un article qu'a écrit dans cette revue M. Pelayo Quintero sur les antiquités de Cabeza del Griego. M. Quintero qui a trouvé, m'a-t-il écrit, cinq terres cuites analogues, et une plus grande, avec les yeux ouverts, nous donnera certainement d'intéressants détails sur ces objets quand paraîtra la seconde partie de son tout récent ouvrage sur Uclés (Madrid, Fortanet, 1904).

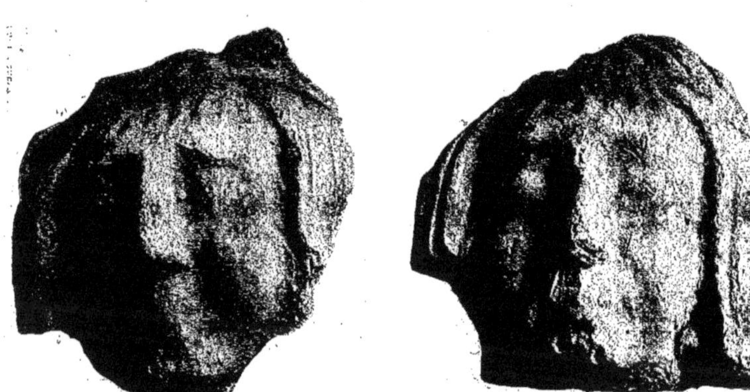

Fig. 217-218. — Antéfixes ibériques de Cabeza del Griego. (Musée du Louvre.)

chu, les pommettes très saillantes, le menton pointu, les yeux en boule
sous l'arcade sourcilière très proéminente, et surtout le sourire grima-

Fig. 219. — Antéfixe de Cabeza del Griego.

çant. La disposition des cheveux dressés en pointe au-dessus de la
tête, tombant en longues mèches à droite et à gauche du visage et en

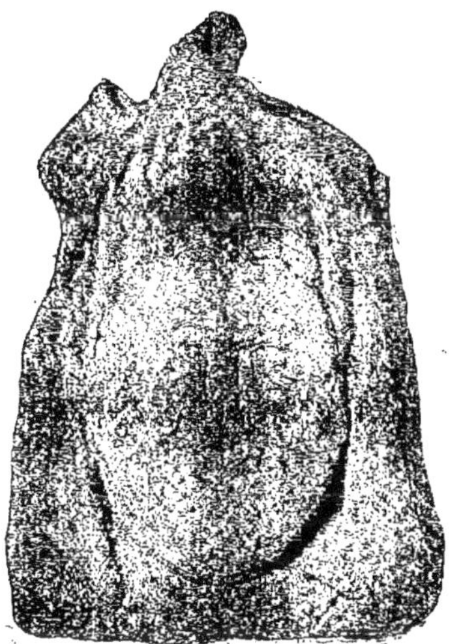

Fig. 220. — Antéfixe ibérique. (Collection des Amis du Pays, à Carthagène.)

mèches courtes appliquées sur le front, le cercle qui forme diadème, tout
concourt à donner à ces étranges terres cuites un cachet singulier.

La figure 220 représente le même motif, mais non le même type. Le visage de la femme. autant qu'on en peut juger, car les traits ont beaucoup souffert, était d'un art moins ancien, plus habile, mais moins pittoresque. J'ignore la provenance de l'objet, que j'ai vu au petit Musée de la *Société des amis du pays*, à Carthagène [1].

Quel était l'usage de ces figures ? M. Quintero croit reconnaître dans celles de Cabeza del Griezo des mascarons, des masques d'applique qui ornaient les parois d'un columbarium où elles ont été retrouvées. Mais j'estime que l'on ne peut hésiter à y voir des antéfixes. Ce qui le prouve, à mon avis, c'est que la forme conique donnée à la coiffure semble spécialement choisie pour donner au masque la forme des antéfixes en Grèce ou en Italie ; de plus, le revers des deux figures du Louvre porte très nettement une saillie convexe, laquelle est brisée et découpée irrégulièrement ; c'est certainement le reste d'une tuile courbe à l'extrémité de laquelle s'adaptait le masque ; or, c'est la disposition essentielle des antéfixes.

Il faut donc admettre que l'architecte qui a fait emploi de ces ornements a voulu imiter, au moins par ce détail, des constructions soit grecques soit romaines [2]. Ces pièces sont d'ailleurs de fabrication locale, œuvres d'un potier très naïf et très peu expert en ces sortes de figures. C'est ce que prouvent les différences qui existent entre les divers exemplaires, sortis pourtant, à ce qu'il semble, du même moule, et les irrégularités et maladresses de cuisson qui ont produit des différences dans la teinte de l'argile ainsi que des écaillements.

M. Quintero remarque que les yeux sont fermés, sauf dans le fragment que représente la figure 219. On serait tenté de croire que ce détail est intentionnel et que ces yeux clos, ce sommeil, conviennent bien à ces ornements d'un édifice funéraire ; mais je crois plutôt que, dans l'état

---

1. M. Cartailhac a dessiné un fragment très semblable dans les *Ages préhistoriques de l'Espagne et du Portugal*, fig. 419. Il provient de Briteiros, en Portugal.

2. Quant au type qui a pu servir de modèle à l'ouvrier, il ne serait pas étonnant qu'il provînt de l'art phénicien, ou pour mieux dire

carthaginois. Ainsi, dans la nécropole punique de Douimès, on a trouvé une tête en pierre blanche dont le rapport avec nos masques ibériques est très curieux (*Bulletin de la Société des antiquaires de France*, 6e série, t. VI. p. 316, fig. 38).

actuel, nous sommes victimes d'une illusion : c'est l'usure ou le peu de
netteté du moule qui donne l'apparence des paupières jointes ; quant au
fragment où les yeux sont ouverts, ou bien il est mieux conservé, ou
bien le céramiste a repris au moyen de quelques traits d'ébauchoir les
contours aveulis des yeux ; c'est du moins ce que semble indiquer le
dessin de M. Quintero que j'ai reproduit avec la bienveillante autorisa-
tion du directeur du *Bulletin hispanique*.

A voir cet essai d'art industriel que nous révèlent les antéfixes en
question, on songe tout naturellement qu'il devrait y avoir d'autres traces
d'un effort semblable, et j'ai pensé que l'industrie des lampes d'argile a
dû produire des pièces intéressantes. Mais jusqu'ici, bien que j'aie eu
en mains une grande quantité de ces objets, et que beaucoup portent des
graffiti ibériques, je n'ai réussi à noter aucune figure décorative que l'on
puisse nettement reconnaître pour ibérique. Je n'ose même pas faire une
exception pour le masque imprimé sur une lampe trouvée à Cabeza del
Griego, dessinée et publiée par M. Pelayo Quintero. Le visage est pourtant de type très caractéristique, et l'on pourrait y voir comme une défor-
mation espagnole du type de la Gorgone [1].

Ces antéfixes, non plus que les lampes, ne sont pas d'ailleurs à proprement parler des figurines de terre cuite. Peut-être des découvertes
ultérieures viendront-elles prouver que le manque presque absolu de
documents de ce genre n'est que le fait d'un fâcheux hasard. Mais si
le fait reste établi que les Ibères n'ont pas eu en général de coroplastes, ce
fait est d'autant plus curieux que pas plus que les peuples de la mer
Égée, à l'époque préhistorique, ou proto-historique, ils n'ont manqué de
fabriquer des idoles de terre cuite. MM. Henri et Louis Siret ont signalé
parmi les trouvailles qu'ils ont faites d'objets dits « de la troisième
époque » quelques grossières petites statuettes d'argile figurant des
vaches. « Les jambes, disent-ils, sont réunies deux à deux, la tête
manque ; c'est extrêmement primitif. Étaient-ce des idoles ou des jouets ?
M. Schliemann a trouvé des statuettes très semblables dans la quatrième

---

1. *Bulletin hispanique*, 1902, *art. cité*, fig. 6. Figure décorant une lampe d'argile, grandeur naturelle.

cité d'Hissarlik [1]. » Moi-même j'ai ramassé à l'Amarejo une sorte de bloc d'argile qui vaguement figure un corps et des épaules avec des amorces de bras ; l'objet est fabriqué au moule, et l'intention d'en faire une idole est au moins probable. Il faut donc admettre que les idées religieuses ou plutôt les habitudes des dévots n'étaient plus les mêmes alors que les Ibères furent en contact avec les Orientaux. Ils n'accueillirent pas la mode des ex-voto de terre cuite et préférèrent le bronze. En effet, les menues offrandes en métal et les figurines sont aussi nombreuses que les ex-voto d'argile sont rares, et c'est à leur étude qu'il faut consacrer le chapitre suivant.

1. Henri et Louis Siret, *Les premiers âges du métal dans le Sud-Est de l'Es-* *pagne*, extrait de la *Revue des questions scientifiques*, 1888, p. 35.

LES FIGURINES DE BRONZE

L a richesse minière de l'Espagne, dont les sierras si fécondes en métaux communs comme en métaux précieux, en plomb. en cuivre, en étain comme en argent et en or, ont été exploitées dès les siècles les plus reculés, aurait permis d'admettre a priori que l'art de couler le bronze pour en fabriquer des figurines s'est développé largement dans la Péninsule. Aussi n'est-on pas étonné d'apprendre que les découvertes d'objets de ce genre s'y sont multipliées ; il suffit de parcourir le livre de Ccan-Bermúdez pour s'en rendre compte. M. Hübner a écrit en 1888 : « Dans les musées de Grenade, Madrid, Lisbonne et Evora, et entre les mains de particuliers à Cadix, Séville et ailleurs existent de petites idoles de bronze de très grossière exécution. Elles représentent des figures humaines, généralement nues, d'hommes et de femmes, quelques-unes ayant double sexe, sans symboles ni ornements d'aucune sorte. On peut les considérer avec beaucoup de probabilité comme des produits de l'art indigène le plus ancien, et elles méritent qu'on en fasse une étude particulière basée sur une collection la plus complète possible de ceux qui jusqu'à présent sont connus [1]. »

Cette étude si désirable — et qu'il faudrait étendre beaucoup plus loin que ne l'indiquait l'illustre professeur de Berlin — je n'ai pas l'intention

---

1. E. Hübner, *Arqueologia de España*, p. 265.

de la faire ici avec tout le développement qu'elle comporte. Rien que l'enquête nécessaire pour réunir les images de tous les petits bronzes ibériques curieux exigerait un temps considérable, qui ne serait certes pas perdu, mais que je n'ai pu trouver encore. Il me semble d'ailleurs qu'à s'en tenir même à l'examen des bronzes des collections publiques ou facilement abordables, à l'étude de quelques importantes statuettes isolées que j'ai pu voir ou dont j'ai pu me procurer les photographies, on est en mesure de bien connaître l'industrie des bronziers ibères et de la juger [1].

*
* *

Comme les sculpteurs proprement dits, les fabricants de petits bronzes semblent n'avoir eu, dès le début de leur art, qu'un goût détestable et qu'un métier plus que rudimentaire. On ne peut rien imaginer de plus horrible que les premières figurines que j'ai le regret d'être obligé de décrire ou de mettre sous les yeux du lecteur. Mais il faut bien se dire, en guise de consolation, que l'Espagne primitive n'est pas plus mal partagée que tous les autres pays d'Europe ou d'Asie. La Grèce même, à Mycènes, à Olympie, à Delphes, dans les Iles, nous a montré des centaines et des centaines d'affreux magots où nous avons souvent bien du mal à retrouver les ancêtres et les prototypes des gracieux bronzes de l'art classique. Que l'on regarde seulement les 442 figures qui illustrent l'importante étude de M. Salomon Reinach sur la *Sculpture en Europe avant les influences gréco-romaines*, et l'on verra qu'en fait de barbarie tous les premiers fondeurs et coroplastes de la Gaule, de l'Angleterre, de l'Europe centrale, de l'Italie, de la Grèce, de l'Asie Mineure, n'ont rien à s'envier les uns aux autres ; ils sont égaux en naïveté maladroite et manquent tous au même degré du sens de la beauté plastique comme d'habileté manuelle.

---

1. Je tiens à avertir le lecteur que l'industrie des faussaires s'exerce abondamment en matière de petits bronzes. Lorsqu'il s'agit d'ébauches informes, les mystificateurs ont la partie belle, et peut-être quelques-unes des figurines dont je vais parler sont-elles sujettes à caution Je ne les ai pas toutes tenues entre les mains, cela se conçoit, et même si j'avais examiné les originaux douteux je ne prétendrais pas ne m'être jamais trompé.

Pour commencer, Cean-Bermúdez a vu un horrible monstre de plomb trouvé à Jumilla et voici comment il le dépeint : « Idole de plomb, qui paraît égyptienne ; elle représente un spectre affreux, avec des mamelles à leur place naturelle, sur les fesses et sur les parties honteuses ; bras, mains et doigts comme des pattes de lézard ; pieds et jambes dans l'attitude de la danse, et visage comme une face de hibou[1]. » La description ne répond pas tout à fait à l'image qu'a donnée de cette idole le P. Lozano dans son Histoire de Jumilla[2] ; mais peu importe, elle prouve l'impression presque de dégoût qu'inspire la vue d'une telle atrocité ; la seule excuse du modeleur est qu'il a traduit à sa manière quelque barbare conception religieuse.

Ce plomb semble perdu ; on peut pourtant se faire une idée de sa hideur en considérant une idole du Musée de Madrid dont les formes ne sont pas trop monstrueuses, mais qui, par certains détails, rappelle nettement la description de Cean-Bermúdez (Fig. 230). La jambe gauche manque, ainsi que les deux bras ; l'être extraordinaire a la tête d'un homme et, sous son menton, se voient deux appendices qui doivent être de la barbe. Je n'affirme rien[3].

Malgré tout, le prix de la laideur revient sans conteste à un objet de même genre, en bronze toutefois, qui a été trouvé en 1888 à Gulina, près de Pampelune ; il est conservé dans le Musée de cette ville. Voici comment en parle le premier éditeur, M. Taillebois[4] (Fig. 221 et 222) :

« La statuette est en bronze et paraît avoir été coulée dans un moule. Sa hauteur est de 14 centimètres environ… Les jambes sont raides, droites, presques aussi grosses à la cheville qu'à la cuisse, les pieds

---

1. Cean-Bermúdez. *Sumario* etc., au mot Jumilla.

2. Juan Lozano, *Historia antiqua y moderna de Jumilla* (Murcie, 1800), p. 106 et figure. L'auteur dit qu'il y a des *caractères phéniciens* gravés sur l'idole ; il faut corriger sans doute en *caractères ibériques*.

3. La tête de cette figurine, avec ces deux pointes sous le menton, me fait songer à une idole grecque bien connue de la série dite « des îles », où l'on reconnaît d'ordinaire un joueur de double flûte.

4. Émile Taillebois, *Deux objets d'art ibériens*, Caen, 1890 (*Extrait du Bulletin monumental*, 1890). M. Taillebois a aussi parlé de cette figurine dans le *Boletín de la Comisión de monumentos de Navarra*, 1895, p. 77. Les Espagnols donnent à l'objet le nom d'*Idole de Larumbe* (voy. J. R. Mélida, *Revista de archivos*, 1897, p. 152, et 1900, p. 76). M. Salomon Reinach en a donné un croquis dans le *Clarac de poche*, II, 591.

informes, montrant seulement des rudiments de doigts. L'artiste n'a pas su détacher les bras du corps, auquel ils restent collés en partie ; le bras droit, fait comme un boudin, est levé à la hauteur de l'épaule, la main tenant un objet long et rond ; le bras gauche, de même facture, a la main levée, bénissante et largement ouverte en patte de crapaud ; les doigts sont détachés, mais informes ; les épaules tombantes et à peine accusées ; un gros cou surmontant un corps massif et carré.

« La tête est ronde comme une boule, avec la chevelure venant en frange au sommet du front ; deux petites excroissances représentent les

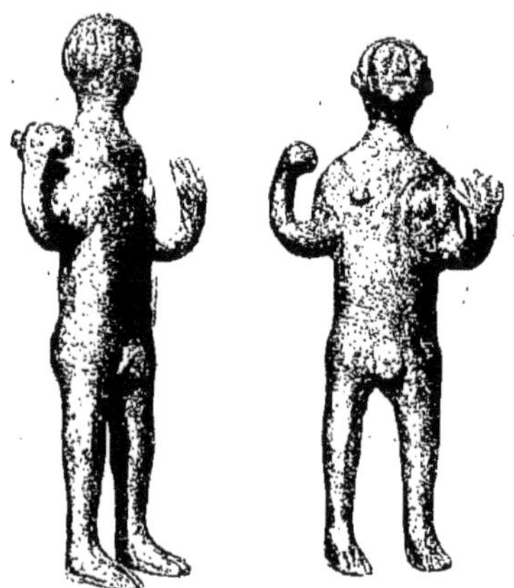

Fig. 221 et 222. — Idole de Gulina.

oreilles. La figure est plate, le nez écrasé, deux trous ronds pour les yeux, et une entaille formant la bouche. En somme, une figure barbare et bestiale qui ne manque cependant pas d'une certaine expression. Une coupure ancienne, partant du front, sépare le nez de l'œil droit.

« A quel sexe appartient notre personnage ? Au premier abord, en voyant ses seins fortement accusés, on pourrait croire que c'est une femme, mais un examen plus attentif oblige à reconnaître qu'il s'agit d'un homme dont l'indice viril a été cassé. Du reste la forme générale, la pose, l'expression de la figure, semblent appartenir plutôt à un homme qu'à une femme...

« Quant au personnage, c'est évidemment une divinité, sa pose le prouve. L'objet que la main droite tient levé nous paraît être un bâton de commandement, l'insigne de l'autorité du dieu. La main gauche levée et largement ouverte, c'est la main du dieu qui bénit. »

M. Taillebois est d'avis, et je suis d'accord avec lui, que ce petit bronze est ibérique. Je suis beaucoup moins sûr qu'il ait subi l'influence de l'art punique, et les arguments que fait valoir en ce sens cet archéologue ne m'ont pas convaincu ; tout au plus pourrait-on dire que cette insistance à exagérer les caractères sexuels peut avoir son explication

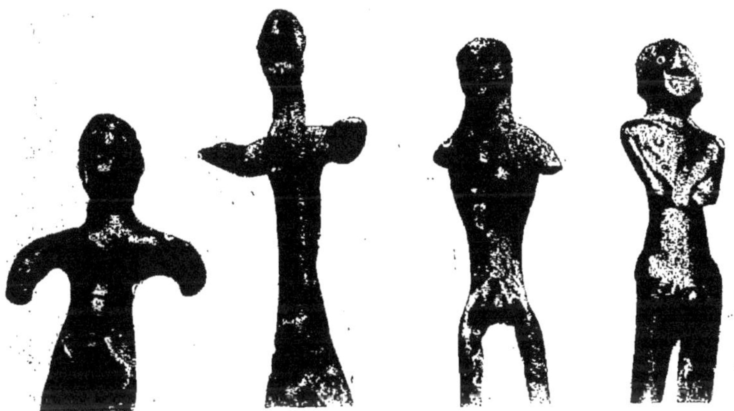

FIG. 223-226. — Idoles du Musée de Madrid.

dans l'influence de l'Orient. Mais je trouve simplement dans la figurine un nouvel exemple de la rudesse artistique des premiers Ibères.

Le Musée de Madrid possède quatre petites idoles, trois entrées dans les collections avec les objets du fonds Miro et la quatrième avec le fonds du marquis de Salamanca (Fig. 223-226), toutes plus hideuses les unes que les autres et défiant toute description autant par la barbarie de la facture que par l'obscénité naïve du sexe. Ce sont les frères de l'idole de Gulina. Les seuls détails bons à noter, c'est que parfois le corps s'allonge depuis le bas ventre jusqu'aux épaules, au lieu de rester court et rond (Fig. 224), et que l'on peut constater ici où là le travail de la lime et celui du burin ; la lime sert à façonner grossièrement le visage, en particulier la bouche. qui est formée par une simple coche triangulaire (Fig. 224 et 226) ; le burin est employé pour indiquer le cercle des yeux et les mamelons des seins (Fig. 226). Trois des idoles ont les bras levés. la quatrième les a ramenés contre la poitrine : c'est celle que reproduit la figure 226 : on voit que ces bras sont réduits à l'état de moignons informes.

C'est au même type que se rapportent quelques figurines des Musées d'Évora et de Lisbonne. dont deux ont été publiées par M. E. Cartailhac. Il n'y a guère de différence que dans la façon dont sont figurés les yeux de la première (Fig. 227) ; ce sont de petites boulettes placées à droite et à gauche de la proéminence du nez ; le procédé est connu par l'industrie des terres cuites de l'Orient et de la Grèce. La seconde a le bras droit replié. et ce qui tient lieu de main est ramené contre la bouche (Fig. 228)[1].

Fig. 227 et 228. — Bronzes portugais.

La figure 229 dont l'original appartient à D. Antonio Vives. à Madrid, montre cette intéressante variante que les bras pendent et sont collés contre les flancs, à la manière des Apollons grecs archaïques, que rappellent aussi les jambes étroitement serrées. M. Mélida, qui a publié ce bronze, dit que la tête est couverte d'un casque orné par derrière d'un couvre-nuque, et par devant d'un nasal. Je crois plutôt, sans l'assurer, que ce casque n'est qu'une illusion produite par la forme étrange de la tête, l'enroulement des cheveux sur la nuque et la façon dont le nez est construit ; mais, en ces sortes d'œuvres d'une facture extrêmement barbare et simplifiée, il ne se peut rien avancer qu'avec doute. Je ne pense pas d'ailleurs qu'on puisse affirmer que cette image soit celle du Mars lusitanien, de Neto ; du reste, M. Mélida ne propose cette identification qu'avec des réserves[2].

<hr>

1. E. Cartailhac, *Ages préhistoriques*, p. 300, fig. 431, 430.

2. Hauteur, 0^m,062. J. Ramón Mélida, *La colección de bronces antiguos de D. Antonio Vives*, dans *Revista de Archivos*, 1900, p. 73, n° 8, pl. V, n° 8. La statuette provient de Villacarillo (Jaén)

Sans revenir sur l'extraordinaire homme barbu ou joueur de flûte que j'ai signalé plus haut (Fig. 230), je retombe à une déplorable caricature avec un petit bronze de la même collection Vives, dont le visage est à peine indiqué, dont les jambes sont bancales, dont les bras s'écartent du corps en anses de panier (Fig. 231). Cet objet provient de Linares, M. Mélida estime que, comme le précédent, ce dieu ou ce guerrier porte un casque ; mais ici non plus la chose n'est pas certaine[1].

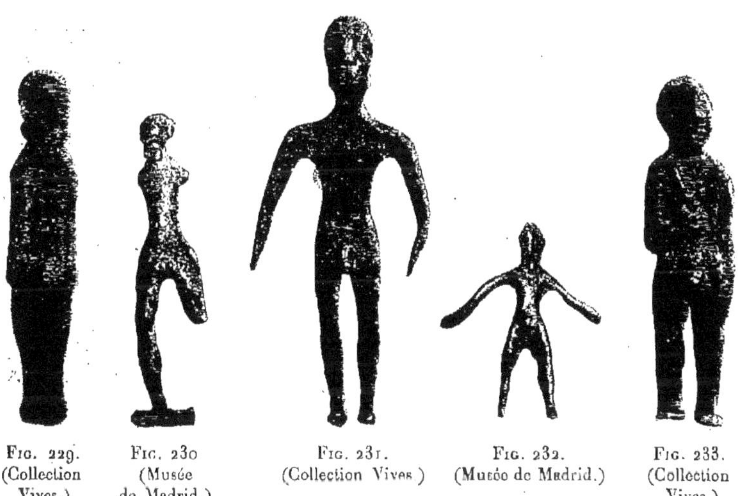

Fig. 229.
(Collection
Vives.)

Fig. 230
(Musée
de Madrid.)

Fig. 231.
(Collection Vives.)

Fig. 232.
(Musée de Madrid.)

Fig. 233.
(Collection
Vives.)

Dans cette série, je ne vois guère à noter, comme ayant un semblant de valeur artistique, qu'une figurine de la même collection encore, un homme nu, dont le bras gauche pend le long du côté, tandis que le bras droit se replie contre la poitrine et tient un bâton de commandement. L'attitude est déjà assez savante et le mouvement assez juste, bien que l'auteur n'ait pas osé donner un libre jeu aux bras en les séparant du corps, et la tête, toute ronde et sans cheveux, a plus figure humaine ; on distingue tout au moins, assez bien mis à leur place naturelle, les

1. *Ibid.*, p. 73, n° 7, pl. VI, n° 7. Hauteur 0ᵐ,081, patine verte. Il y a au musée de Madrid une petite statuette analogue (n° 17504. Provenance : Elche) qui semble faite en fil de bronze étiré ; seuls la cuisse et le mollet gauches sont un peu bien modelés (fig. 232).

yeux, le nez et le menton (Fig. 233)[1]. On repose presque agréablement le regard sur cette œuvre, encore si barbare pourtant, après la trop longue série de magots répugnants que je viens d'énumérer, et l'on éprouve un sentiment analogue à voir un petit bronze à peu près de même style ; il est cependant encore bien informe (Fig. 234)[2].

Fig. 234.
(Collection Blás-
quez.)

Il faut pourtant que je passe encore quelques-uns de ces monstres en revue, en particulier une statuette que je ne connais que par un croquis publié par le numismate Delgado (Fig. 235), lequel la décrit ainsi : « Nous avons vu de petites idoles trouvées dans les régions orientales de la Péninsule, vers la côte, et qui représentent un être androgyne, imberbe, avec l'indication de seins et de cuisses féminines, et en même temps avec le sexe viril et portant sur l'épaule le disque solaire[3]. »

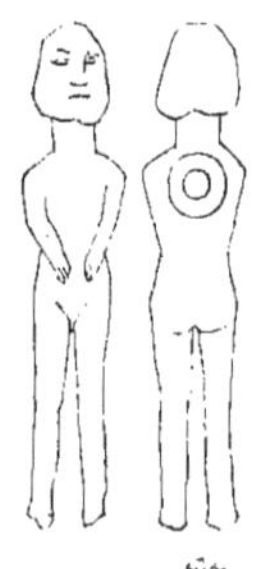

Fig. 235.
Bronze d'A. Delgado.

Cette idole est androgyne, et cette monstruosité n'est pas exceptionnelle ; M. Hübner en a catalogué quatre exemples dans ses *Antike Bildwerke* parmi les bronzes de l'Académie de l'Histoire à Madrid[4] ; la plus importante est celle qui porte un bandeau autour de la tête, et un collier, et qui tient un fruit au bout des doigts[5]. Une autre lève la main droite armée d'un foudre ou d'un

---

1. J. Ramón Mélida, *loc. laud.*, p. 159, n° 30 (pl. VI, 30). Hauteur 0ᵐ,067. Achetée à Grenade. M. Mélida songe à y voir un gladiateur (?).

2. Trouvé à *Oreto*, près de Granatula (Ciudad Real). Collection de D. Antonio Blásquez. Publié par M. Mélida, *Revista de Archivos*, 1897, p. 148 B.

3. Ant. Delgado, *Nuevo metodo de clasificacion de las medallas autonomas de España*, p. CL, fig. à la p. 11. Selon cet auteur, les idoles de ce type (il en a vu plusieurs) se rapportent à la triade phénicienne *Baal-*

Tanaith-Melkart qui se répandit parmi les peuples de la côte orientale aux premiers temps de l'immigration phénicienne. La figurine dessinée par lui aurait été trouvée à Grenade. Ce qu'il prend pour le disque du soleil ne serait-il pas tout simplement la figuration naïve du petit bouclier rond des Ibères (cf. les statues de guerriers lusitaniens, t. I, fig. 47-54) porté à l'épaule?

4. E. Hübner, *Die Antike Bildwerke in Madrid*, p. 217, n°ˢ 477-480.

5. N° 477.

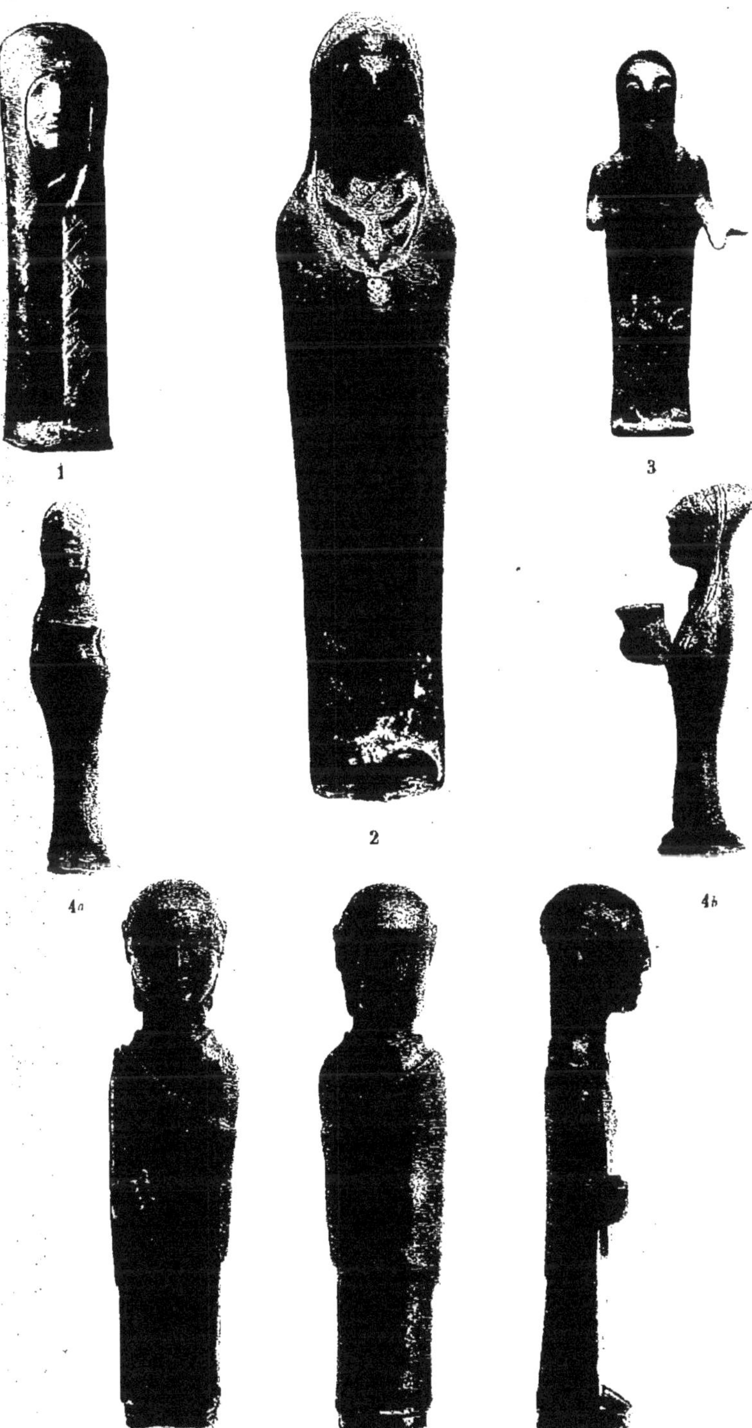

FIGURINES IBÉRIQUES EN BRONZE

couteau[1]. Il y a six androgynes nus au Musée de Lisbonne[2], deux à celui d'Evora[3].

* *
*

Mais il y a surtout un assez grand nombre de figurines représentant des femmes, et leur nudité n'a pas inspiré nos rudes artisans mieux que celle de l'homme ; peut-être même les images féminines de cette série sont-elles encore plus hideuses. Je ne connais rien de plus laidement naturaliste que la femme sans tête trouvée dans la sierra de Úbeda, près de Linares (Jaén), qui appartenait en février 1899 au général D. Luis Ezpeleta et qu'a publiée M. Mélida[4]. On se demande où l'auteur avait les yeux, pour songer à donner à un corps féminin ces jambes en style de grosses pattes courtes et ces bras en nageoires de phoque.

Fig. 236. — Bronze de la Sierra de Úbeda.

On dirait un monstre préhistorique, et l'on ne regrette pas l'accident qui a séparé et perdu la tête (Fig. 236).

Le bronze de Madrid n° 3165 est taillé à peu près sur le même épouvantable patron ; du moins y a-t-il ici comme un léger effort à copier la nature, ainsi que l'indique la précision du sexe et le soin de faire saillir les seins sur la poitrine. On voit aussi le désir de donner leur vraie forme aux pieds, d'obtenir la notation exacte d'un geste, car la femme tend les deux mains en avant, portant à gauche un objet oblong indéfinissable et à droite un objet rond, sans doute un fruit. La tête, énorme, est traitée à coups de lime, suivant le procédé que j'ai déjà signalé (Fig. 237). Un

<hr>

1. E. Hübner, *Die antiken Bildwerke in Madrid*, n° 479.

2. *Ibid.*, p. 334, n° 924.

3. *Ibid.*, p. 337, n° 937. Il faut lire sur les idoles ibériques primitives deux communications de E. Hübner à l'Académie des sciences de Berlin, les 1er novembre 1864 et 7 février 1865 (*Archæologische Anzeiger*, 1864,

p. 282, et 1865, p. 59).

4. J.-R. Mélida, *Idolos ibéricos encontrados en la Sierra de Úbeda*, dans *Revista de Archivos*, 1899, p. 98, pl. IV, à droite. Cette figurine a été achetée par M. Vives, et à ce titre M. Mélida en a reparlé, *Revista de Archivos*, 1900, p. 76, n° 16. Il en est de même de la suivante.

autre bronze du même musée (Fig. 238) semble la transcription grotesque du précédent ; la tête surtout est prodigieuse, taillée carrée, ayant
un nez comme un bec et une bouche en encoche triangulaire.

FIG. 237 et 238. — Musée de Madrid.

Mais une seconde figurine du général Ezpeleta, trouvée aussi à Linares,
est un peu moins ridicule [1]. Les proportions de la tête, des épaules, de la
taille, du bassin, des jambes sont meilleures ; mais quelle barbarie encore
dans les bras sans mains, dans le visage qui n'est pas d'ensemble, dans
l'indication des seins et du sexe ! M. Mélida lui-même, qui montre d'ordinaire une certaine indulgence pour tous ces petits monuments qu'il

1. *Revista de Archivos*, 1899, p. 98, pl. IV, à gauche ; 1900, p. 76, n° 15.

met un zèle si méritoire à faire connaître, n'ose pas la louer (Fig. 239 et
240). En somme, ces quatre Vénus ibériques, si j'ose les nommer ainsi,
sont les dignes sœurs de l'idole de Gulina.

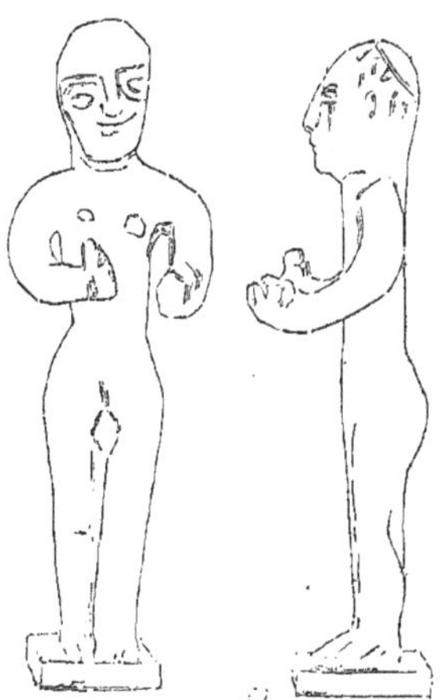

Fig. 239 et 240. — Bronze trouvé à Linares.

Je connais une cinquième figurine que M. Mélida a cataloguée sous
le nom de *Venus ibérica* (Collection Vives, p. 159, n° 37, pl. IX). Elle

Fig. 241. — Collection Vives.

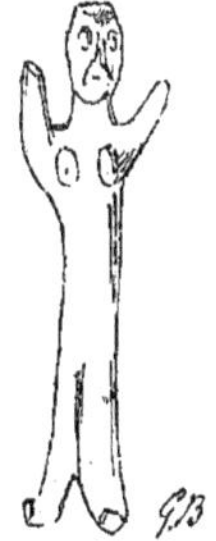

Fig. 242. — Figurine portugaise.

a été trouvée à Almendralejo (Badajoz). Hauteur : 55 millimètres. Mais
l'image qui a été publiée et que reproduit la figure 241 ne permet pas de
voir exactement si la femme est nue ou vêtue, ni d'identifier la position

qu'elle avait et l'attribut qu'elle portait à la main gauche. Ce qui frappe surtout, c'est la dimension des oreilles proéminentes. Enfin, M. Cartailhac a dessiné une idole féminine très primitive, trouvée en Portugal (Musée d'Evora ou de Lisbonne) qui est de type tout à fait semblable à celui de l'idole masculine que reproduit la figure 227 ; seulement le fabricant a indiqué les seins très nettement (Fig 242)[1].

*
 * *

Toutes ces statuettes ont un caractère commun, en dehors de leur triste laideur, c'est une rondeur et une mollesse de facture qu'on ne trouve nulle part ailleurs, je le crois, dans les plus primitives productions de ce genre. Cela me décide à reconnaître comme ibériques un certain nombre de figurines qui ont été léguées au Musée de Madrid par D. Eulogio Saavedra et que les conservateurs de ce Musée ont cataloguées comme bronzes sardes et, à ce titre, reléguées hors de la salle consacrée aux antiquités nationales. Elles représentent des guerriers nus ou vêtus, coiffés d'un casque, tenant de la main gauche, au-devant du corps, un petit bouclier rond et brandissant un javelot ou une lance de la main droite élevée : quatre d'entre eux (Fig. 243, 246, 247, 250) ont en outre un poignard à la ceinture ou, pour mieux dire, un sabre court à manche recourbé. Le plus grand de ces hommes armés (Fig. 247)[2] est nu, ithyphallique. Sa tête, que surmonte un casque à aigrette en forme de crête de coq, est aplatie par devant en bec d'oiseau ; tel est aussi le cas d'un bronze d'exécution plus rudimentaire encore que le premier (Fig. 243)[3]. Celui-ci est vêtu d'une sorte de tunique serrée à la taille ; ainsi que celui que reproduit la figure 250, le moins barbare de tous[4]. En effet, tandis que, sauf une exception, tous les autres n'ont que des

---

1. E. Cartailhac, *Ages préhistoriques*, fig. 432. Le petit bronze à très peu près semblable reproduit par Salomon Reinach, *La sculpture en Europe* etc., fig. 257, n'est pas celui-ci, mais celui de notre figure 227 ; il représente un homme et non plus une femme. Cf. J. Leite de Vasconcellos, dans *O archeologo portugués*, I, p. 79.

2. Nᵒ 18540 du Musée.

3. Nᵒ 18546. Cf. J. Lozano, *Historia de Jumilla*, une figurine analogue, mais sans tête et sans bras gauche, trouvée à Jumilla (appelée *Marte* par l'auteur).

4. Nᵒ 18544.

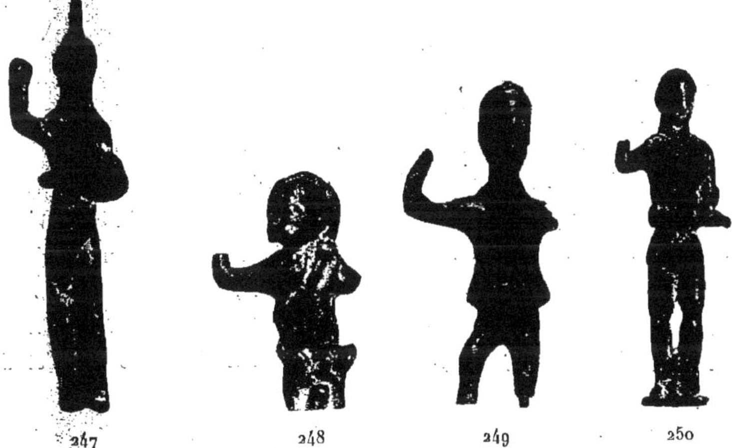

Fig. 244 à 250. — Bronzes de la collection Saavedra (Musée de Madrid) et de la collection Vives.

visages de forme absolument conventionnelle et hors nature, son visage
est modelé et ressemble enfin à quelque chose d'humain ; il a un front,
un nez, des yeux, une bouche à peu près dessinés. Les proportions de
son corps sont plus fortes ; sa taille serrée, ses jambes aux cuisses et aux
mollets galbés, ses pieds n'ont plus rien de monstrueux, et il est à penser
que si la main droite n'avait pas été brisée elle aurait la forme d'un poing
fermé, tandis que la main droite des autres était figurée seulement par
un aplatissement du bronze avec un trou rond percé pour l'assujettisse-
ment de l'arme brandie. Le sculpteur a fait de son mieux pour marquer
l'épaisseur de la tunique autour du cou et au bord inférieur, à mi-cuisses,
et donner sa forme exacte au fourreau du sabre et à la poignée. Enfin
la figure 245 [1], l'une des pires pour la forme du corps, est intéressante
pour le type de la tête, incomparablement mieux étudiée malgré la naïveté grossière des traits.

Tous ces bronzes me paraissent, je le répète, certainement ibériques,
d'abord et avant tout par le style, bien différent du style sarde, qui produit des figures longues, minces et comme étirées, avec tout un luxe
étrange de casques cornus, de vêtements ornés, de jambières, de doubles
boucliers et d'armes, lances ou arcs, de formes très spéciales. On en
peut juger par les images que donnent MM. Perrot et Chipiez d'un
grand nombre de bronzes sardes, au tome IV de leur Histoire de l'Art.
Ensuite, les boucliers ronds à umbo que portent les guerriers Saavedra
sont les mêmes que j'ai décrits à propos des statues lusitaniennes de
Lisbonne, par exemple [2] : leurs sabres sont d'une forme caractéristique,
que j'ai déjà décrite à propos d'un fragment de statue trouvée à Elche [3],
et sur laquelle je reviendrai dans un autre chapitre. Enfin on sait que
M. Saavedra a recueilli tous les bronzes qu'il a légués au Musée de
Madrid dans la région de Murcie [4]. Il ne faut pas oublier d'ailleurs que
parmi ces prétendus bronzes sardes existe cette étrange figurine dont j'ai
parlé plus haut (Fig. 230). Elle est tout à fait de même style et de

---

1. N° 18543.
2. Voy. t. I, fig. 47 et s.
3. Voy. t. I, fig. 307.
4. Je puis ajouter que le guerrier de la figure

247, par exemple, a la bouche formée par
une coche à la lime, comme tant d'autres des
figurines que je viens d'étudier.

même art et ne peut pas avoir été trouvée hors de l'Espagne, car elle répond exactement à la description que Cean-Bermúdez a donnée de l'idole de plomb de Jumilla. Cet être au sexe extraordinaire, barbu comme un homme, a de petites mamelles placées de la façon la plus singulière.

Je ne sais s'il faut reconnaître dans toutes ces figurines des images du Mars lusitanien Neto, qui avait des dévots dans toute l'Espagne, en particulier en Bétique, mais les représentations de guerriers brandissant la lance ne sont pas rares en dehors de la collection Saavedra. J'en ai noté trois : deux au Musée de Madrid et un chez M. Antonio Vives. Ceux de Madrid (Fig. 248 et 249)[1] n'ont pas d'autre intérêt que leur costume, ici une tunique bouffante à la taille, là une draperie faisant écharpe de gauche à droite, laissant l'épaule et le bras droits à découvert. Mais le troisième mérite qu'on s'y arrête (Fig. 244).

Voici la description qu'en donne M. Mélida : « Dieu guerrier, nu, avec un casque conique ; il marche avec la main droite levée pour brandir une arme qui manque, et de la gauche, qui est brisée, il devait porter un bouclier. Par derrière, en travers des jambes, du torse et du casque, courent des fentes ou des sillons. Hauteur : 12 millimètres. Patine noire. Provenance ignorée[2]. » M. Mélida hésite un peu sur la valeur archéologique de l'objet, certains détails le faisant songer aux guerriers sardes, d'autres, comme le bonnet conique, à des figures hétéennes, d'autres à des figures ibériques. Pour moi, je ne vois aucune raison de douter de l'origine espagnole, mais je ne puis m'empêcher de faire un rapprochement avec quelques statuettes mycéniennes, en particulier avec celle qu'a publiée M. Arthur-J. Evans et qui a été trouvée en Crète[3]. Non seulement elle est dans la même attitude et porte le même casque pointu, mais elle est vêtue d'une tunique serrée à la taille par une ceinture et

---

1. Collection Miro, nᵒˢ 3828 et 3827.

2. *Revista de Archivos*, 1900, p. 72, nᵒ 6, pl. IV, nᵒ 6.

3. Arthur J. Evans, *Mycenæan tree and pillar cult*, dans *Journal of hellenic Studies*, 1901, p. 125, fig. 15 (bronze trouvé dans la grotte d'Hermès Kranaios, près de Sybrita, en Crète). Cf. Ἐφημερὶς ἀρχαιολογική, 1891, pl. II, 1 (Tirynthe), et pl. II, 4 (Mycènes) = Perrot et Chipiez, *Histoire de l'art*, VI, fig. 353 et 354. Cf. une statuette phénicienne du Louvre, dans Perrot et Chipiez, *Ibid.*, III, fig. 277.

tombant à mi-cuisses que nous avons déjà vue plus d'une fois en Espagne, et que nous verrons encore.

* *

Bien qu'il me tarde autant qu'au lecteur d'en finir avec des œuvres si rudimentaires et d'aspect si peu artistique, je dois m'arrêter encore à de nombreuses statuettes tout aussi laides ou plus laides, s'il est possible, car rien n'est plus instructif, rien ne permet mieux de comprendre certains côtés du génie propre d'une nation que ces menus produits d'une industrie populaire, destinés aux petites gens dont ils reflètent les idées et les croyances religieuses. Ce n'est, je crois, que lorsqu'on aura établi le *Corpus* des bronzes ibériques, dont j'apporte ici quelques éléments, qu'on pourra s'attaquer au redoutable problème de la mythologie et de la religion de l'Espagne primitive. Ce problème, on le voit, je n'ose pas m'en occuper encore, et pas plus en ce chapitre qu'en celui de la sculpture je ne cherche à interpréter les œuvres que je décris et que j'essaie d'expliquer en tant qu'œuvres d'art.

En dehors de celles que j'ai cataloguées plus haut, les figures de femmes très primitives sont rares. Je n'en cite qu'une de certaine, appartenant à M. Vives (Fig. 251)[1]. Elle est du reste d'un grand intérêt. Nue, les jambes étroitement serrées, elle se presse les seins avec les deux mains. Sa tête, mal modelée, est ornée d'une sorte de diadème ; ses hanches et tout le bassin sont amplement développés. Sans aucune hésitation possible on y voit une imitation très précise des images de déesses nourrices si fréquentes dans l'art oriental, et que les Phéniciens ont empruntées aux Chaldéens. On sait avec quel soin et quelle élégante érudition les figures très naturalistes de ce type ont été étudiées par M. Léon Heuzey, dans son *Catalogue des figurines antiques de terre cuite du Louvre*[2]. Après avoir lu les pages si pleines de faits qu'il leur consacre et vu quelques-uns des modèles originaux, on ne doute pas

---

1. *Revista de Archivos*, 1900, p. 75, n° 14; pl. IV, n° 14.

2. P. 32, n°⁵ 32 à 63; Pl. 2, fig. 4. Cf.

Perrot et Chipiez, *Histoire de l'art dans l'antiquité*, II, fig. 16; III, fig. 321, 375, 379, 380, etc.

que le petit bronze de M. Vives ne soit une copie espagnole d'un de ces
modèles étrangers, copie très fidèle en ce qui concerne l'attitude et les
formes, mais très simplifiée en ce qui touche l'ornementation de la tête
et du torse et le réalisme quelque peu lascif des hanches et du ventre.

La figure 252 représente un bronze de la même collection dans lequel
M. Mélida reconnaît un guerrier casqué[1], et il semble avoir raison ; mais
il est curieux de noter que si l'auteur a donné aux bras cette forme, c'est
qu'il avait sans doute le souvenir de figurines du genre de la précédente,
et peut-être en doit-on dire autant de la petite amulette destinée à être
suspendue, trouvée à Elche et appartenant au Musée de Madrid, dont

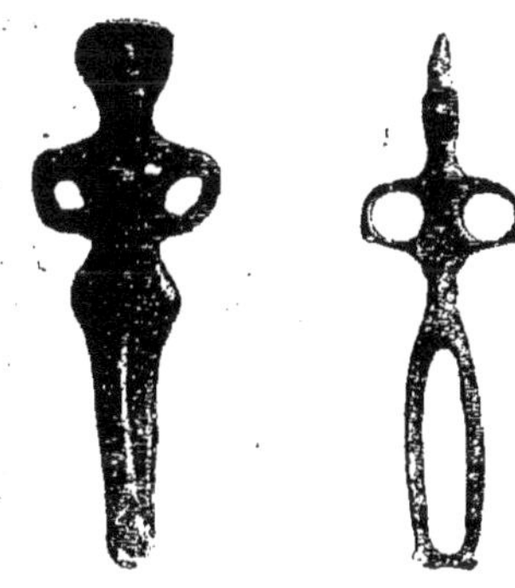

Fig. 251 et 252. — Collection Vives.

Fig. 253. — Musée de Madrid.

je donne l'image curieuse. Mais j'avoue qu'ici l'idée première
est absolument transformée ; le geste, pour ainsi dire hiératique,
n'existe plus et, s'il y a imitation, elle ne porte plus, très superficiellement, que sur l'apparence des bras arrondis en anses (Fig. 253)[2].

J'en ai fini avec les figurines représentant des personnages nus. Mais
la préoccupation d'indiquer le sexe même lorsque sont modelés des
hommes vêtus, a donné naissance à quelques statuettes curieuses, dont

1. *Revista de Archivos*, 1900, p. 74, n° 12.
Pl. VI, n° 12.

2. N° 17503. M. Salomon Reinach a réuni
les images d'un assez grand nombre de figurines de bronze, trouvées un peu partout en
Europe, dont les bras sont de même disposés
en anses. Voy. *La sculpture en Europe* etc.,
dans l'*Anthropologie*, 1895, p 306, fig. 276
(Domèvre) ; 277 (Thorn) ; 279 (Caucase),
280 (Perm) ; 278 (Poméranie) ; 284 Klein-
Zastrow (bronze) ; 286 (Troie) ; 287 (Chypre) ;
290 (Bologne), etc., etc.

les figures 254, 256, 258, 259 nous offrent de bons spécimens. Ce sont des hommes debout, les jambes étroitement jointes ; les bras pendants et collés aux flancs, et qui semblent découpés, comme les anciens xoana des Grecs, dans une lame plate. Les organes sexuels font une forte saillie et sont modelés dans leur vérité naturelle bien que tout le corps, des épaules jusqu'aux pieds, soit enveloppé dans une longue robe sans plis, semblable à une gaine. Le bronze de la figure 254 a plus particulièrement marqué cet aspect de planche : les bras mêmes sont enveloppés et disparaissent sous la soi-disante étoffe, de sorte que la figurine ressemble à un hermès[1]. Au contraire, les figures 255[2], 258[3], 259[4], laissent voir les bras en saillie contre les côtés ; les mains ne sont indiquées que comme des spatules plates et larges. Tout cela est d'une facture détestable ; mais les visages sont pourtant traités avec quelque soin ; les figures 256, 258 sont remarquables par la courbure de leur nez, la figure 209 par la disposition des cheveux roulés sur la nuque. Une fois pour toutes, je rappelle que j'hésite à reconnaître dans les bronzes dont la tête est ainsi agrémentée des images de guerriers ou de dieux casqués.

Deux importantes statuettes de la collection Vives ont encore cet aspect de xoanon. La plus rudimentaire (Fig. 257) a été trouvée avec une monnaie phénicienne de Gadir à Puente-Genil (Cordoue) et a d'abord été la propriété de D. Rafael Moyano Cruz, collectionneur de cette ville[5]. M. Mélida propose d'y voir une Minerve. Je ne crois pas qu'il faille espérer prouver une telle identification ; mais il est probable que l'idole est féminine, comme l'indique la largeur saillante du bassin. La forme la rapproche très près des plus antiques représentations humaines de l'époque troyenne ou mycénienne. La seconde est un peu supérieure à la première, en ce sens que si la silhouette générale est la même, l'auteur a essayé de modeler les bras et que sous l'étoffe on retrouve, très sommai-

1. *Revista de Archivos*, 1900, pl. VII, n° 32. Collection Vives, hauteur 0ᵐ,080. Patine verte, provenance inconnue.

2. Musée de Madrid, n° 3001 (provient de la Bibliothèque Nationale).

3. *Revista de Archivos*, 1900, pl. VI, n° 10, p. 73. M. Mélida, dont je m'explique mal l'erreur, y reconnaît — avec doute du reste — une divinité guerrière féminine, *Neta*, parèdre de Neto. Hauteur 0ᵐ,0565. Achetée à Grenade. Collection Vives.

4. Musée de Madrid, n° 3000 (ancienne collection Miro).

5. *Revista de Archivos*, 1897, p. 146, A ; *Ibid.*, 1900, p. 71, n° 4 ; pl. VI, n° 4.

rement indiquées et mal placées d'ailleurs, les courbures des cuisses et des mollets (Fig. 255)[1].

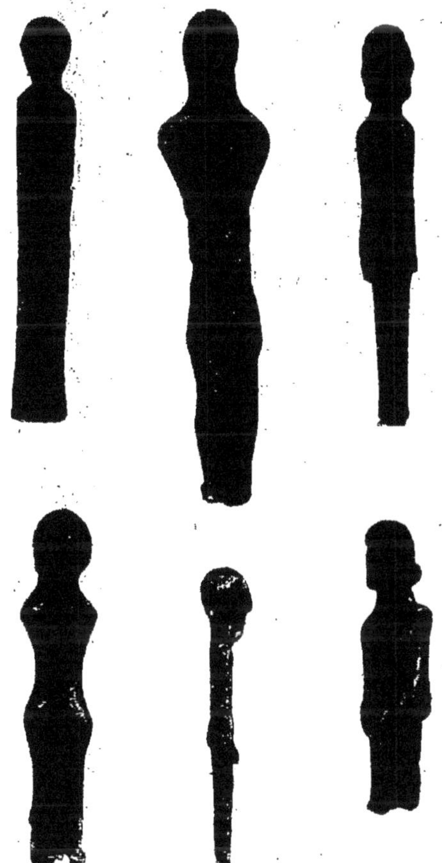

Fig. 254-259. — Idoles de bronze. (Collection Vives et Musée de Madrid.)

Même lorsque l'art des fabricants de petits bronzes s'est développé et

1. *Revista de Archivos*, 1900, p. 159, pl. VII, n° 31 ; hauteur 0ᵐ,098. Patine verte. Achetée à Séville. — Les figurines plates ne sont pas rares dans l'art primitif de l'Europe ; M. Salomon Reinach en a réuni quelques-unes dans sa *Sculpture en Europe* etc., fig. 231, 264, 265, 266, 267 (Todi), 268 (Norcia), 269 (France centrale), etc.

que les artistes ne se sont plus contentés de ces informes ébauches, le type
du xoanon n'a pas disparu. Une des figurines les plus précieuses du
Musée de Madrid est certainement celle que lui a léguée D. Eulogio
Saavedra et que reproduit la planche II (n° 1). C'est une femme dont la
grosse tête coiffée d'une mitre et tout le corps étroit et court sont enveloppés dans une ample étoffe. Depuis le haut de la mitre jusqu'aux
pieds, la largeur de la figurine est la même ; on ne distingue aucune
saillie des épaules ni des hanches, aucun modelé de la poitrine, des bras
ni des jambes. Pour tout agrément, on ne voit que les plis très réguliers et symétriques, à la mode grecque archaïque, dont les angles sont
nettement tracés le long des deux bords de l'étoffe rapprochés par
devant, juste au milieu du corps. La finesse du travail contraste avec
tout ce que nous avons vu jusqu'ici de barbare, et le visage surtout, dont
les traits sont peu corrects, assez mal d'ensemble et un peu vagues, a une
vérité jusqu'à présent inconnue, même une expression de gravité mélancolique. Tout cela dénote une époque beaucoup plus récente et d'incon-
testables influences grecques. Mais je devais parler ici de cet objet pour
nettement le rattacher à sa véritable série et montrer la force et la survivance des traditions [1].

Cette série, du reste, n'est pas close et ne le sera pas de longtemps ; je
n'y veux faire rentrer pour le moment que cinq statuettes très primitives
qui sont de très ancienne fabrication : les autres que je connais sont plus
modernes et, par leurs caractères essentiels, se rattachent à d'autres
modèles.

Dans la première (Fig. 260, face et profil), qui a une grosse tête, avec
les cheveux coupés sur la nuque et un profil sémite très accentué, qui a
de longs pieds démesurés et au contraire le corps plat comme une mince
galette, M. Mélida songe à reconnaître Neta [2]. La seconde (Fig. 262), avec
les deux trous carrés percés dans l'épaisseur de la plaque de bronze qui lui
sert de corps, ressemble à une clef surmontée d'une tête ; ce n'est peut-

---

1. Musée de Madrid, n° 18537. Voy. P.
Paris, *Revue archéologique*, 1898, I, p.
210, *Bronzes espagnols*, fig. 5. Hauteur
0ᵐ,08. Trouvé dans la région bastitane.

2. *Revista de Archivos*, 1900, p. 73, n° 9,
pl. V, n° 9. Collection Vives. Provenance :
Villacarillo (Jaén). Hauteur 0ᵐ,069.

être qu'un instrument orné [1]. La troisième (Fig. 261) n'est pas plate, mais ronde ; elle représente une femme vêtue d'une longue robe qui emprisonne étroitement le torse et les jambes. La tête, qui a la forme d'une poire, est énorme ; le nez mince s'allonge démesurément ; les arcades sourcilières sont très surélevées et les yeux tout petits, tracés au burin, s'y perdent ; la bouche est une simple encoche ; les épaules sont

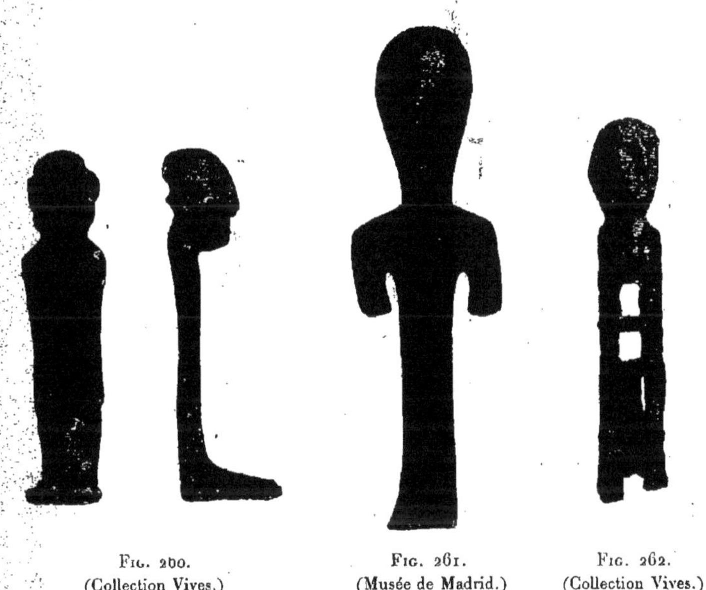

Fig. 260.
(Collection Vives.)

Fig. 261.
(Musée de Madrid.)

Fig. 262.
(Collection Vives.)

très larges et les bras, brisés un peu au-dessous du coude, devaient se ramener devant la poitrine, comme pour tenir un attribut. Cette idole est, on le voit, d'un type très spécial et nouveau [2]. La quatrième est d'un aspect tout différent. Elle provient de Palencia et semble bien de fabrication locale, car elle est décorée sur le ventre, à la place du nombril, d'une série de petits cercles concentriques et de raies qui se retrouvent sur des fibules recueillies dans la même ville et sur lesquelles je reviendrai

1. *Revista de Archivos*, 1900, pl. VII, n° 36. Hauteur 0^m,076. Patine verte. Provient de Palencia. M. Mélida y voit un manche de miroir ou de quelque objet analogue.

2. Musée de Madrid, n° 3000. Ancienne collection Miro.

Notre figure 263 montre bien la barbarie de cette statuette à qui sa tête
en losange, ses bras coupés en courts moignons donnent une apparence
très singulière ; on sent évoqué à sa vue un vague souvenir d'amulettes orientales et de ces personnages fantastiques qui décorent les cachets
chaldéens [1].

FIG. 263-266. — Musée de Madrid.

Quant à la cinquième, qui provient d'Elche, elle est de facture et de
type encore plus extraordinaire. On voit bien qu'il s'agit d'un homme
ou d'une femme debout, les bras collés au corps ; mais il faut beaucoup
de bonne volonté pour donner le nom d'yeux, de nez, de bouche, d'arcades sourcilières aux traits de lime qui balafrent le devant de la tête, et
on s'explique mal les trois cordons parallèles qui font saillie sur la poitrine. Cependant je ne puis m'empêcher de rapprocher ce petit bronze,
en ce qui regarde ces détails bizarres de technique, de quelques œuvres
de la glyptique mycénienne, et je n'hésite pas à dire que cet art lointain
a exercé ici son influence (Fig. 264) [2].

1. Musée de Madrid, n° 8183.
2. Ibid., n° 17502.

La figurine 265 (n° 9602 de Madrid. Collection Auban) est-elle debout ou assise ? Est-ce
un homme ou une femme ? A-t-elle ou non
des bras ? Est-elle vêtue ? Autant de questions
auxquelles il est malaisé, et peut-être aussi
superflu de répondre. Il n'y a qu'à signaler
en note une telle élucubration.

* *
*

Avant de continuer notre inventaire et notre classification, comme nous en avons fini — ou à peu près — avec les œuvres les plus anciennes, ou du moins les plus barbares, il est bon de nous arrêter un instant pour examiner le chemin parcouru. Ce chemin n'est pas bien long. Nous n'y avons noté qu'une réelle impuissance des ouvriers ibères à reproduire les formes de l'homme ou de la femme. Sauf une ou deux rares exceptions, à examiner nos gravures, on dirait le catalogue illustré d'un musée de monstres. Je l'ai déjà dit, et il faut le répéter, ce n'est point là un phénomène exceptionnel. A dresser le catalogue des bronzes et des terres cuites les plus anciens dans n'importe quelle autre contrée de l'Europe, on retrouverait la même enfantine barbarie. Du moins, ces antiques ébauches espagnoles ont-elles une originalité quelconque, et peut-on déjà prévoir, à l'aspect de telle ou telle figurine, le développement d'un art caractéristique, ayant bien sa physionomie propre? Peut-on, d'ailleurs, constater ici ou là des influences étrangères permettant d'espérer l'épuration, l'affinement des grossiers instincts indigènes?

Il faut l'avouer, il est absolument impossible de trouver en toute cette lamentable série la plus petite idée originale. Les Ibères nous apparaissent comme une branche quelconque de cette immense famille européenne qui, au début de l'âge historique, semble avoir, au Nord comme au Sud, au Levant comme au Couchant, travaillé sur un fonds commun, et combien pauvre, de pensées et de formes ornementales. Bien peu de ces idoles monstrueuses qui n'aient de similaires dans l'industrie des autres peuples contemporains, et cette constatation même est un argument de plus en faveur de la théorie des archéologues qui, se défiant du « mirage oriental », pensent qu'avant les influences asiatiques et surtout grecques, régnait dans toute l'Europe, ou peu s'en faut, une générale uniformité de conceptions et de produits artistiques.

Il semble, d'autre part, que la religion des dévots ibères a pu se contenter longtemps de ces ex-voto plus que rudimentaires ; les bronziers, qui travaillaient pour le culte, n'ont rien fait pour rendre peu à peu leur clientèle plus délicate et plus difficile. Leur industrie semble une industrie mort-née, ou tout au moins destinée à rester dans une éternelle enfance ; en cela, peut-être, les habitants de l'Extrême-Europe occidentale ont-ils été moins bien traités de la nature que leurs frères d'Italie, par exemple, ou même de Gaule.

Cependant, à certains signes, on voit que ces humbles artisans n'ont pas absolument fermé les yeux aux œuvres importées du dehors. Ils ont, à l'occasion, imité avec une franchise qui va jusqu'au plagiat tel ou tel modèle chaldéen (Fig. 251) ; ils ont reproduit des types de l'art mycénien (Fig. 244), et ont été jusqu'à emprunter à la glyptique mycénienne, pour le transporter à leur métier spécial, un procédé du reste assez malheureux de facture rapide (Fig. 264). Et je n'ai pas encore, jusqu'ici, énuméré toutes les figurines où se révèle l'action des étrangers. Ainsi je n'ai pas parlé de ce personnage criophore qui ressemble beaucoup à une statuette de bronze de même sujet fabriquée en Phénicie, et à une autre trouvée en Sardaigne (Fig. 266)[1]. Quant à la Grèce archaïque, à laquelle le criophore fait aussi songer, n'est-ce pas à son influence que les Ibères doivent ce goût prononcé pour la forme plate de xoanon, pour l'attitude des jambes serrées et des bras collés au corps[2], pour les tuniques embrassant les membres avec une raideur et une étroitesse de gaine? Il faut se montrer ici très réservé, car ces formes mêmes, ces attitudes, ces types ne sont pas, à vrai dire, des créations des Grecs, et bien avant que les idées et les modèles de ces maîtres incomparables aient été répandus par leur commerce universel, on connaissait un peu partout les idoles plates ou en xoanon et les figurines du soi-disant type dédalique, aussi bien que les têtes modelées « en bec d'oiseau ». Mais, d'autre part, peut-on nier maintenant les très antiques rapports de la « Mycénie » avec l'Ibérie, et n'a-t-on pas le droit d'en tirer des conséquences?

---

1. Musée de Madrid, n° 18542, legs Saavedra. Cf. de Longpérier, *Musée Napoléon III*, pl. XXI = Perrot et Chipiez, *Histoire de l'art*, III, fig. 308. E. Païs, *La Sardaigne*, pl. V, fig. VI = Perrot et Chipiez, *Histoire de l'art*, IV, p. 89, fig. 88.

2. Le Père Lozano a dessiné dans son *Histoire de Jumilla* un petit bronze provenant de Murcie (pl. IIII, n° xiv) dont les deux bras sont portés en avant depuis le coude, comme ceux de l'Apollon de Canachos. Mais on ne peut juger, d'après sa mauvaise image, s'il s'agit d'une œuvre importée ou fabriquée en Espagne.

Il n'y a, du reste, rien d'étonnant à ce que ces influences diverses, si influences il y a, se manifestent dans des œuvres qu'on dirait toutes fabriquées à la même époque lointaine, car cette concordance chronologique, si on l'admettait, ne serait qu'une illusion. C'est surtout lorsque les croyances religieuses sont en jeu que les types, les formes, les conventions peuvent persister de longs siècles, quand d'ailleurs les ouvriers semblent assez mal doués par la nature, et c'est ici le cas.

*
* *

Si j'arrive maintenant à des figurines de valeur un peu plus élevée, le caractère ibérique est surtout marqué dans deux séries de petits bronzes qui méritent aussi d'être étudiés en détail. La vue, du reste, en est moins pénible que celle des ex-voto précédents. La première de ces séries comprend des hommes dont la tête est nue, et qui sont vêtus comme les guerriers lusitaniens de Lisbonne et quelques-uns des guerriers de la collection Saavedra, d'une tunique courte, tombant jusqu'à mi-cuisses et serrée ou non à la taille par une large ceinture.

M. Vives en possède deux de ce type. L'un représente un homme debout, les deux pieds joints, bien que le jour passe entre ses jambes, et les deux mains posées sur les hanches, ce qui oblige les bras à se séparer du corps (Fig. 268). Le bronze est d'une facture très molle et très lourde ; les traits du visage sont à peine modelés[1]. Le chanoine Lozano a reproduit dans son *Histoire de Jumilla* une figurine du même type, sauf que les mains tombent tout droit contre les flancs[2]. La tunique est serrée au cou par une sorte de cordon ou de cravate. Suivant Lozano, le bronze proviendrait de Monteagudo. J'incline fort à croire que l'original n'est pas perdu. Il y a en effet au Louvre une statuette absolument semblable à celle-là, qui m'a été gracieusement donnée par le Supérieur du célèbre monastère de Santa-Anna, près de Jumilla ; suivant une indication peu affirmative du reste, l'objet aurait été trouvé à Cehegin, ville

1. *Revista de Archivos*, 1900, pl. VII, n° 18, p. 155. Hauteur 0ᵐ,102. Bronze de ton doré clair, avec un peu de patine. Provient de Grenade.

2. Pl. IIII, n° v. Provenance : Murcie.

très peu éloignée de Murcie. Les figures 272 et 273 le montrent de face
et de profil. Haut de 13 centimètres, le bonhomme a une grosse tête de
type sémitique, un torse et des cuisses très plats, mais de gros mollets.
L'oreille, au lieu d'être en relief, est dessinée par un trait creux ; les cheveux sont lisses, mais leur chute est indiquée par un relief sur la nuque ;
les mains semblent comme enfouies dans des poches. C'est encore
ici un spécimen médiocre. Mais la seconde statuette de M. Vives (Fig. 267)

Fig. 267-271. — Collection Vives et Musée de Madrid.

vaut un peu mieux. Elle représente peut-être un conducteur de char ; sous
ses pieds sont des tenons pour le fixer à un autre objet[1]. Ses jambes sont
écartées et ses bras ramenés en avant par deux gestes divers. Le corps
est assez mal façonné, mais la tête, que les cheveux coiffent comme un
casque, a du moins apparence humaine. La tunique n'a pas de ceinture,
mais s'étrangle à la taille pour s'évaser jusqu'au bord inférieur ; elle s'arrête
juste à la naissance du bas-ventre, que cache une pointe allongée de l'étoffe[2].

---

1. A moins que ces deux tiges ne soient
simplement deux coulées de métal non limées
après la fonte.

2. *Revista de Archivos*, 1900, pl. IV,
n° 17, p. 155. Hauteur 0ᵐ,155, Rencontrée
entre Grenade et Séville (?).

Au Musée de Madrid, sous le numéro 3516, j'ai noté une figurine
analogue, dont la provenance est inconnue (Fig. 269). Elle est de proportions très courtes et vaut à peu près ce que vaut la précédente, quoique

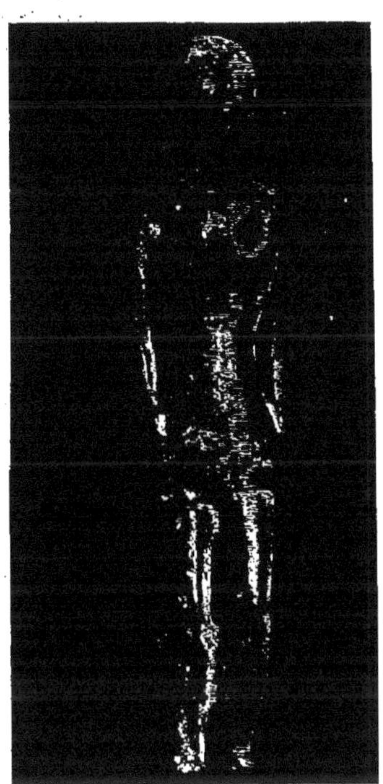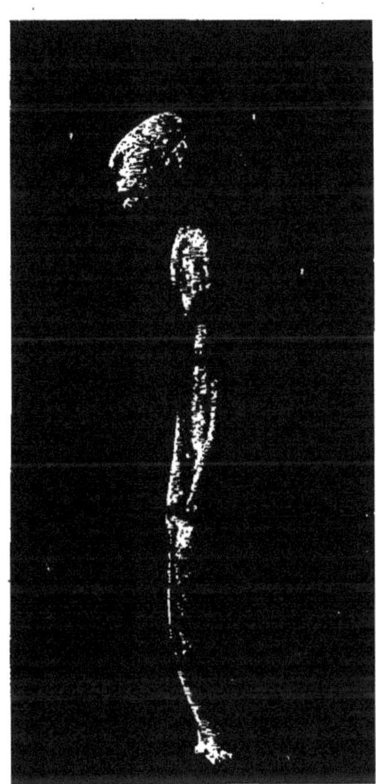

Fig. 272-273. — Bronze trouvé à Cehegin. (Musée du Louvre.)

d'un style différent. L'une des mains, la gauche, est conservée ; le poing
se ferme pour tenir un objet ; le bras droit est tendu vers le côté et un
peu en avant, sans doute pour brandir un trait. Les yeux, à fleur de tête,
sont surtout déplaisants et maladroits [1].

1. J'ai photographié à Elche, dans la collection du marquis de Lendinez, à la Cala-
horra, un guerrier vêtu de même, sauf que
la jaquette est plus courte ; la main droite est
percée, et tenait une lance ; le bras gauche
est très long, arrondi et porté en avant ; la
main est posée sur le ventre. Hauteur 0m, 12.

Le chanoine Lozano (*Hist. de Jumilla*,
pl. IV, n° viii) a donné l'image d'un guerrier debout, les pieds serrés, dont les mains
sont disposées comme celles du bonhomme
d'Elche ; mais devant le corps la main gauche

Le bronze suivant, qui se trouve aussi au Musée de Madrid, est plus grand et plus intéressant (Fig. 274). Il représente un soldat marchant vers la gauche, et en acte de bataille. Sa main droite portée en avant dressait une lance ou un javelot, tandis que la gauche, rejetée en arrière,

Fig. 274. — Musée de Madrid.

s'apprêtait à porter un coup avec une arme du même genre. La tunique est serrée à la taille par un ceinturon ; les deux bords se croisent en des-

tient un petit bouclier rond. Ce détail explique très bien l'attitude de la figurine d'Elche. Là se borne le rapport ; le soldat de Lozano (provenance : Murcie) est vêtu de la tunique courte, à manches, dont seulement le corsage a l'air formé de deux pans croisés. Il porte un bracelet au bras gauche, au-dessus du coude.

sinant une échancrure à la naissance de la poitrine. Le mouvement et le geste sont assez naturels. Par malheur la tête, dont tous les traits sont épais et obtus, et qui semble sourire niaisement, relève le menton dans une torsion maladroite.

Il y a, au Musée épiscopal de Vich, près de Barcelone, une statuette assez soignée (Fig. 275 et 276) dont la provenance n'est pas indiquée et qui donne de ce costume une variante intéressante. Sans compter que le ceinturon est très large et si serré qu'il coupe vraiment le corps en deux, le haut de la tunique est transformé en une sorte de cuirasse par une large bande côtelée qui passe sur les épaules et sous les bras, formant

FIG. 275-276. — Musée épiscopal de Vich.   FIG. 277. — Bronze d'Oreto.

sur le dos une croix ; une bande semblable va transversalement, sur la poitrine, d'une aisselle à l'autre. Les deux bras sont repliés et tendus en avant depuis le coude ; les jambes, fortement musclées et jointes, sont modelées avec assez de justesse et de vigueur ; la tête est de proportions satisfaisantes, et les traits du visage ne sont pas mal dessinés. Voici donc enfin une œuvre où l'on peut trouver quelque mérite d'art. M. Mélida a publié une figurine à peu près semblable à celle-là et qui a été découverte à Oreto, termino de Granatula (Ciudad Real). Elle est haute de 11 centimètres, tandis que celle de Vich n'en mesure que huit. Elle porte aussi la cuirasse à bretelles, mais la bande qui barre la poitrine de

l'autre fait ici défaut. Le bronze est d'ailleurs d'exécution moins fine, à
ce qu'il me semble (Fig. 277)[1].

Enfin, c'est encore à MM. Vives et Mélida que l'on doit la connaissance du plus intéressant bronze de cette catégorie. Il représente un cavalier qui, par malheur, a été brutalement séparé de son cheval. Au lieu
d'un ceinturon, il porte autour de la taille, sur la tunique, une grosse
torsade enroulée, quelque chose comme la ceinture longue qui sert au

Fig. 278-279. — Jinete de la collection Vives.

menu peuple, dans tant de provinces d'Espagne et de France, à assujettir les pantalons. A ses jambes sont des bottes peu montantes, puisqu'elles s'arrêtent au-dessous des mollets. C'était sans doute un
soldat qui menaçait l'ennemi de sa lance ; c'est du moins ce que fait supposer la position du bras droit, seul conservé. Comme œuvre d'art, le
bronze est plus que médiocre ; les bras et les jambes sont trop longs et
grêles ; le cou, de forme conique, est monstrueux ; mais la tête, surtout vue
de profil, a un peu de finesse. Je ne discute pas la question de savoir si ce
cavalier est le dieu ibérique que les archéologues espagnols appellent de
ce nom commode *Jinete*, et sur lequel j'aurai à revenir (Fig. 278-279)[2].

---

1. J.-R. Mélida, *Revista de Archivos*,
1897, p. 148. Il est curieux de comparer les
bretelles de ces deux petits guerriers à celles
d'un autre guerrier découvert à Girgenti
(*Revue archéologique*, 1897, pl. XVII), et
celles que portent quelques guerriers Sardes,
par exemple *Corpus Inscriptionum semiti-
carum*, pars prima, I-1, p. 397, et Perrot et
Chipiez, *Histoire de l'art*, IV, fig. 57.

2. *Ibid.*, 1900, pl. X, p. 163, n° 54. Hauteur 0ᵐ,14. Provenance ignorée. Le chanoine
Lozano, dans son *Histoire de Jumilla*, que
j'ai plusieurs fois citée, donne le bizarre dessin
d'une figurine trouvée, dit-il, à Monteagudo
(pl. IIII, n° 11) qui représente un guerrier
debout, les jambes écartées, tenant de chaque
main un court poignard (?). Il porte une sorte
de casque, et il est vêtu de la jaquette à man-

La tunique serrée à la taille n'était pas un vêtement réservé aux soldats. Ce sont peut-être des prêtres, ces trois personnages qui la portent avec
cette légère variante que la partie supérieure, au lieu d'avoir des manches,
enveloppe le torse comme un camail, et que la jupe est tout à fait
courte. Deux de ces figurines sont au Musée de Madrid. La première
(Fig. 270) a perdu les deux bras à l'endroit juste où ils sortaient du
camail ; sa tête est fort laidement construite et, généralement, la facture

est lourde, carrée, sans aucun soin[1] ; la
seconde, qui n'a perdu que le bras droit,
est plus petite, plus trapue, un peu mieux
dessinée. Cependant sa main énorme fait
un pitoyable effet, et sa tête, qui porte une
longue chevelure tombant sur la nuque, est
d'un style très primitif ; c'est du mauvais
archaïsme (Fig. 271)[2].

Le troisième bronze est complet ; il fait
partie du riche cabinet Vives. C'est lui qui
donne la meilleure idée de ce geste religieux
des deux bras, semblable à certain geste
du prêtre catholique disant la messe ; les
mains ouvertes semblent appeler et accueillir en souhaitant la bienvenue. Il est
fâcheux que dans le cas actuel ces mains
soient de taille énorme et modelées sans le
moindre souci de vérité. La coiffure du

Fig. 280. — Prêtre ibérique.
(Collection Vives.)

prêtre est curieuse ; il porte autour du crâne une sorte de casque d'où
pend, à droite et à gauche, jusque sur l'épaule, une très épaisse torsade de cheveux (Fig. 280)[3]. La figure 281 représente, vue de dos,

ches dont le col et le bord inférieur semblent
brodés de grosses perles ; le même ornement
se retrouve sur la ceinture, qui est large, et
très serrée, faisant la taille mince.

  1. Collection Miro, n° 3829.
  2. Collection Salamanca, n° 3822.
  3. Collection Vives, *Revista de Archivos,*

1900, pl. VI, n° 19, p. 155. Hauteur 0ᵐ,097.
Patine verte. Provient de Santisteban del
Puerto (Jaén). On songe au casque que portent
une tête du Cerro de los Santos (t. I, pl. XI
et fig. 263) et celle d'une figurine de bronze
dont il sera bientôt question (pl. II, n° 5).

une statuette analogue à la précédente; mais les tresses sont plus longues[1].

Pour en finir avec les bronzes qui figurent des hommes, je n'ai plus qu'à passer en revue ceux qui représentent des personnages drapés du haut en bas du corps dans une longue robe ou dans un manteau. Le premier cas n'est pas le plus commun. Je n'en connais qu'un exemplaire certain (Fig. 289-290). L'homme est tête nue et porte une tunique tombant jusqu'aux chevilles; elle est unie et lisse; une longue et large dépression verticale marque par devant la séparation des jambes. Pardessus cette tunique est une sorte de petit manteau qui, par devant,

Fig. 281. — Prêtre ibérique.
(Collection Vives.)

s'arrête à la taille, simulant assez bien la chiton dorienne, et, par derrière, couvre irrégulièrement le dos. Sur le bras droit on voit une manche arrivant jusqu'au coude. Le bras gauche, qui pend le long du flanc, est dans toute sa hauteur (sauf à l'épaule qui est un peu en relief) pris dans l'épaisseur du bronze. De même le bras droit, qui est ramené par devant et dont la main fait un geste obscène ou tout au moins très réaliste, est sans relief, détaché seulement du corps au moyen d'un trait creux qui le cerne. Les doigts de la main sont indiqués de même, ainsi que les doigts des pieds, qui sont nus. Cette importante figurine a été trouvée au Cerro de los Santos et est entrée au Musée du Louvre[2].

Au contraire, les hommes pliés dans leur manteau sont assez nombreux. Ce qui frappe surtout, à examiner ceux dont j'ai pu me procurer des photographies, c'est que, si la disposition de ces vêtements rappelle d'assez près le drapement du manteau grec ou romain, il manque à la ressemblance complète l'abondance et la richesse des plis. Les sculpteurs du Cerro de los Santos ont su donner à leurs figures drapées dans ce

---

1. *Revista de archivos*, 1900, pl. VI, n° 20, p. 155. Hauteur 0^m,089. Patine verte. Achetée à Grenade.

2. *Bulletin hispanique*, 1900, p. 133, n° 80; pl. IV, n° 7, et fig. 18. Hauteur 0^m,045.

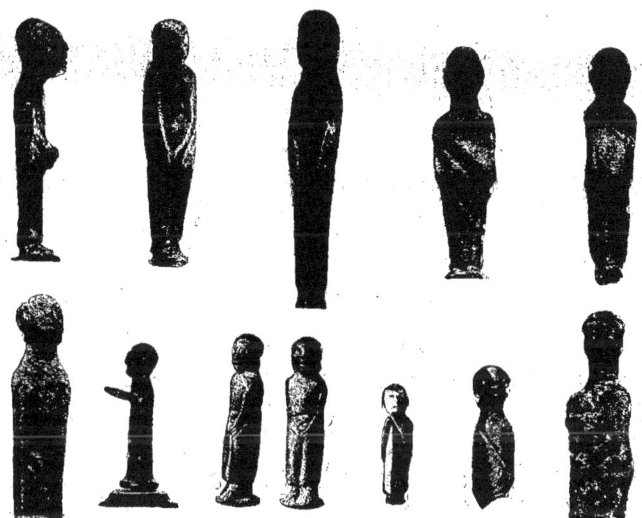

Fig. 282 à 293. — Figurines de bronze. (Provenances diverses.)

style un peu de cette richesse ; mais les bronziers, sans doute à cause de l'exiguité de leurs figurines, n'y ont pas réussi. L'étoffe s'étale sur le corps par grandes masses plates, en faisant seulement écharpe sur la poitrine, de manière à laisser libres une épaule et un bras ; l'autre bras est caché sous le manteau.

Si la statuette est de la classe la plus commune, quelque idole à très bas prix, la disposition de cette écharpe est indiquée par un simple trait oblique du burin (Fig. 292)[1], ou bien par une saillie légère du bronze (Fig. 291)[2].

Un des types les plus curieux de cette série est celui que répètent deux figurines, l'une du Musée de Madrid, l'autre de M. Vives (Fig. 283[3] et 284[4]). Elles sont de style fort médiocre ; mais leur bras gauche, qui est hors de la draperie, revient s'appliquer contre le corps à la hauteur du bas-ventre, dans une attitude qui rappelle celle de la statuette du Cerro dont je viens de parler. Il y a peut-être là quelque allusion à une attitude rituelle.

Il peut arriver aussi que les deux bras soient enveloppés dans le manteau, comme on le voit par la figure 286[5], et je connais deux exemples de figurines où le bras droit sort des plis de la draperie, tandis que le gauche est, sous l'étoffe, replié contre la poitrine (Fig. 282, 285)[6].

Je ne fais que citer pour mémoire deux autres statuettes du Cerro de los Santos, conservées au Musée de Madrid (Fig. 287 et 293)[7]. Elles sont d'un art tout à fait grossier ; l'une a les deux bras ridiculement courts et grêles repliés contre la poitrine et la taille, l'autre est si bien enveloppée qu'on ne voit pas ses bras ; mais, on ne sait trop comment, elle porte par-dessus son manteau un bâton, bâton de commandement

---

1. Musée de Madrid, n° 13033 (collection Castellanos).

2. *Revista de Archivos*, 1897, p. 148 et 149. Le bronze a été trouvé à *Oreto*, près de Granatula, dans la province de Ciudad Real.

3. Collection Vives, *Revista de Archivos*, 1900, pl. VII, n° 29, p. 159. Hauteur 0^m,075. Bronze rouge, sans patine. Acheté à Séville.

4. Musée de Madrid, n° 3010 (collection Salamanca).

5. Musée de Madrid, n° 113 (ancien fonds de la Bibliothèque Nationale).

6. Fig. 282, Musée de Madrid (provenance non indiquée). Fig. 285, ibid., n° 7738 (Cerro de los Santos?).

7. N°s 7736, 7737.

sans doute, qui pend le long de son corps, à droite. De la première on peut rapprocher une figurine provenant de la province de Badajoz, qu'a publiée M. Mélida ; elle est surtout remarquable par l'espèce de revers que dessine le manteau en se ployant en écharpe en travers du torse, et par la position des deux mains ramenées sur le ventre où elles s'appuient, largement ouvertes (Fig. 294)[1].

Au contraire, j'insiste sur un bronze de la collection Vives qui se distingue par des qualités de soin et de finesse inconnues jusqu'à présent. On pourrait hésiter à y reconnaître une image virile, si la tête, qui a plutôt le caractère féminin, n'était coiffée d'un casque dont un fragment de tête du Cerro de los Santos (j'en ai en son lieu admiré la beauté), est également couverte (t. I, pl. II, à gauche, et fig. 263). Ce casque est remarquable par la forme et la disposition des deux petits couvre-nuque qui pendent derrière les oreilles.

FIG. 294. — Figurine de Badajoz.

Le personnage, petit et court, est vêtu d'une tunique talaire échancrée en angle sur la gorge, puis d'un manteau qui passe en écharpe de l'épaule droite au milieu du bras gauche, enveloppant complètement ce dernier, mais laissant passer la main droite. Cela est possible, parce que la draperie est fendue sur la droite, depuis le haut de l'épaule, où les deux bords sont maintenus par un gros bouton ou une fibule. Du reste cette draperie est double ; par-dessus la première épaisseur, qui tombe jusqu'aux pieds, en est une seconde plus courte qui ne descend que jusqu'à mi-cuisses. La main est fermée de manière à tenir un objet, sans doute un bâton, qui a disparu : elle est dessinée avec quelque précision, chose rare et nouvelle, et correspond bien à la pureté de lignes du visage où se marque une gravité majestueuse. Le bronze, dont le grain est très fin et poli, est d'une belle couleur noire (Pl. II, n° 5)[2].

<hr>

1. J.-R. Mélida, *Revista de Archivos*, 1897, pl. VI, n° 1.

2. Id., *ibid.*, 1900, pl. V, n° 28, p. 158. Belle patine noire. Hauteur 0m,095. Provient de la sierra de Mariola (Alicante, au Nord d'Alcoy). A cette série se rattache une figurine publiée par le chanoine Lozano (*Hist. de Jumilla*, pl. IIII, n° XII) et trouvée, dit-il, à Murcie. Le bras gauche sort seul du manteau, et tombe le long du flanc. Autour du cou on voit un large galon bordant soit la tunique de dessous, soit le manteau.

* *

La dernière catégorie, à laquelle j'arrive maintenant, celle des femmes debout, amplement vêtues et coiffées d'une mitre, est particulièrement riche. Le grand intérêt en réside en ce fait que la plupart des statuettes qui la composent sont apparentées aux sculptures du Cerro de los Santos, et quelques-unes plus particulièrement à la Dame d'Elche.

On trouve d'abord, dans cette série, de véritables *xoana* dont la forme est aussi simple que la facture en est sommaire, le type vague ou barbare. Tels sont les petits bronzes de M. Vives reproduits aux figures 299, 300, 306 [1], et ceux du Musée de Madrid reproduits aux figures 301, 302 [2]. Dans les uns on ne peut distinguer ni les bras ni les jambes ; dans les autres on les devine sous l'étoffe serrée en gaine ; c'est ce qui rend particulièrement curieuse la figure 306 dont M. Mélida rapproche le modèle, un peu superficiellement sans doute, des représentations égyptiennes d'Osiris. La figure 301 est intéressante aussi par la hauteur de sa mitre.

M. Vives a cédé au Musée de Madrid l'originale figure 298 [3], une simple lame surmontée d'une tête. Les bords de la plaquette sont ourlés d'une torsade qui simule l'ornement d'un voile tombant de la tête jusqu'aux pieds. Il n'y a pas de traces de bras, ni de jambes ; mais un collier où s'accroche une énorme boule est le premier indice qui révèle les approches des statues féminines du Cerro.

A Lorca, dans le cabinet de M. le Professeur Cánovas, se trouvent aussi deux petites bonnes femmes hermétiquement encapuchonnées et pliées dans leur manteau, et dont l'une est singulière surtout par son profil

---

1. *Revista de Archivos*, 1900, pl. VII, nᵒˢ 34, 33, 13. Pour le nᵒ 13, voy. aussi p. 75, nᵒ 13. Sa hauteur est 0ᵐ,065. Patine noire ; sans provenance. — Nᵒ 33, hauteur 0ᵐ,047. Acquis à Grenade. — Nᵒ 34, hauteur 0ᵐ,062. Patine rousse. Acquis à Séville.

2. Nᵒ 2167 ; nᵒ 2165. Ancien fonds du Cabinet d'Histoire naturelle.

3. Sans provenance indiquée. — La figurine nᵒ 2166 du Musée de Madrid (fig. 296) est de style plus récent, comme l'indiquent le modelé du visage et celui du corps sous le voile, mais la forme générale est encore celle d'une plaque mal façonnée.

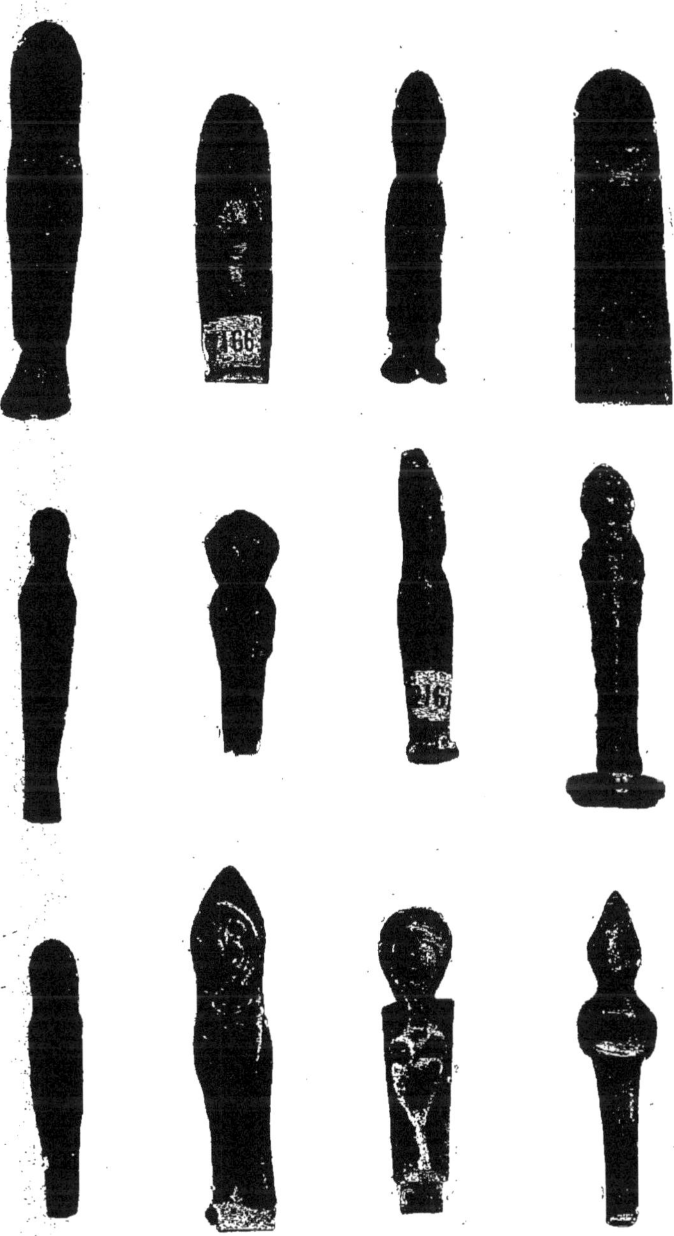

Fig. 295-306. — Figurines de type féminin. (Provenances diverses.)

d'oiseau et la forme de ses énormes pieds, l'autre par le mouvement cambré en arrière de tout le corps (Fig. 3o8, 3og)[1].

Peu à peu, l'idée se développe, sans que du reste l'exécution devienne meilleure. Voici plusieurs petites statuettes qui conservent encore la forme de xoanon, et que leur manteau enveloppe comme une gaine. Mais ce manteau s'entr'ouvre sur la poitrine, ou sur l'estomac ou sur le ventre, pour laisser passer les mains qui se tendent. Les mitres, qui ne leur manquent jamais, sont de forme arrondie, ou conique, ou affectent le contour d'un croissant renversé ; on ne voit pas de colliers autour des cous, ces bronzes étant d'un art trop grossier encore. La plus naïve

Fig. 3o7-3io. — Idoles féminines de diverses provenances.

de toutes ces images (Fig. 3o4) fait partie de la collection Vives[2] ; son visage est affreux avec son nez crochu et ses gros yeux en boule : la disposition du manteau est assez vague. Elle se précise avec la figure 3o5, dont le modèle est aussi à M. Vives, et l'on est étonné seulement que l'auteur, capable d'exprimer nettement sa pensée et de modeler avec assez de vérité le visage, ait donné à tout le corps une forme carrée qui n'a rien de naturel[3]. Sur cette statuette auront certainement la préférence, parce

---

1. Fig. 3o8. Bronze noir. Trouvé *en termino de Caravaca*. — Fig. 3og. La statuette est brisée en bas. Bronze noir. Hauteur o^m,o4. Trouvée à Caravaca. La bouche est abimée par des coups de lime.

2. *Revista de Archivos*, 1900, pl. VI, n° 25, p. 157. Hauteur o^m,o68. Provient de Castellar de Santisteban (Jaén).

3. *Ibid.*, pl. VI, n° 27, p. 158. Hauteur o^m,o58. Patine verte. Même provenance.

qu'elles sont de proportions plus justes et de mouvement plus précis, les statuettes nᵒˢ 295 et 303, qui appartiennent à M. Vives[1].

Je dois ici signaler deux variantes notables. M. Saavedra a légué au Musée de Madrid le bronze que reproduit la figure 297[2]. C'est une femme qui porte sur la mitre élevée un voile, suivant la mode ordinaire : mais ce voile ou ce capuchon ne fait pas corps avec le manteau, lequel est posé sur les épaules, comme un châle, s'échancre sur la poitrine et pend, les deux bords rapprochés, jusqu'à mi-jambes ; la tunique de dessous le dépasse. Les deux mains tendues sortent assez maladroitement, on ne sait trop comme. Suivant l'ouverture du châle, qu'elle semble border, on voit une grosse torsade. C'est peut-être un collier, bien qu'il y ait une solution de continuité.

L'autre figurine, que j'ai photographiée à Lorca, chez M. Cánovas (Fig. 307), n'a pas précisément de mitre, mais son grand voile-manteau grossit beaucoup sa tête : il laisse aussi dépasser la robe de dessous, d'où sortent des pieds plats et gigantesques. Elle porte sur la gorge un collier où s'accroche une bulle, et l'on voit à ses oreilles de lourds pendants en forme de disque : c'est ici le premier exemple de ce bijou[3].

Le chef-d'œuvre — qu'on me pardonne ce mot ambitieux — de cette série, est une assez grande statuette qui a été léguée au Musée de Madrid par le marquis de Monistrol[4]. Sa mitre basse, réduite à une sorte de

---

1. Nᵒ 295. *Revista de Archivos*, 1900, pl. VII, nᵒ 24, p. 157. Hauteur 0ᵐ,079. Bronze rouge. Provient de Castellar de Santisteban (Jaén). — Nᵒ 303. *Ibid.*, pl. VI, nᵒ 26, p. 158. Hauteur 0ᵐ,052. Patine noire. Provenance inconnue, Un petit bronze analogue appartient à l'Académie de l'Histoire. (Nᵒ 223 de l'inventaire. Provenance, province de Jaén (?). Voir P. Paris, *Revue archéologique*, 1898, I, p. 206).

2. Nᵒ 18539. Hauteur 0ᵐ,08. P. Paris, *art. cité*, p. 207, fig. 2. Provenance : région de Murcie. M. Cánovas, de Lorca, possède une petite idole en cuivre rouge, trouvée, dit-il, à *Almaciles*, province de Grenade, qui a des analogies d'attitude avec celle-ci. C'est une femme vêtue d'une longue robe à plis indiqués par des traits creux, les deux bras en

avant, et les deux mains placées l'une sur l'autre. La robe s'évase en cloche sur les pieds, comme la robe de certaines statues du Cerro de los Santos. Hauteur 0ᵐ,07. Fig. 288.

3. Hauteur 0ᵐ,08. Bronze rougeâtre. Le Père Lozano (*Historia de Jumilla*, pl. IIII, nᵒ x) donne le dessin d'un bronze de Murcie qui rentre dans cette série, et a surtout de l'intérêt à cause d'une énorme tiare en pain de sucre qui surcharge la tête large et courte. A mi-hauteur, il semble que la tiare ait reçu un ornement gravé, une sorte de galon à pendeloques.

4. Nᵒ 3515. Voici la description du *Catalogue du Musée* : « Prêtresse. Elle est vêtue d'une tunique et d'un manteau qui lui couvre une partie de la tête et descend jusqu'aux pieds ; elle le saisit et le soulève de ses deux

stéphané, se prolonge sur le front sous forme de deux bandeaux plats qui se recouvrent en partie. Un manteau à capuchon recouvre la mitre et les épaules, laisse la gorge à découvert, enveloppe les deux mains jointes au-devant de la taille et faisant une saillie ronde sous l'étoffe ; puis, les deux bords exactement rapprochés, elle tombe jusque sur le sol, laissant seulement voir le bout des pieds. Une rainure verticale depuis la taille indique la fente du manteau ; mais, chose peu explicable, cette fente s'arrête au-dessous des genoux. Par l'ouverture du manteau sur la poitrine on voit une chemise montante, une autre pièce de vêtement qui fait écharpe de gauche à droite et, par-dessus, un lourd collier supportant une pendeloque. Le manteau ne fait absolument aucun pli, et la femme garde, dans son ensemble, cette apparence de gaine hermétique que les bronziers ibères affectionnent tant. Le visage, auquel l'ouvrier a voulu donner une expression grave et majestueuse, est de facture très molle ; ce qui frappe surtout, ce sont les lourdes boules aplaties qui pendent aux oreilles et qui, avec le collier, rappellent l'accoutrement familier des plus belles images de femmes du Cerro de los Santos (Pl. II, n°2).

La technique, sinon le style, fait un progrès notable avec une des plus fines statuettes ibériques que je connaisse, et que M. Vives a encore eu la chance d'adjoindre à sa collection (Pl. II, n°ˢ 4 *a*, 4 *b*)[1]. C'est une petite prêtresse tenant à deux mains, au-devant de sa taille, le vase à libations. Le sujet est le sujet préféré des sculpteurs du Cerro, et je n'ai pas à revenir sur les statues de ce type, dont celle-ci est visiblement inspirée, bien que le visage, le costume, l'aspect d'ensemble gardent leur originalité. D'abord le vase est très grand et, si on regarde l'image

---

mains jointes, en l'écartant du corps. Sous le manteau se voit une coiffure en forme de casque. Elle porte des pendants d'oreilles et un collier sur la poitrine, par-dessus la tunique. Hauteur 0ᵐ,15. » Le regretté D. Juan de Dios de la Rada y Delgado a bien voulu me donner ce renseignement verbal que le bronze provient de Monteagudo.

Une seconde figure de tout point semblable à celle-là, dont elle est une réplique, appartient à l'Académie de l'Histoire ; la provenance indiquée est Jumilla. Le chanoine Lozano, dans son *Historia de Jumilla* a donné un mauvais croquis d'une figurine analogue à ces deux-là, disant qu'elle provient de Monteagudo. Serait-ce la statuette du marquis de Monistrol, ou bien celle de l'Académie? (N° III).

Sur ces figurines, voy. P. Paris, *Revue archéologique*, art. cité, p. 200 et s.

1. *Revista de Archivos*, 1900, pl. V, n° 23, p. 156. Hauteur 0ᵐ,063. Bronze rouge. Trouvée dans la région de Valence, au Nord.

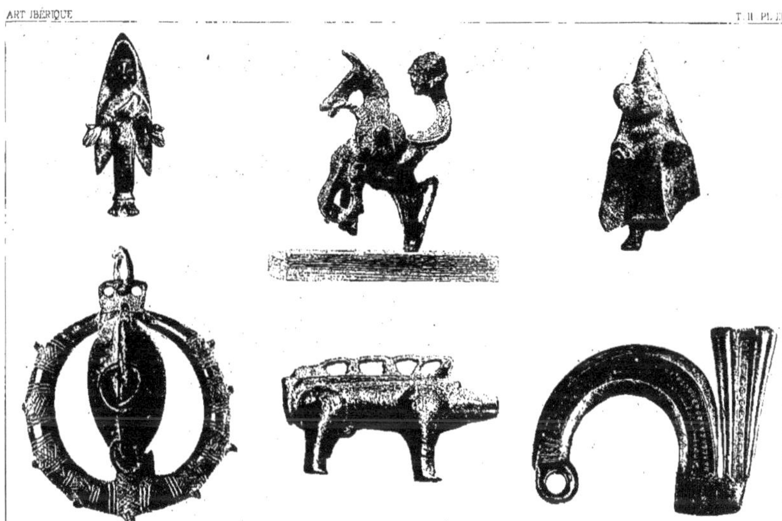

FIGURINES ET FIBULES IBÉRIQUES EN BRONZE

MUSÉE DU LOUVRE. — MUSÉE DE MADRID — COLLECTION VIVES

de profil, il se détache hardiment du corps, ce que les sculpteurs du
Cerro, ayant affaire à une matière tendre et cassante, n'avaient pas osé
tenter. La mitre est placée très en arrière et fuyante, comme celle de la
Dame d'Elche; elle n'est qu'en partie recouverte par le voile-manteau
qui est de la même forme que celui de la statuette précédente. Sur la gorge,
qui reste libre, on aperçoit la robe montante et l'indication d'un gor-
gerin [1]. Depuis les hanches le bas de la figure affecte la forme ronde et
l'évasement en cloche que j'ai décrits plusieurs fois à propos de statues du
Cerro. Au lieu que les deux bords du manteau soient simplement rapprochés par devant, ils croisent l'un sur l'autre. Deux filets gravés en
creux suivent ces bords sur toute leur longueur, et ce simple petit ornement suffit à mettre un peu de variété dans ce costume austère. Quant
au visage (la tête est trop grosse pour le corps) il n'est pas beau ; les
traits sont sans finesse, la bouche et le menton particulièrement empâ-
tés. Les yeux, pour lesquels n'ont pour ainsi dire pas été creusées d'arcades sourcilières, sont dessinés tout uniment en quatre coups de burin.
Un grand anneau de métal tordu sert de boucle d'oreille. On le voit, le
mérite d'art est médiocre, mais le bibelot est amusant par je ne sais quel
sentiment du pittoresque, et par une élégance de travail que l'on avait
en vain cherchée jusqu'ici dans cette multitude de figurines. Celle-ci
l'emporte même sur la petite statuette d'homme de la planche II n° 5
par plus de souplesse et de liberté.

Restent quatre bronzes qui se groupent naturellement ensemble. Nous
connaissons déjà le geste de leurs mains et de leurs bras ouverts, celui
du prêtre catholique prononçant l'*Orate, fratres,* pour l'avoir décrit à
propos de statuettes d'hommes. Ce qui diffère ici, naturellement, c'est
le costume. La femme, la prêtresse plutôt, a substitué à la tunique courte
du prêtre une longue robe descendant jusqu'à ses pieds, et sa tête s'est
coiffée de la mitre pointue, où s'accroche le voile-manteau.

Deux de ces figurines sont de facture très sommaire et de style détestable ; l'une, au Musée de Madrid [2], n'a, à vrai dire, ni visage ni mains ;
ses jambes sont brisées ; elle n'a d'autre intérêt que son attitude et la ligne

---

1. M. Mélida dit : « ... la oferente lleva
mitra, se adorna con gruesas arracadas (*tor-*
ques) y dos collares, el inferior con colgante. »

2. N° 18032 (Don de M. Castellanos).

d'ensemble de sa silhouette (Fig. 310). L'autre, de la collection Vives (Fig. 311)[1], est d'aspect plus rébarbatif encore ; tout se confond à la surface rugueuse du bronze, qu'on regarde la femme de face ou de dos, et, plutôt que de s'arrêter à cette informe ébauche, il vaut mieux décrire

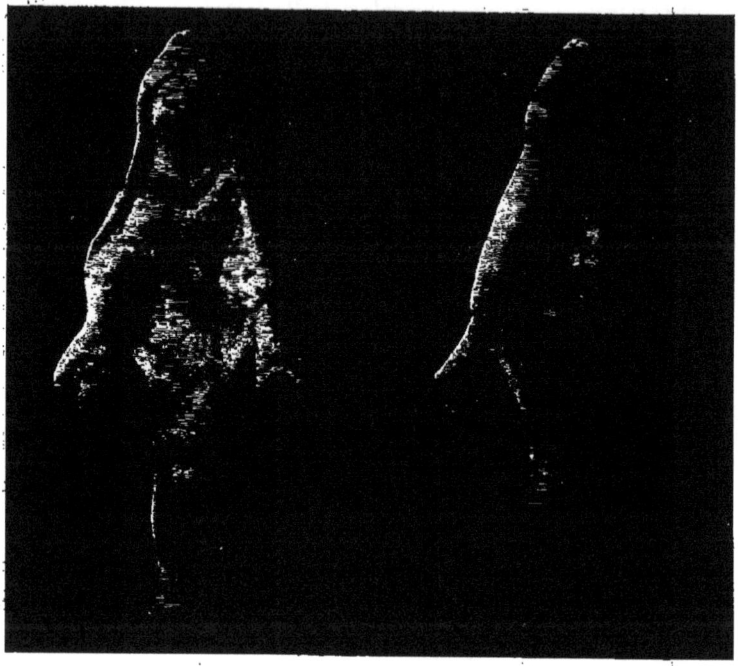

Fig. 311. — Prêtresse ibérique. (Collection Vives.)

avec soin la curieuse statuette qui est passée au Musée de Madrid avec le legs de D. Eulogio Saavedra (Pl. III, en haut, à gauche)[2]. Son costume,

---

1. *Revista de Archivos*, 1900, pl. VI, n° 21, p. 135. Hauteur 0ᵐ,058. Provenance, Linares (Jaén). Cf. P. Paris, *art. cité*, p. 209-210, fig. 4. Remarquer le large pli de style grec archaïque que fait l'écharpe au-devant de la taille.

2. N° 18538. Hauteur 0ᵐ,09. Publiée par P. Paris, *art. cité*, p. 208, fig. 3.

J'ai été surpris de retrouver sur un panneau de bois sculpté d'une armoire de la cathédrale de Tolède une figure dont la silhouette rappelle exactement les figurines ibériques en question. C'est une femme debout sur une tête d'ange ; ses jambes sont serrées dans une jupe en forme de gaine ; ses bras sont écartés du corps, et les mains, relevées à droite et à gauche depuis le coude, soutiennent deux grands oiseaux. Sur la tête est posé un voile formant capuchon,

surtout, est indiqué avec une précision très heureuse, car il peut servir à expliquer certains détails difficiles à comprendre du costume de quelques statues du Cerro de los Santos et même de la Dame d'Elche. En effet, la petite femme nous apparaît avec son voile accroché au sommet de sa tiare pointue, mais s'étalant ensuite derrière ses épaules et son dos au lieu de les envelopper. On peut ainsi analyser très nettement les pièces du vêtement principal. Il se compose d'une longue chemise ou jupe tombant jusqu'aux pieds sur lesquels elle s'étale en rebord de cloche, et d'un camail croisé en travers de la poitrine, qui enveloppe les épaules et les bras jusqu'aux coudes ; c'est en somme la tunique virile des statuettes correspondantes, mais prolongée jusqu'aux pieds. Le voile, qui offre comme un fond sur lequel se détache le corps, avec ses deux pointes qui tombent à droite et à gauche, donne à la figurine la silhouette d'une flèche. Les traits du visage sont médiocrement modelés, et les petits yeux ronds, que figure une petite boulette, lui donnent une expression vive très étrange. La tiare tombe très bas sur le front, et l'on voit à droite et à gauche, au-dessous des oreilles, deux gros disques, dont la présence n'a rien maintenant qui doive nous étonner.

Le voile-manteau de cette prêtresse est très court ; il peut, à l'occasion, s'allonger et prendre beaucoup d'ampleur, comme le montre encore un bronze de M. Vives (Pl. III, en haut, à droite)[1], dont le mérite d'ailleurs est surtout de nous faire connaître ce détail et de nous montrer à gauche du visage un disque couvre-oreille de dimensions démesurées — celui de droite a été brisé. C'est une exagération vraiment caricaturale du magnifique ornement de la Dame d'Elche. La figurine est très endommagée, très oxydée, et elle n'avait que peu de valeur artistique ; on la dirait sortie d'un moule extrêmement usé. Cependant elle a quelque vie et la silhouette en est pittoresque.

Je rattache à cette série, à cause du geste des mains, un bronze du Musée de Madrid (Pl. II, n° 3)[2], dont le costume est tout différent.

<hr>

qui retombe sur le dos et sur les côtés avec l'aspect d'ailes repliées (Max Junghændel, *Die Baukunst Spaniens*, pl. 125).

1. *Revista de Archívos*, 1900, pl. V, n° 22, p. 156. Hauteur 0ᵐ,064. Bronze rouge avec un peu de patine verte. Provenance, Castellar de Santisteban (Jaén).

2. N° 2662. Ancien fonds de la Bibliothèque Nationale.

Il ne comprend qu'une longue robe sans plis, d'où sortent les pieds pointus, et une sorte de cagoule qui laisse tout le visage à découvert et tombe en rectangle jusqu'à la taille, en laissant les épaules et les bras libres ; on dirait une courte chasuble[1].

*
* *

En Grèce, et en général en Orient, dans les ruines d'un très grand nombre de sanctuaires, parmi les menus bronzes représentant des divinités ou de simples mortels qui constituaient la masse des ex-voto et comme leur monnaie courante, se trouvaient mêlées en quantité les images d'animaux. C'est que l'animal a sa place familière auprès des dieux, ou que les prêtres et les dévots le leur sacrifient comme victime. La religion des Ibères n'a pas échappé à cette loi, et il est facile, rien que dans les collections du Musée de Madrid et de M. A. Vives, de constituer d'importantes séries de figurines qui sont des taureaux, des chevaux, des sangliers, d'autres bêtes encore, sauvages ou domestiques.

L'étude que j'ai faite, au chapitre de la sculpture, des monstres de pierre comme les Toros de Guisando, la Vicha de Balazote, ou des têtes de Costig fait assez prévoir que le taureau est le plus souvent représenté. J'en ai réuni (Pl. V, n° 2, et de la figure 312 à la figure 326)[2] seize

1. Le chanoine Lozano (*Histoire de Jumilla*) a donné deux images de femmes drapées étroitement (pl. IIII, n°s iv et xi) provenant toutes deux de Monteagudo, qui se distinguent parce que leur tête est nue, avec de grands cheveux tombant à droite et à gauche du visage, et serrés seulement sur le front par un mince bandeau. Une troisième, de Murcie, est bien plus curieuse ; elle a une haute tiare à double étage, semblable à la tiare pontificale. La femme porte un grand manteau à manches, en forme de sac, tombant jusqu'aux chevilles, et une sorte d'écharpe en bandoullière. Les deux bras tombent simplement, et les deux mains, qui semblent brisées, se rapprochaient sur le ventre. La perte de cette figurine est fort regrettable, comme la perte de presque toutes celles qu'a vues et des-

sinées l'historien de Jumilla. J'en ai déjà dit un mot plus haut, p. 191, note 3.

2. Pl. V. Collection Vives, *Revista de Archivos*, 1900, pl. VIII, n° 45. Hauteur 0^m,049. Provenance inconnue.

Fig. 312. *Ibid.*, pl. VIII, n° 46. Hauteur 0^m,033. Provient de Séville.

Fig. 313. Musée de Madrid, n° 7744 (Cerro de los Santos).

Fig. 314. *Ibid.*, n° 7742 (Cerro de los Santos).

Fig. 315. *Ibid.*, n° 3517 (Cerro de los Santos).

Fig. 316. *Ibid.*, n° 7743 (Cerro de los Santos, *Revista de Archivos*, V, pl. III, n° 9).

Fig. 317. *Ibid.*, n° 8018. Je ne connais pas la provenance.

spécimens divers, tous de types différents. Il serait fastidieux de les décrire l'un après l'autre ; je remarque seulement qu'à côté du taureau

Fig. 312-318. — Petits taureaux ibériques en bronze. (Provenances diverses.)

debout, se trouve le taureau couché ; à côté de l'animal figuré tout entier,

Fig. 318. *Ibid.*, n° 7741 (Cerro de los Santos),

Fig. 319. *Ibid.*, n° 7740 (Cerro de los Santos).

Fig. 320. Collection Vives, *Revista de Archivos*, 1900, p. 161, pl. VIII, n° 47. Hauteur 0ᵐ,055. Provient de Palencia. Il faut

remarquer que les cornes sont *emboladas*.

On peut voir d'autres têtes du même genre, mais d'autre type, t. I, fig. 114, 115.

Fig. 321. *Ibid.*, n° 9601. C'est une tessère ayant deux fois l'inscription suivante : MEΧΓΦΜΦΙϨ. M. Hübner, qui l'a publiée (*Monumenta linguæ ibericæ*, p. 174,

l'animal réduit à une sorte de torse (Fig. 319), on a la tête seule, vue de face (Fig. 320, 322), ou de profil (Fig. 322). Mais le numéro 317 a sur-

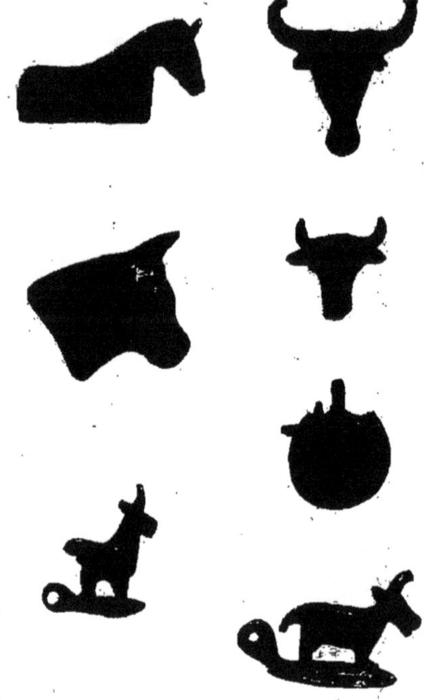

Fig. 319-325. — Petits taureaux de bronze. (Provenances diverses).

tout de la valeur, car il est un nouvel exemple de l'emprunt, fait par

n° XL), dit : « De antiquitate ne dubites. Aut tessera hospitalis est, aut massa metalli pro moneta inserviens. » Le mot ibérique se lit *seqpriris* ; il se retrouve sur les monnaies de Segobriga sous la forme *seqprices*. Donc la provenance doit être Segobriga.

Fig. 322. Musée de Madrid, n° 18038 (Collection Castellanos). Noter la boule entre les cornes, sur le front.

Fig. 323. *Ibid.*, n° 18040. Ancienne collection Castellanos. C'est un petit couvert de vase.

Fig. 324. Collection Castellanos. Couvert de vase.

Fig. 325. Collection Vives, *Revista de Archivos*, 1900, p. 161, pl. VII, n° 44. De même que les précédents, cet objet n'est pas un ex-voto, mais un petit couvert de vase, comme l'indiquent la forme ronde de la base et le trou postérieur, où passait une charnière. Hauteur 0m,054. Provient de Séville.

Fig. 330. Musée de Madrid, n° 7739. Provient du Cerro de los Santos (*Revista de Archivos*, V, pl. III, n° 8).

l'art ibère à l'art de l'Orient et de la Grèce, de cette attitude des quatre
pattes repliées sous le ventre. Ce taureau a été trouvé au Cerro de los
Santos, d'où proviennent aussi la plupart des taureaux que je reproduis[1].

C'est le lieu de parler, à propos de cet objet, d'un fort important
monument conservé au Musée de Santa-Agueda, à Barcelone, et que j'ai
pu photographier et étudier à mon aise, grâce à la complaisance du savant
conservateur de ce Musée, M. Elias de Molins. Ce n'est pas un ex-voto,
mais une pièce d'applique ornementale ; en somme, il importe peu. Il
s'agit d'un taureau accroupi, large de 9 centimètres, haut de 7 depuis
la pointe de cornes jusqu'aux sabots ; le bronze est joliment patiné en
vert. La tête seule est en ronde bosse ; tout le corps est estampé ; un
tenon placé au centre de la cavité formée par le ventre servait à fixer
l'objet. La tête est tournée de face, tandis que le corps se présente de
flanc. Les deux jambes, du côté du spectateur, sont repliées sous son
corps, et les deux sabots se rejoignent. L'autre patte de devant est repliée
de telle façon que le sabot poserait à plat sur le sol, si le sol était figuré.
L'autre patte de derrière ne paraît pas : mais, sous le genou de celle qui
est modelée, on voit une sorte de tige verticale à la surface de laquelle
sont creusées des stries en spirale, comme celles d'une corde. C'est la
queue de l'animal, bien que l'on ait quelque peine à la reconnaître, car
on en voit mal la naissance, et elle passe derrière le genou plié qui en
cache une partie. L'œil gauche est creux, mais la cavité de l'œil droit est
remplie d'une matière qui m'a paru être la tête d'un petit clou de métal.

Il faut remarquer les quatre lignes burinées sur la croupe et le ventre ;
elles indiquent, semble-t-il, les plis des articulations ; les deux séries de
petits traits parallèles qui les accompagnent sont destinées à marquer le

---

1. Je n'ai pas besoin de rappeler l'importance mythologique et artistique des têtes de
taureaux de Costig. Mais en Espagne même,
sans parler des *Toros* de Guirando et autres
monstres analogues, les grandes statues représentant des taureaux n'étaient pas rares. On
cite en particulier un monument d'*Abedes*
(paroisse de Santa Maria de Abedes, partido
judicial de Verin, province d'Orense), découvert en 1580, où se trouvait sur une colonne
de marbre un taureau de bronze (Ceau-
Bermúdez, *Sumario* etc., p. 216 ; cf. Mur-
guia, *Historia de Galicia*, t. II, p. 115). La
perte de ce bronze est des plus fâcheuses, et
l'on en peut dire autant de « una excelente
cabeza de bronce de un becerro que se derritio
para fundir una campana » à Talavera de la
Reina (Ceau-Bermúdez, p. 114).

froncement de la peau ou, ce qui est plus probable encore, les poils, car des traits du même genre se retrouvent sur le front, entre les cornes et

Fig. 326. — Pièce d'applique ibérique en bronze. (Musée provincial de Barcelone.)

au-dessus des yeux. Il ne faut pas songer à y voir la queue retournée et passée en sautoir (Fig. 326) [1].

1. P. Paris, *Bulletin hispanique*, II, pl. III. Le catalogue du Musée de Barcelone désigne et décrit l'objet comme il suit, à la page 216, n° 298 :

« Le bœuf Apis, avec les cornes sans le croissant. L'un des yeux, en verre, est conservé. L'objet semble avoir été plaqué sur quelque meuble. — Collection Fortuny. »

Suivant un renseignement verbal de M. Elias de Molins, la provenance du bronze serait Arles en Provence. J'ai peine à admettre cette origine, d'autant que quelques vases à décor linéaire ou floral, conservés au même Musée, et dont la fabrication ibérique est certaine, sont aussi indiqués comme apportés d'Arles. J'inclinerais plutôt à croire que la provenance est Emporiæ, ou les Baléares.

Tout cela forme un ensemble fort laid et d'exécution plus que maladroite ; mais il n'est pas sans prix de constater que l'influence étrangère,
en particulier orientale, s'est exercée aussi bien sur l'industrie décorative
que sur l'art lui-même, et que les artisans comme les artistes ont emprunté
des thèmes à leurs confrères d'outre-Méditerranée.

Fig 327-335. — Petits chevaux ibériques en bronze. (Collections diverses.)

Après le taureau, le cheval a la préférence des bronziers ibères. Dans
les deux collections où je puise principalement, j'en ai réuni neuf exem-

plaires ; un dixième appartient à M. Cánovas, de Lorca (Fig. 327-338)[1].
Quelquefois l'animal est très facile à reconnaître ; il représente assez fidè-

Fig. 336-338. — Petits chevaux ibériques en bronze.

lement la nature, sans qu'aucune de ces figurines ait pourtant de valeur

1. Fig. 327. Collection Vives, *Revista de Archivos*, 1900, p. 160, pl. VIII, n° 40. L. 0^m,042. Provient du Llano de la Consolacion.

Fig. 328. Musée de Madrid, n° 17184 (Don de M. Antonio Vives).

Fig. 329. Collection Vives, *Revista de Archivos*, 1900, p. 160, pl. IV, n° 43. L. 0^m,042. Provenance inconnue.

Fig. 330. Musée de Madrid, n° 3739. Collection Miro.

Fig. 331. *Ibid.*, n° 3510. Cerro de los Santos.

Fig. 333. *Ibid.*, n° 3058. Collection Miro.

Fig. 334. Collection de M. le Pr Cánovas à Lorca. 0^m,04 sur 0^m,03. Provenance, Caravaca.

Fig. 336. Musée de Madrid, n° 3741. Collection Salamanca.

Fig. 337. *Ibid.*, n° 18550. Legs Saavedra.

Fig. 338. Collection Vives, *Revista de Archivos*, 1900, p. 160, pl. VII, n° 41. Long. 0^m,048. Provient de Grenade. C'est peut-être un fragment de fibule.

J'ai encore noté au Musée provincial de Grenade un petit taureau sans intérêt, long de 0^m,04, trouvé au Cortijo de Tozar (Iznallós), n° 1766. Il y a aussi un tout petit cheval. L. 0^m,03.

M. J. Costa (*Estudios ibéricos*, p. xxxvii) signale comme trouvée dans la mine de Santo Domingo de Mertola « une petite figurine de bronze, haute de 12 centimètres, représentant un cheval caparaçonné, et peut-être attelé à une charrette ». Il semble à ceux qui l'ont examiné de fabrique espagnole certaine (pour la première fois A. C. Borges de Figuerredo en a parlé dans la *Revista archeológica* de Lisbonne, 1889, p. 113-114, avec fac-simile). Le même auteur a noté des représentations de chevaux sur un bas-relief trouvé dans une mine antique de la Sierra de Carthagène (Botella, *Descripcio geológico-minera de las provincias de Murcia y Albacete*, Murcia, 1868, t. XXII). Je n'ai pu me procurer à Madrid ces divers ouvrages. La Bibliothèque Nationale est très pauvre en ouvrages relatifs à l'archéologie en général, et en particulier à l'archéologie espagnole.

artistique. Mais souvent il faut beaucoup de bonne volonté pour identifier la plus noble conquête de l'homme, et je n'affirmerai même pas caté-
goriquement que les figures 336 et 337 représentent des coursiers ;
l'un a une tête de chien et l'autre une tête de canard à laquelle
on aurait piqué des oreilles. A part cela, je ne constate rien de bien
notable, si ce n'est l'exagération très réaliste du sexe du petit cheval
n° 33o.

M. Mélida reconnaît une girafe dans une figurine d'animal à long col
et à hautes pattes, et il peut bien avoir raison. Cependant, je suis étonné
que l'auteur, s'il a voulu faire une girafe, n'ait pas mieux marqué ce
trait caractéristique que l'arrière-train est beaucoup plus bas, chez cet
équidé, que le garrot. Ce n'est là peut-être qu'un cheval mal modelé
(Fig. 335)[1]. De même, pour M. Mélida, le petit animal figuré sous le
n° 332 est une panthère interprétée d'une manière très fantaisiste. Ici
encore, je songe à reconnaître plutôt un cheval, dont la tête serait très
grossièrement dessinée ; les pattes et la queue ne me semblent pas bien
convenir à une panthère[2].

Le sanglier a mieux inspiré nos imagiers. Les trois que j'ai vus au
Musée de Madrid (Fig. 341, 342, Pl. III)[3], bien que très conventionnels,
ou plutôt très peu naturels, ont une silhouette assez juste, et l'on sent
qu'il serait fâcheux de recevoir un coup de leur boutoir. L'un d'eux
(Pl. III) a sur le dos un appendice étrange ; c'est une série de quatre
anneaux irréguliers, dont je ne comprends pas l'usage ; ils sont peut-être
purement décoratifs et n'ont pas d'autre valeur que les trous du même
genre que nous verrons plus tard disposés au-dessus du dos de quelques
animaux montés en fibules. Ce sanglier, par l'aspect général et la lour-

---

1. Collection Vives, *Revista de Archivos*,
1900, p. 160, pl. VIII, n° 38. Hauteur 0ᵐ,081.
Patine noire. Provenance inconnue.

2. *Ibid.*, p. 161, pl. IV, n° 48. Hauteur
0ᵐ,050. Provenance inconnue. Ce n'est pas
un ex-voto, mais un ornement d'applique,
comme l'indique la plinthe rabattue par derrière à angle droit.

3. Fig. 348. Musée de Madrid, 3773 (Collection Salamanca).

Fig. 342. *Ibid.*, n° 3775 (id.).
Pl. III. *Ibid.*, n° 3082 (id.).
Il existe à l'Académie de l'Histoire un autre
sanglier haut de 0ᵐ,116 avec le socle sur
lequel il est posé, long de 0ᵐ,21, et épais de
0ᵐ,10. Il est d'un beau bronze, avec une patine claire. Sur le dos il avait des anneaux
comme celui de la pl. III, mais ils sont brisés.
Il a été trouvé à Leon, et donné à l'Académie
par D. Modesto Lafuente.

deur de sa masse, rappelle les célèbres *cerdos* d'Avila, dont j'ai parlé en leur lieu.

Fig. 340-345. — Petits animaux en bronze. (Provenances diverses.)

Donnons en passant une mention à un petit porc qui appartient à l'Ayuntamiento de Palencia, où je l'ai photographié. L'auteur a si mala-

Fig. 346. — Tessère de bronze en forme d'animal.

droitement indiqué la fente des sabots de la bête, qu'il semble marcher sur huit courtes pattes (Fig. 344). N'oublions pas enfin cette tessère trouvée à *Los Fosos de Bayona,* dans la province de Cuenca, en 1876, et qui, selon MM. Aureliano Guerra, Heiss et Hübner, représente la moitié d'un sanglier. Suivant leur croquis même, je préférerais y voir une moitié de cheval ou de taureau ; mais je n'ai pas vu le bronze original. Il faut remarquer que la gueule est entr'ouverte (Fig. 346) [1].

1. A. Guerra, *Boletín de la Academia de la Historia,* I, p. 132 ; A. Heiss, *Gazette archéologique,* 1888, p. 320 ; E. Hübner, *Monumenta linguæ ibericæ,* nº XXXIX.

Los Fosos de Bayona ne se trouvent pas sur les cartes. Voici exactement, d'après Hübner, la situation de ces ruines : « Lieu désert entouré de murs, avec six portes et des restes d'édifices, appelé aussi *Villavieja,* ou *la Redonda,* dans la province de Cuenca, près de *Huete,* entre *Montalbo* et *Sahelices, el Hito* et *Rozalén.* » C'est donc tout près de *Cabeza del Griego.*

Toutes ces figurines ont un caractère archaïque, ou, si l'on aime mieux, populaire. Au contraire, un sanglier qui appartient depuis longtemps au Musée de Madrid (il faisait partie de l'ancien fonds de la Bibliothèque Nationale) et qui servait très probablement de couronnement à une enseigne de guerre est une véritable œuvre d'art, exécutée avec beaucoup de soin. C'est vraiment la première figurine qui mérite le nom de belle parmi celles que j'ai jusqu'à présent passées en revue [1]. L'animal est solidement campé en arrêt sur ses quatre pattes, l'arrière-train un peu baissé ; il dresse la tête, dresse les oreilles et ouvre la gueule toute large ; sa queue se retrousse et les soies se sont hérissées tout le long de son épine dorsale. Tout le corps est couvert de poils durs, librement indiqués par le burin. Les formes sont nettes, vigoureuses et justes, sauf le groin qui est très maladroitement figuré. Il est fâcheux que la douille destinée à recevoir la hampe de l'enseigne traverse la plinthe et vienne s'appliquer sous le ventre de la bête, qui sans cela serait beaucoup plus légère et d'aspect plus décoratif. Telle qu'elle est, l'œuvre a du mouvement, de la vie et de la vérité, trois qualités nouvelles dont jusqu'à présent les bronziers de ce pays semblaient peu susceptibles. Du reste, il ne peut y avoir d'hésitation ; l'objet est bien de fabrication espagnole. Ce détail de la gueule ouverte, sur laquelle je reviendrai, est une preuve presque certaine ; mais je ne dis pas que la date de l'enseigne ne soit pas beaucoup plus récente que celle des ex-voto (Pl. V, n° 6).

Parmi les autres animaux de bronze, j'ai noté trois béliers : l'un, qui est au Musée de Madrid, a été trouvé dans la région de Ségovie ; il est tout à fait barbare et difforme et n'a d'intéressant que la façon dont la laine est indiquée par le burin (Fig. 347) [2]. L'autre, de la collection Vives, est plus mauvais encore, s'il est possible ; son corps est bas et long, son cou démesuré, son museau trop pointu, et les poils de la laine ne sont pas indiqués sur la peau lisse. Entre ses pattes de devant,

1. N° 10349. Voy. *Museo Espagnol de Antigüedades*, t. II, p. 91, *Enseñas romanas del Museo arqueológico nacional* (D. Fernando Fulgosio). Hauteur 0ᵐ,16.

Cean-Bermúdez (*Sumario*, p, 39) signale à *Alcala de Gisbert* (Castellon), ou plutôt dans les environs, sur le territoire de *Corral del Royo*, quatre urnes cinéraires & des idoles de bronze en forme de *cerfs*, etc., le tout découvert dans des ruines en 1791.

2. N° 3071.

sur le socle, M. Mélida a fait remarqner qu'il se trouve un objet, probablement symbolique, semblable au lotus (Fig. 350)[1]. Le troisième est

Fig. 347-351. — Animaux de bronze. (Provenances diverses.)

assurément le meilleur, bien qu'il soit encore fort médiocre ; il se trouve

1. Collection Vives, *Revista de Archivos*, 1900, p. 162, pl. VIII, n° 50. Hauteur 0ᵐ,055. Provenance inconnue.

au Musée provincial de Burgos, où il est donné comme provenant de Sasamon. La laine est indiquée par des ondulations qui cerclent le corps ; la tête est levée et l'animal semble bêler. Les pattes surtout sont mauvaises, courtes et massives, en forme de piliers.

La chèvre pouvait difficilement faire défaut à la collection ; c'est un animal qui devait se plaire autrefois comme aujourd'hui dans les sauvages sierras. Joachim Costa, dans ses *Estudios ibéricos,* parle de petits ex-voto en bronze représentant des chèvres, et en particulier d'une chèvre découverte en 1885 au couchant de Cáceres et qui appartenait au marquis de Castro Fuerte. Celle-là n'était peut-être pas une œuvre ibère, car elle portait une inscription latine. Cependant il la rapproche de deux figurines trouvées en Alemtejo et que les figures 353 et 354 reproduisent d'après M. Cartailhac. On voit qu'elles sont d'un travail assez poussé, sans être de formes bien naturelles. Ce qui a surtout occupé l'artiste, c'est la représentation des longs poils au moyen de traits incis. On ne devine pas trop pourquoi les pattes de la première sont ainsi prolongées et réunies[1]. Je me de-

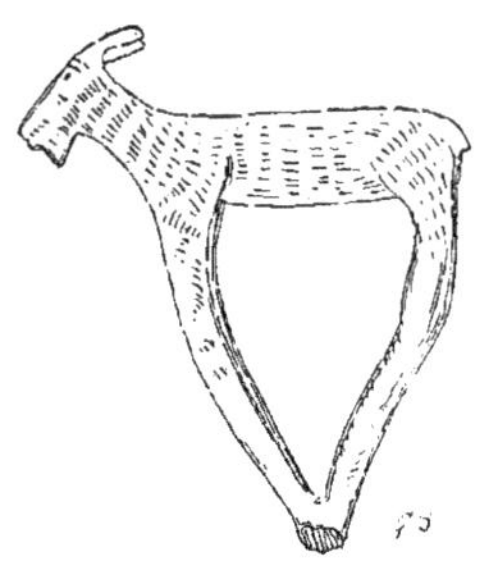
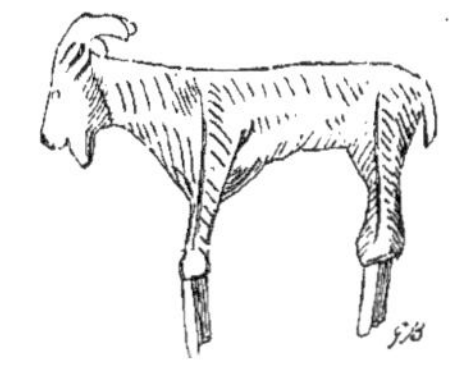

Fig. 353 et 354. — Chèvres de bronze. (Alemtejo.)

mande d'ailleurs s'il faut avoir une absolue confiance dans les dessins de M. Cartailhac, car M. Leite de Vasconcellos a donné les mêmes images dans *O archeologo Português* (V, p. 299, 300, Fig. 4 et 5), et les figurines y apparaissent beaucoup plus grossières. Il y en a ajouté une autre (p. 298, Fig. 3) dont les pattes sont aussi posées sur

---

1. J. Costa, *Estudios ibéricos,* p. xxxii ; E. Cartailhac, *Ages préhistoriques,* p. 301, fig. 433, 434. L'auteur, dont le texte manque un peu de précision, dit que ces chèvres se trouvent « dans les Musées d'Evora et de Lisbonne », et qu'on en a trouvé deux d'à peu près semblables dans une sépulture de l'Alemtejo. Les vaches de Cáceres sont des ex-voto à la déesse *Adægina.* Voy. *Corp. Insc. Lat.,* II, supl. n° 5298 et 5299 ; cf. *O archeol. português,* V, p. 299. Je ne serais pas étonné, d'ailleurs, que ces figurines ne fussent plutôt préhistoriques qu'ibériques.

quatre tiges réunies par en bas ; les cornes manquent, et l'on dirait un chevreau plutôt qu'une chèvre. Dans le même article figurent encore deux bronze, l'un, provenant de *Redondo*, ressemble à un bélier plus

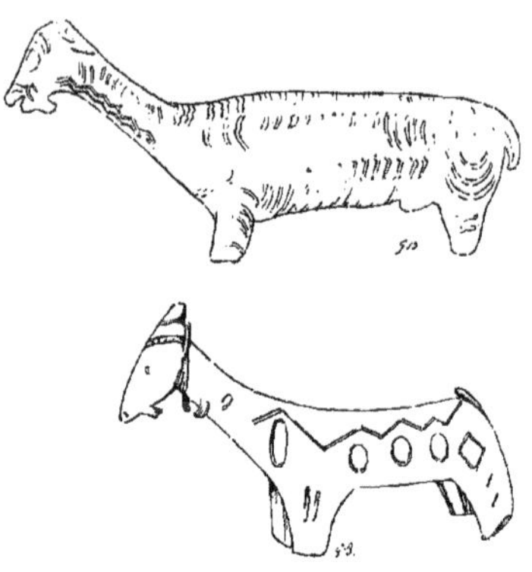

Fig. 355 et 356. — Petits bronzes d'origine lusitanienne.

qu'à un bouc, si l'on considère la toison, mais la barbiche ne laisse aucun doute (Fig. 355) ; l'autre représente bien une chèvre ; sur son corps très primitif sont gravés des zigzags, un losange et des ronds, d'un très maladroit et très rudimentaire système géométrique. Il a été trouvé en 1886 à Santa Cruz (concelho d'Almodovar) (Fig. 356). Enfin, M. Leite de Vasconcellos signale au Cabinet numismatique de la Bibliothèque Nationale de Lisbonne deux autres figurines, dont l'une est semblable au bouc de Redondo et dont l'autre, plus petite mais de même style, a une tige fixée sur le dos ; cette dernière provient de Beja.

Le faon apparaît une fois à Madrid. La statuette, trouvée à Puente-Genil, a ceci de très particulier que sa tête est en argent, tandis que le reste du corps est en bronze ; le corps est de forme très peu réelle ; les jambes, retournées en avant, sont trop courtes ; l'animal est ithyphallique (Fig. 349)[1].

C'est aussi de Puente-Genil que provient la très curieuse panthère de bronze incrustée d'argent qui, de la collection de D. Rafael Moyano Cruz, est passée dans celle de M. Vives. Les petites plaques d'argent indiquent les taches du pelage de la bête fauve ; les parties de bronze étaient peut-être dorées. J'avoue qu'il y a dans mon esprit quelques doutes sur la légitimité de cet objet si nouveau en Espagne ; mais je me souviens néanmoins que les Ibères ont connu l'art d'incruster métal sur métal ;

1. No 3801. Signalé par M. Mélida, *Collection Vives*, dans *Revista de Archivos*, 1900, p. 162.

les publications récentes de M. Heuzey prouvent que l'Orient a aimé ce procédé aussi bien que l'Égypte et la Grèce mycénienne, et il se peut fort bien qu'un imagier d'Espagne en ait voulu faire son profit (Fig. 348)[1].

La planche V, n° 5, représente probablement un chien, la queue retournée en trompette et faisant anneau. L'animal est couché, à moins qu'il ne soit au contraire lancé au galop ; l'objet servait à quelque usage tout en restant décoratif[2] ; la figure 351 est l'image d'un petit animal difficile à identifier, peut-être une taupe, pelotonné sur lui-même[3].

Enfin, les rudes artisans dont l'œuvre passe sous nos yeux n'ont pas négligé de représenter des animaux chimériques. En particulier il y a en grand nombre dans toutes les collections de petits bronzes qui représentent deux têtes et avant-corps de taureaux ou de vaches accolés en sens inverse ; j'ai photographié à l'Ayuntamiento de Palencia un mélange analogue formé de deux protomes sommaires de chevaux (Fig. 352)[4].

*
* *

Cette multitude de figurines a un trait commun, qu'ont aussi les statuettes d'hommes ou de femmes : elles sont d'un style lourd et d'un faire rond et mou. Ce qui domine, c'est une absence presque complète d'observation ; la nature est pour tous ces fabricants sans originalité comme si elle n'existait qu'à travers des apparences vagues. Ils se contentent et contentent leur clientèle au moyen de vieilles formules routinières ; ils ne cherchent à perfectionner ni la forme de leurs modèles, ni la technique de leur métier. Bien rarement ai-je pu constater quelque velléité d'art et

1. J.-R. Mélida, *Revista de Archivos*, 1897, p. 374, pl. XI ; 1900, p. 161, pl. VIII, n° 49. Hauteur 0ᵐ,031.

2. Musée de Madrid, n° 3091 (collection Miro).

3. *Ibid.*, n° 8103. Provient de Palencia.

4. J'ai publié (T. I, fig. 79) un ornement fort curieux *de la collection des marquis de Lendinez, à Elche* ; il est formé de deux espèces de chimères cornues et barbues assises sur leurs pattes de derrière, tandis que leurs pattes de devant, rapprochées l'une de l'autre, s'appuient sur un même support ; elles sont vues de profil, mais retournent la tête qui se présente de face. Le motif, oriental ou mycénien, est très gracieux et arrangé de façon nouvelle. Mais l'aspect héraldique, l'ingéniosité de la disposition, la sveltesse et la finesse des formes m'ont décidé à ranger l'objet parmi les produits certains de l'industrie indigène fortement imprégnés d'influences étrangères. L'objet appartient aujourd'hui à M. Vives.

quelque souci d'un travail délicat. Quand ils se sont trouvés livrés à eux-mêmes, sans autre préoccupation que de fabriquer des idoles et des ex-voto conformes à la tradition et à la foi, les imagiers n'ont montré qu'un goût enfantin sans aucun désir de progrès.

Cependant, je connais au moins une exception ; c'est un petit chien qui a été trouvé à Alcobaça et qui appartient à M. Vieira Natividade

Fig. 357. — Petit chien de bronze.
(Alcobaça.)

(Fig. 357)[1]. L'animal est d'une facture très lourde ; ses pattes sont difformes, et la valeur esthétique du bronze, si l'on ne considère que le dessin et le modelé, est plus que médiocre ; mais, ce que nous n'avions pas constaté encore, il est d'un mouvement très vrai, très juste et pittoresque ; blessée ou menacée, la petite bête s'enfuit, la queue basse — par une étrange fantaisie, cette queue s'est même enroulée autour de la patte droite de derrière — mais il retourne la tête contre son agresseur, en hurlant ; il semble même qu'il traîne péniblement une de ses pattes de devant brisée ou estropiée. M. Leite de Vasconcellos, qui a donné de cette figurine la mauvaise gravure que je reproduis, la classe parmi les œuvres romaines ; je ne suis pas de cet avis, car j'y retrouve le style rond et mou dont les pages précédentes ont montré tant d'exemples ; les bronzes romains, même les pires, sont toujours d'un travail plus dégagé, plus alerte, plus savant. Ici, du moins, l'artiste ibère a racheté la torpeur de sa main par des qualités de franc et de bon réalisme ; à ce titre, il méritait une mention honorable.

*
* *

Malheureusement, lorsque les Ibères ont voulu imiter les modèles que leur a fait connaître l'importation grecque, pouvant suivre et devant même suivre les conseils qui leur étaient ainsi indirectement donnés, jouissant d'ailleurs d'une liberté d'allure inconnue jusque-là, ils n'ont pas beaucoup

---

1. Leite de Vasconcellos, *O archeologo portugués*, V. p. 80, fig. 4 ; cf. I, p. 104, et s.

mieux réussi ; quelques œuvres qui nous ont été conservées ont bien certain
mérite pourtant, mais sans toutefois nous permettre d'espérer qu'un jour
soit découvert un bronze qui puisse être mis en parallèle avec les plus belles
statues du Cerro de los Santos, à plus forte raison avec le buste d'Elche.

C'est que les imitations ibérico-grecques ou ibérico-romaines gardent
ce vice originel de la lourdeur et de l'em-
pâtement. Voici, par exemple, un objet
de bronze inédit que j'ai photographié
dans la collection municipale de Palencia.
C'est une figurine qui servait de manche
à quelque ustensile. Elle représente un
homme nu, qui supporte de la tête et des
mains, à la manière des caryatides, une
grosse torsade appliquée sans doute, à
l'origine, au bord de l'objet à soulever.
Les pieds s'appuient sur une courte tige
de bronze à laquelle est appendu un petit
buste féminin émergeant de feuillages
(Fig. 358). Ce type de manche est bien
connu ; il est emprunté à l'art grec
archaïque, qui a multiplié pour servir de
pieds de miroirs et d'anses de récipients
les Aphrodites et les Apollons. On sait à
combien de jolies figurines a donné naissance ce motif gracieux ; l'Acropole
d'Athènes en a fourni de charmantes en
assez grand nombre. Le Musée archéologique de Madrid en possède un spécimen

Fig. 358. — Manche d'ustensile.
(Palencia.)

qui a du mérite et que je me plais à reproduire ici. Le personnage étant
un homme, il peut servir d'instructive comparaison avec celui de
Palencia (Fig. 359)[1]. On voit ce que l'artiste espagnol a fait de l'élégant
jeune homme grec, si fin sous la palmette qu'il supporte, et si délica-

1. Musée de Madrid, n° 9915. Collection Salamanca.

tement posé sur l'amusante tête de Silène qui lui sert de piédestal. Nous n'avons plus sous les yeux qu'un horrible magot au visage contre nature, aux mains difformes, au torse de squelette, sans largeur, sans épaisseur, sans aucune qualité artistique d'aucune espèce. Son support est également grossier et de plus illogique.

Fig. 359. — Manche d'ustensile. (Bronze grec du Musée de Madrid.)

On peut être moins sévère pour une statuette de Minerve, que M. Vives s'est procurée à Majorque et que M. Mélida a décrite ainsi :

« Minerve debout, au repos, avec le bras droit en attitude de porter la lance, et le gauche pendant ; il manque le bouclier sur lequel s'appuyait la main. Elle est vêtue d'une double tunique ceinte à la taille ; elle se couvre de l'égide qui tombe des épaules jusqu'à la taille, et porte un casque

dont la visière est brisée ainsi que le cimier. Le cou est paré d'un collier,
et les bras de bracelets au coude et au poignet (Fig. 360)[1]. » Notre

confrère de Madrid croit que c'est là un
objet importé dans les Baléares et penche
à l'attribuer à l'art étrusque. Tel n'est
pas mon avis ; je ne trouve rien ici de
la pureté du travail des Grecs, ni de
l'habileté peu naïve des Romains, ni de
la sécheresse des Étrusques. Mais je
retrouve le peu de vigueur ordinaire des
indigènes de l'Espagne ; c'est l'œuvre
d'un Ibère travaillant d'après quelque
modèle grec ou gréco-romain. C'est par
centaines que l'on trouverait à rapprocher
des images de Minerve de celle-ci, mais
je ne crois pas que l'on puisse en citer
une dont le style et la facture la rappellent
avec précision ; je n'ai pour me fortifier
dans ce sentiment qu'à examiner le modelé flou du visage, la rondeur des mains
et des bras, le plissement mou et superficiel des tuniques, l'indécision des ornements de l'égide.

Une des plus importantes statuettes
ibériques qui aient été conservées, et
dont M. Vives est encore l'heureux pos-

Fig. 360. — Minerve ibérico-grecque.
(Collection Vives.)

sesseur, est plus intéressante encore — c'est une autre Minerve — car
elle permet de saisir l'effort du sculpteur pour modifier et transformer à
la mode et au goût de son pays les données d'un art étranger (Pl. IV)[2].

1. Collection Vives, *Revista de Archivos*,
1900, p. 70, n° 3. Patine verte. Hauteur
0^m,15.

2. *Ibid.*, p. 27, n° 1, pl. I. Hauteur
0^m,234. Patine vert clair ; M. Vives a acheté
la figurine à Madrid, comme provenant d'An-

dalousie. Voici la description de M. Mélida :
« Athéna. La tête est coiffée du casque de
cuir ; elle est vêtue d'une tunique et s'enveloppe dans un manteau qui ne forme pas de
plis, sur lequel elle porte à l'épaule, pendante
à deux courroies qui, depuis les épaules, des-

L'identification n'est pas douteuse. Quelle autre divinité féminine pourrait être représentée le casque en tête, tenant la lance et le bouclier ? Je ne connais pas, pour ma part, de représentation de la guerrière qui ressemble exactement à celle-ci ; mais tous les traits caractéristiques d'Athéna se retrouvent si l'on veut y regarder avec attention. Seulement chacun de ces détails est interprété à l'espagnole. Le casque est réduit à une sorte de calotte conique, assez relevée sur le front et tombant bas sur la nuque et derrière les oreilles ; sur la poitrine s'étale un double ornement passé autour du cou, qui doit être une interprétation de l'égide ; le disque posé contre la hanche gauche est le bouclier qui ne quitte presque jamais la déesse ; mais ce bouclier, au lieu d'atteindre la taille du grand bouclier grec, se réduit aux proportions modestes du bouclier ibérique, tel que nous le font connaître les soldats lusitaniens de Portugal, les petits bronzes de la collection Saavedra et nombre de monnaies. Il est absolument certain que dans le trou de la main gauche passait la haste de la lance ; quant à la main droite étendue, ne savons-nous pas que la Parthénos portait ainsi la Niké ? Ou, si l'on veut, rappelons-nous que mainte image de la déesse nous est connue, qui tient une chouette posée sur la paume de sa main tendue. Cette attitude immobile du corps étroitement drapé, c'est l'attitude d'Athéna au repos. Mais la draperie sans plis rapproche plutôt la statuette des figurines ibériques que des grecques, sans compter que la tunique qui, dans l'art classique, est presque toujours qualifiée de talaire, s'arrête ici bien au-dessus de la cheville. M. Mélida a fait très justement remarquer que le type du visage est proprement ibérique, surtout quand on le regarde de profil ; je reconnais un front fuyant, un nez gros et busqué, des lèvres épaisses, un menton lourd, d'énormes yeux à fleur de tête que j'ai déjà vus. J'ajoute que les fautes même de la forme, comme la petitesse du bras gauche trop

cendent sur la poitrine et qui sont ornées de disques rappelant ceux d'or repoussé de Mycènes, l'égide ou manteau défensif de peau de chèvre avec, dans les creux, deux glands qui, peut-être, veulent être des têtes de serpents. Avec la main gauche, où manque la lance, modelée à part, elle soutient le bouclier qui

est petit et rond ; la main droite est levée et disposée comme si elle avait supporté sur le revers quelque chose de léger, peut-être la chouette d'Athéna. La femme est au repos et appuie les pieds sur une plaque. La figure est composée de deux morceaux. »

MINERVE IBÉRIQUE

STATUETTE DE BRONZE DE LA COLLECTION VIVES, A MADRID

court et la maladresse technique, comme le raccord des deux pièces
coulées à part qui constituent la statuette, sont autant de témoins irré-
cusables. Un document de ce genre nous fait saisir et comprendre avec
une extrême netteté les procédés et la valeur de cet art d'imitation.

Les Romains, que les Ibères ont connus plus tard, n'ont pas mieux
inspiré leurs imitateurs ; les exemples qui prouvent ce fait ne sont pas
rares. Le plus typique est peut-être
une figurine provenant de Campo
de Criptana (province de Ciudad
Real), qui appartenait en 1897 à
D. José J. Sanchez Villacañas. M. Mélida, qui l'a publiée avec beaucoup de
soin, veut y reconnaître un peson de
balance romaine à cause de la bélière
placée au-dessus de la tête, et où sont
encore attachés deux maillons de
chaine ; mais plus simplement on
peut la qualifier d'amulette. M. Mélida
croit que le personnage pourrait être
une divinité ibérique analogue au

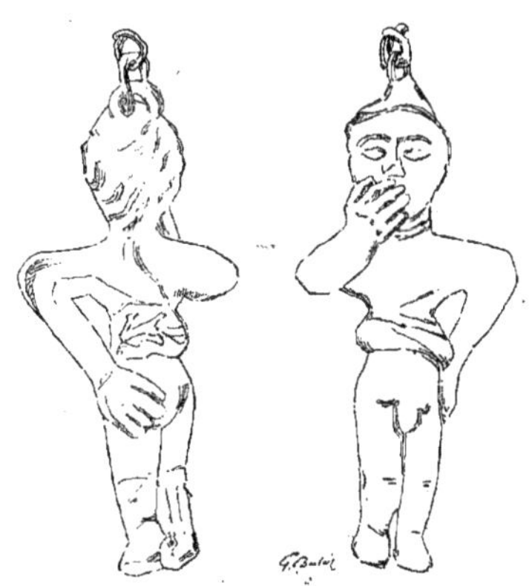

Fɪɢ. 36ı. — Figurine ibérico-romaine
de Campo de Criptana.

Cabire médecin ; mais l'ingéniosité subtile de ses observations ne m'a
pas convaincu. Pour moi, l'attitude du personnage, qui de chacune de
ses mains bouche une des ouvertures naturelles par où peuvent sortir des
sons du corps humain, prouve sans doute possible que l'idole n'est autre
chose que l'image du double masculin d'Angérona, une sorte de succé-
dané du petit dieu du silence, Harpocrate. C'est là une figure dont l'idée
et le culte ont été certainement importés en Espagne par les Romains.
Les représentations d'Angérona et de son parèdre mâle sont fréquentes[1], et
M. Mélida en cite même un spécimen de provenance inconnue au Musée
archéologique de Madrid[2]. Comme, d'autre part, le bronze de Criptana

[1]. Voy. par ex. Salomon Reinach, *Clarac
de poche*, II, p. 487.

[2]. N° 9609. Le chanoine Lozano a donné
le dessin d'une Angérone dans son *Histoire*
de *Jumilla* et dit que la figurine a été
trouvée dans cette ville même. La mauvaise
image ne permet pas de juger le style.

ne peut être qu'ibérique, à cause du caractère lourd et maladroit du modelé et de la facture — il nous est difficile maintenant de nous y tromper — il faut bien admettre que l'objet n'est que la traduction espagnole d'un objet importé, d'un modèle romain. Et force est de constater que les exemples d'un art arrivé chez les conquérants à un développement très raffiné n'ont eu sur l'art des vaincus qu'une influence très médiocre. A supposer même que les objets introduits en Espagne n'aient qu'une valeur secondaire d'industrie d'exportation, ce qui n'est pas toujours exact, comme en font foi de fort jolis bronzes conservés à Madrid et ailleurs, du moins ces objets étaient-ils infiniment supérieurs aux lamentables ébauches du genre de l'idole de Gulina, et cette idole, en somme, n'est pas très inférieure à l'amulette de Campo de Criptana, avec ses mains et ses bras énormes et difformes, son torse court, ses jambes tordues (Fig. 361)[1].

Une petite image d'Amour ailé ne nous réconcilie pas avec cet art d'imitation (Fig. 362)[2]. Le petit dieu qui a si délicatement inspiré l'art classique, et dont la figure est une de celles qui rendent les plus attrayantes par leur charme et leur grâce les collections de terres cuites et de petits bronzes, est devenu sous les doigts du modeleur ibère une sorte de gnome plus large que haut, à l'air effaré et grotesque. Je ne sais trop ce qu'indique la tige placée sous sa main droite ; c'est peut-être tout simplement une détestable représentation de la massue d'Hercule. Le bonnet en tronc de cône est sans doute une adjonction de l'auteur au modèle qu'il avait sous les yeux

Fig. 362. — Amour ibérico-romain.
(Musée de Madrid.)

ou dans l'esprit ; on sait le goût des Ibères pour ces hautes coiffures. Peut-être aussi s'est-il fait chez l'auteur une confusion facile entre quelque image de Dioscure enfant et celle du jeune Éros.

1. J.-R. Mélida, *Revista de Archivos*, 1897, p. 150, D ; pl. VI, n° 2. Hauteur, 0ᵐ,08 ; poids, 83 grammes.

2. Musée de Madrid, n° 2667, legs Saavedra. Il existe une autre statuette du même type, sauf que la tête n'est pas surmontée du bonnet.

FIGURINES ET FIBULES EN BRONZE

C'est aussi une très laide et très maladroite imitation d'un joli sujet hellénistique, cette petite Victoire debout sur une boule et levant de la main droite une couronne, dont M. Leite de Vasconcellos a donné une image ; elle a été trouvée en Portugal, à Alcobaça, comme le chien blessé que j'ai déjà décrit : mais quelle différence entre les deux objets ! Ici, à supposer que l'image soit fidèle, il faut quelque bonne volonté pour reconnaître la déesse légère, ailée, délicate qui dut servir de modèle au rude fondeur espagnol (Fig. 363 [1]).

Fig. 363. — Victoire ibérico-romaine d'Alcobaça.

La vue des trois figurines ibérico-romaines que je connais encore est un peu moins pénible.

N'étaient le visage, où les traits sont mous et indistincts, le cou, dont la forme rappelle celui du cavalier de la figure 278-279, l'imprécision anatomique des bras et du torse, et cette négligence du fini et de la finesse que j'ai si souvent reprochée à nos fabricants de bronzes, le personnage tenant une patère que je publie après M. Mélida aurait pu passer pour une œuvre romaine (Fig. 364) [2]. Le geste, aussi bien que le costume — une cuirasse par-dessus une tunique qui dépasse en jupon — rappellent de nombreuses statues et statuettes trop connues pour qu'il soit utile d'y insister.

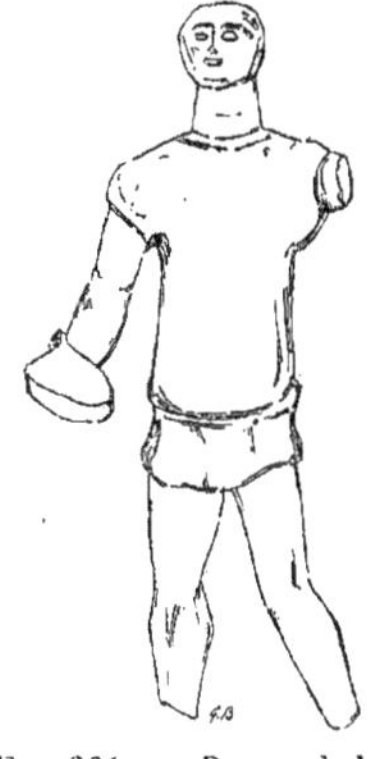

Fig. 364. — Bronze de la collection Vives.

La seconde statuette est un peu meilleure, sans être vraiment bonne.

<hr>

1. *O archeologo portugués*, V. p. 81, fig. 5.

2. Collection Vives, *Revista de Archivos*, 1900, p. 407, n° 63, pl. XI. Hauteur, 0ᵐ,145. Provenance inconnue. Deux trous très visibles sur la clavicule gauche indiquent qu'il y avait là quelque ornement travaillé à part et fixé par des chevilles.

Je l'ai photographiée à l'Ayuntamiento de Palencia, où elle est conservée[1]. Le personnage représenté est un gladiateur debout, bien planté
sur ses jambes écartées, tenant une lance en arrêt vers la gauche et la
tête tournée légèrement de ce même côté; il a la tête nue, ainsi que le
torse et le bras droit. Mais il porte, de la ceinture à mi-cuisses, une sorte
de petit jupon, et son bras gauche est enroulé dans une longue lanière,
de même que le poignet; juste au-dessus de l'épaule gauche, il porte
une épaulette verticalement dressée. On ne distingue pas trop s'il a les

Fig. 365 et 366. — Gladiateur. (Bronze ibérico-romain de Palencia.)

jambes nues avec des brodequins, ou bien des pantalons serrés à la cheville par un double anneau. Le caleçon, par devant, est orné d'un triple
chevron qui sans doute figure une pointe de l'étoffe retournée à l'extérieur; par derrière, il semble seulement que l'étoffe soit une étoffe à
grosses côtes verticales, une sorte de tricot. Pour assurer l'équilibre du
gladiateur, on lui a planté à la chute des reins une tige qui vient se fixer

1. Hauteur, 0^m, 12. Trouvée *Calle del Barrio nuevo*. La lance est antique, mais ajoutée. On peut dire que cette figurine est inédite, bien que M. Ramón Alvarez de la Braña en ait donné une très petite image au milieu d'autres objets, bronzes ou vases, de la même collection (*Boletín de la Sociedad castellana de excursiones de Valladolid*, I, p. 21).

sur la plinthe circulaire. C'est un procédé d'une naïveté enfantine et une
peine bien inutile (Fig. 365 et 366).

Aucun de ces traits n'est nouveau. Notre gladiateur ibère porte le
subligaculum , la *manica* et le *galerus*. Ce serait un *Samnite,* si la *manica*
était adaptée à son bras droit, s'il avait un bouclier et un casque ; comme
la *manica* protège son bras et son épaule gauches, comme il a la tête nue,
il rappelle plutôt le souvenir des rétiaires, et c'est plutôt le trident que la
hasta qu'il faut reconnaître dans la tige qu'il tient entre les poings[1]. Il
n'y a donc pas à discuter sur la signification et l'origine du modèle qui
a servi à l'artiste espagnol, mais il faut bien insister sur ce point que
cet artiste a emprunté le motif et le type, mais qu'il est resté fidèle, ce
en quoi il a eu tort, aux traditions des ateliers de son pays ; la figurine
sortie de ses mains n'a absolument aucun intérêt en dehors de celui que
lui donne sa provenance ; elle n'est qu'un spécimen de plus d'une
industrie routinière et maladroite.

Faut-il enfin être plus indulgent pour la plus importante statuette de
cette série, un Hercule combattant, qui est devenue la propriété de
M. Vives et qu'a publiée M. Mélida (Fig. 367)[2] ? Il est certain qu'elle a
meilleure façon et que l'auteur a fait effort pour donner de la vérité aux
formes nues et de la justesse au mouvement ; mais il n'en reste pas moins
un artiste mal habile à reproduire la correcte beauté des modèles qu'il
avait vus et à l'image desquels il a voulu figurer le héros. Mais, d'abord,
quels étaient ces modèles ? Sur ce point, je ne suis pas tout à fait d'accord avec M. Mélida.

Pour lui, les traits qui caractérisent surtout cet Hercule sont qu'il est
jeune, imberbe et nu. Or, il n'y a, dit-il, qu'une époque dans l'art classique

---

1. Pour ces détails d'armement voy. Daremberg et Saglio, *Dictionnaire des Antiquités*,
au mot Gladiator. p. 1534, fig. 3575, 3578
et surtout 3579. On appelait galerus « une
sorte d'appendice en métal, fixé tout droit au-
dessus de l'épaule gauche et montant assez haut
pour pouvoir masquer complètement la tête »
(p. 1536).

2. Collection Vives, *Revista de Archivos*,
1900, p. 351, n° 55. *El Hercules ibérico-*
romano, pl. XVIII. Hauteur, 0m,173 ; patine
claire, jaunâtre. Provenance ignorée. Description : « Hercule combattant, imberbe et
nu. Il lève le bras droit pour frapper avec
la massue, qui manque, et du bras gauche,
dont la main manque également, il porte et
présente comme un bouclier la peau du lion.
Il tourne le visage du même côté. De chaque
pied sort une tige pour assujettir la figurine
sur une plinthe. »

où le héros a été représenté jeune, imberbe et nu, et c'est celle de l'art
grec archaïque. Il lui semble aussi reconnaître dans la façon dont sont
traitées les boucles de la chevelure un souvenir de la même période
artistique. Le petit bronze rappelle l'Héraclès du fronton d'Égine et des
monnaies de Thasos. Mais je crois que M. Mélida réduit trop les limites
du temps où le héros a été représenté imberbe et nu. Il y a plus d'une

Fig. 367. — Hercule ibérico-romain. (Collection Vives).

image archaïque d'Héraklès barbu, et il suffit de citer l'admirable bronze
de la Bibliothèque nationale de Paris (ancienne collection Oppermann)[1];
et d'autre part les images d'Héraclès imberbe appartenant à l'art classique sont très nombreuses ; j'en citerai un seul exemple, parce qu'il a
quelques rapports précis avec l'Hercule Vives, c'est celui que possède
la même Bibliothèque et qui provient de la collection de Luynes[2].

1. Babelon-Blanchet, *Catalogue des bron-*
zes de la Bibliothèque nationale, p. 222,
n° 518.

2. *Ibid.*, n° 519. « Hercule nu, debout.
Il est imberbe, avec des cheveux courts, la tête
ceinte d'un bandeau. De la main droite bais-

Ensuite, si le modèle qui inspira le sculpteur espagnol était un modèle grec archaïque, je ne mets pas en doute que malgré l'inexpérience manifeste de cet artiste, on retrouverait dans sa traduction quelques-uns des caractères, les plus frappants, de cet archaïsme. L'anatomie du corps serait plus nette. et plus sèche ; il serait passé au bronze un peu de ce goût pour les divisions franches et systématiques des masses musculaires ; le visage, les yeux, la bouche auraient gardé quelque chose de cette expression si particulière aux œuvres du vi^e siècle qui ne trompe pas les connaisseurs, et, dans la mode de figurer les cheveux et d'autres détails, on retrouverait le souvenir plus ou moins précis des conventions caractéristiques. Or, il n'en est rien. Au contraire la statuette, dans son ensemble, a une liberté, presque une souplesse de mouvement que n'a pas même l'Héraclès Oppermann, le chef-d'œuvre de la série archaïque ; et l'anatomie est traitée avec une aisance et un manque de parti pris que je constate, sans les louer outre mesure, car le résultat n'en est pas toujours heureux. Les cheveux, quoi qu'en dise M. Mélida, me font plutôt songer aux belles têtes d'athlètes de l'école de Lysippe qu'à la tête du Tyrannicide de Naples. Et comme je ne trouve dans le morceau aucun reflet de la grande époque classique, mais plutôt l'aisance un peu banale et routinière de l'art hellénistique, j'incline à penser que notre bronze s'inspire d'un prototype romain du style de l'Hercule de Luynes que j'ai signalé plus haut. Jusqu'à présent, je n'ai pas vu d'œuvre ibérique de cette catégorie qui donne mieux l'idée des tendances et des qualités moyennes des bronziers de l'Espagne [1]

---

sée il tient sa massue en avant. Une peau de lion mobile est placée sur son bras gauche ; l'attribut de la main, sans doute l'arc, a disparu. La jambe gauche est légèrement infléchie. Travail romain ; belle patine verte ; excellente conservation. Trouvé dans la province de Naples. Hauteur, 197 millimètres. *Coll. de Luynes.* »

1. *A Torre de Alcazar*, dans les propriétés du marquis de Acapulco, on a trouvé, en 1842, une figurine d'or, haute de 2 centimètres et demi, qui représente un enfant nu, assis, tenant à deux mains un rouleau avec inscription ibérique (De Lorichs, *Recherches numismatiques*, t. I, p. 206, tab. XXXIII ; E. Hübner, *Monumenta linguæ ibericæ*, n° XXXVIII). D'après le dessin que donnent ces deux auteurs, la statuette me paraît de style purement romain ; je m'abstiens donc de la faire figurer parmi les imitations ibériques de petits bronzes romains, mais je devais la citer.

* *

Devrons-nous donc rester sur cette impression fâcheuse que cette même race de sculpteurs à qui nous faisons honneur de quelques belles statues du Cerro de los Santos et de ce chef-d'œuvre, la Dame d'Elche, que nous avons vus habiles à profiter des enseignements de la Grèce, et capables de marcher délibérément vers le progrès, était incapable de s'élever au-dessus du médiocre lorsqu'il s'agissait de travailler le métal? Ou laissait-on à des artisans plus humbles, sans goût et sans éducation soignée, l'occupation de modeler et de fondre les ex-voto et les amulettes destinés au populaire, vils produits d'une industrie sans ambition ?

Tout cela est peu croyable, d'autant que les superbes têtes de taureaux de Costig nous ont appris que le métier de fondeur n'avait, à une époque très reculée, que très peu de secrets pour ceux qui voulaient se donner la peine de le pratiquer. Je pense plutôt que le hasard, ce dieu des archéologues, ne les a pas favorisés jusqu'à ce jour, et qu'il faut s'attendre à voir se renouveler d'un instant à l'autre, en ce qui concerne les figurines de bronze, le miracle d'Elche.

J'en suis d'autant plus convaincu qu'il existe au moins deux œuvres, dont l'une, la plus importante, est jusqu'à présent inédite, auxquelles il manque bien peu de chose pour qu'elles soient dignes de contenter les juges même difficiles.

C'est d'abord un taureau de bronze, long de 14 centimètres, qui appartient au Cabinet numismatique de la Bibliothèque de Lisbonne, mais dont, par malheur, la provenance exacte est inconnue[1]. La figurine n'est pas intacte ; les naseaux, les cornes et les jambes lui manquent ; il est facile de voir cependant que l'animal était debout, ou plutôt se cabrait sur ses pattes de derrière, les pattes de devant battant l'air. Tel qu'il est, c'est

---

1. Gabriel Pereiro, *Insignia de bronce antigua*, dans *O archeologo portuguès*, V. p. 345. L'auteur remarque que dans la gueule s'ouvre une cavité rectangulaire et profonde, qui communique avec une autre ouverture rectangulaire forée dans le ventre. Il croit que le bronze est romain et qu'il provient d'une enseigne militaire. Cf. *Revista Lusitana*, II, 92-93. Comme provenance probable, il indique seulement le Portugal.

de beaucoup la plus artistique figurine que j'aie encore notée. Bien que
le style soit très nettement archaïque, il y a dans cette œuvre une franchise d'observation et une vigueur de facture qui sont une révélation.
Sans doute il ne faut pas analyser les formes en détail ; il serait trop aisé
de critiquer le dessin et la place de l'œil, les plis parallèles du cuir sur le
cou, l'anatomie de ce qui reste des pattes de devant, les stries régulières
qui cerclent le ventre ; rien de cela n'est bien conforme à la nature.
D'autre part la pointe d'un outil dur est venue aviver avec sécheresse les
contours de l'œil, les angles des fanons plissés, détailler en traits rudes et
cassants la musculature des pattes ou du ventre. Mais, malgré ces défauts,
le bronze est vivant : la part faite aux conventions, on sent un art sincère

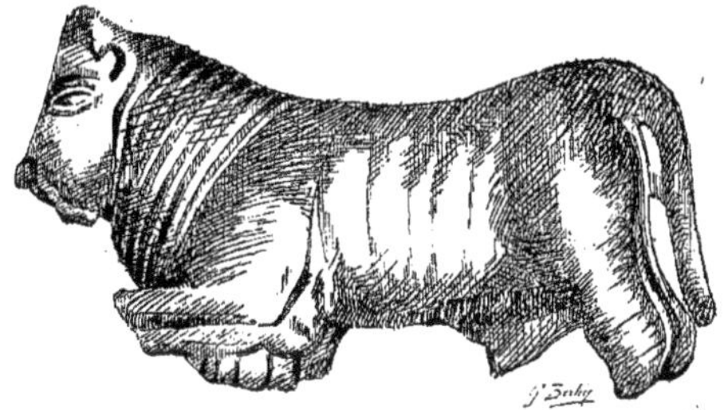

Fɪɢ. 368. — Taureau de bronze à Lisbonne.

et robuste, fait d'originale naïveté. Il évoque le souvenir du meilleur
archaïsme grec, et de fait, l'exemple de la Grèce et ses enseignements
n'ont pas manqué de profiter au sculpteur qui, par cela seul, s'est placé
bien au-dessus de ses émules indigènes (Fig. 368).

L'autre œuvre est de date plus récente : elle est par conséquent le
garant de ce qui a pu et dû être fait à une époque plus favorisée. Ce
bronze, dont je donne plusieurs images (Pl. VI, Fig. 369, 373), mérite
que je le décrive avec minutie, et le critique avec une attention toute particulière. Ce me sera d'ailleurs un plaisir de clore ce chapitre par l'étude
d'un objet vraiment artistique.

M. J. Ramón Mélida a publié dans le *Bulletin de la Société espagnole
d'excursions* un intéressant mémoire sur les représentations d'un dieu

cavalier dont le culte semble avoir été fort répandu dans les provinces du Nord-Ouest et du centre de la Péninsule [1].

L'image de ce dieu, si c'en est un, apparaît sur le revers de beaucoup de monnaies ibériques, sert à décorer un certain nombre de fibules de

Fig. 369. — Jinete de Palencia.

bronze provenant d'ordinaire de Palencia, la Pallantia antique, et se voit encore sculptée sur quelques stèles funéraires de l'époque romaine. Les plus curieux monuments où il est représenté sont une fibule appartenant aujourd'hui à D. Antonio Vives et dont M. A. Engel a donné le premier

1. *Boletín de la Sociedad española de excursiones* (agosto-octubre 1900). *El Jinete Ibérico*, par J. Ramón Mélida, de la Real Academia de Bellas-Artes y del Museo arqueológico nacional.

JINETE DE PALENCIA

STATUETTE DE BRONZE

un croquis dans la *Revue archéologique* [1], puis un petit bronze trouvé dans
la province de Badajoz, près de Cabeza del Buey (Fig. 370). J'ajoute une

Fig. 370. — Jinete de Cabeza del Buey.

figurine du Musée de Madrid, provenant de la collection Salamanca, et

Fig. 371. — Jinete du Musée de Madrid.

cataloguée sous le numéro 3 160 ; c'est le petit cheval au galop, avec son

1. 1896, t. XXIX, p. 215 ; J. Ramón Mélida, *Collection Vives*, dans *Revista de Archivos*, 1900, p. 163, n° 53, pl. IX ; cf. *El
Jinete ibérico*, p. 3. On en trouvera ici même
une image au chapitre suivant, Fig. 401.

cavalier, du style le plus primitif que représente la figure 371, et je n'ai garde d'oublier un petit Jinete inédit du Salobral.

La fibule montre le dieu à califourchon sur un cheval fantastique qui appuie ses naseaux sur une tête d'homme coupée, comme s'il la portait avec les dents. C'est l'œuvre d'une industrie tout à fait barbare, sans aucun mérite artistique ; l'homme n'a pas plus forme humaine que le cheval n'a forme chevaline. Le bronze de Cabeza del Buey est composé d'un guerrier à cheval porté sur un petit charriot à quatre roues. Le cavalier semble nu ; il porte un casque ou un bonnet conique, bran-

Fig. 372. — Jinete sur un bas-relief funéraire.

dit de la main droite un javelot ou une lance courte, et de la main gauche il tient les rênes. Le cheval est d'une forme plus naturelle que le précédent ; sa tête seule est d'un aspect étrange ; ses mâchoires entr'ouvertes ressemblent à un bec. Il est fixé sur le chariot par les quatre pattes, dans l'attitude du repos [1].

Sur les pierres tombales le cavalier est lancé au galop, la lance basse (Fig. 372) [2] ; sur les monnaies on le voit armé tantôt de la lance, tantôt de l'épée, tantôt d'un dard de chasse plutôt que de guerre ; d'autres fois il porte une palme de victoire.

1. La statuette que j'ai décrite et dont j'ai donné l'image, figures 278 et 279, et qui est le reste d'une figurine équestre, provient sans doute aussi d'une représentation du *Jinete*.

2. Pierre sépulcrale romaine provenant de *Lara de los Infantes* (Burgos). Musée archéologique national de Madrid. C'est celle du *Corpus Inscriptionum latinarum*, II, n° 2869. — D'autres cavaliers se trouvent dans la même région, à Çaraço, près de Lara (C. I. L., II, n° 2863), à Lara, *Ibid.*, n° 2868 (le cavalier, avec sa lance, en arrêt, se prépare à frapper un cerf) ; *Ibid.*, n°

2875. A Monte Cildad, près d'Aguilar del Campo (Palencia) on a aussi trouvé des stèles romaines *au Jinete* ; le cavalier est flanqué à droite et à gauche de deux croix gammées (*Boletín de la Academia de la Historia*, 1892, II, p. 536 et p. 538). A Ségovie Cean-Bermúdez, *Sumario* etc., p. 186, signale aussi une épitaphe, *en una muralla frente à Santa Cruz*, surmontée d'un bas-relief représentant une figure équestre (C. I. L , II, n° 2731). Voyez encore C. I. L., II, n° 2790 (Clunia).

Mais la représentation la plus artistique est certainement le petit cavalier trouvé au Salobral, près d'Albacete, qui appartient au Musée du
Louvre (Pl. III et Fig. 373). Le guerrier intéresse par son armement,
son casque rond, bien collé au crâne (il y manque sans doute le cimier),
son petit bouclier rond décoré d'une boule saillante au centre d'une étoile
gravée à neuf rayons, son sabre court, à la poignée caractéristique, passé
en travers de la ceinture. Il est amusant par la singularité de sa grosse

Fig. 373. — Jinette du Salobral. (Musée du Louvre.)

tête plantée sur un long cou, et de son mince corps en galette qui ondule
pour garder l'assiette et s'accommoder à la position du cheval. Quant à
ce cheval, trop petit pour son cavalier, il se cabre sur les jambes de derrière, malheureusement coupées aux jarrets, replie sous son ventre ses
pattes de devant, et s'encapuchonne. Il est à peine modelé et n'est qu'une
simple ébauche, mais son mouvement est joli, et il a de l'allure. Il faut
remarquer sa queue, formée d'une torsade, et détachée du corps par un
procédé assez habile de technique, et la plaque mince qui fait saillie en

avant de son front. Je me demande s'il faut y voir simplement une disposition originale de la touffe de poils située entre les deux oreilles, ou bien une sorte de visière destinée à protéger du soleil le front et les yeux. Telle qu'elle est, cette figurine est une des plus heureusement venues de l'art indigène.

M. Mélida conclut des exemples qu'il a cités que le *Jinete* est tantôt un cavalier combattant, tantôt un triomphateur, tantôt un chasseur. Comme la plus intéressante représentation de ce dernier type, il signale un bronze trouvé en Estremadure et conservé par un particulier de Badajoz; mais par malheur il n'en donne pas l'image; il nous apprend seulement que l'œuvre consiste en un groupe de quatre figures supportées par un socle à quatre roues : un chasseur, ayant sur la tête un casque hémisphérique et à la taille une ceinture, est monté sur un cheval orné d'une clochette; il poursuit un sanglier auquel s'attaque un chien.

Enfin M. Mélida regrette de ne pas avoir pu retrouver les traces d'un *Jinete* en bronze, sans casque, tenant sous son bras gauche la tête d'un sanglier, que M. le Pr Hübner lui avait signalé en 1898, d'après un renseignement de M. Ed.-S. Dodgson, comme appartenant à M. Jaime Pontifex Woods, de Comillas.

Le regretté Hübner a dû brouiller deux fiches, car en 1898 M. Dodgson m'a aussi signalé cette figurine, qui était alors la propriété de M. le Dr Simón y Nieto, de Palencia. C'est chez ce très aimable et très libéral collectionneur que j'ai pu l'étudier à mon aise et en prendre des photographies. Je me suis convaincu que c'est une des œuvres les plus intéressantes que l'on possède encore de l'art ibérique, mais elle soulève plus d'un problème qu'il n'est pas aisé de résoudre, et plus d'un doute peut s'élever dans l'esprit à son sujet.

M. Simón m'a affirmé que l'objet a été trouvé dans le sol, à une assez grande profondeur, à *Cubillas de Cerrato,* non loin de Palencia. Le paysan qui l'avait déterré l'avait donné comme jouet à ses enfants, et c'est ce qui explique l'usure de la patine à certains endroits où le métal apparaît plus clair et plus brillant. Cette patine est verdâtre.

Le cheval, un étalon, est petit, court, trapu, l'échine très creuse; son poitrail, sa croupe, son encolure, sont très développés. La crinière est droite et raide ; un fort toupet retombe sur le front. Le crâne est large et court jusqu'aux naseaux ; les oreilles se retournent en avant, celle de gauche même se repliant au bout, comme ayant reçu un coup. Les yeux, bien placés, sont grands, formés d'une petite boule en saillie et entourée d'une paupière où les cils sont marqués par des stries de burin. Sous l'effort de la bride, le cheval s'encapuchonne ; sa bouche est ouverte, et deux petits traits creusés à la gouge marquent des plis sur le cou, à droite et à gauche. C'est par le même procédé que sont marqués sur la poitrine ainsi que sur les jambes les principaux muscles. Ces jambes sont anatomiquement incorrectes, sans doute ; celles de devant sont arquées, mais c'est moins par suite d'une fausse conception des formes que du mouvement d'arrêt du cavalier. En général la vue du sculpteur est juste, et son travail rapide et simplifié dénote une facture originale. Si l'on regarde le cheval par derrière, il ne semble pas d'aplomb. C'est que la jambe gauche étant à peu près à sa position normale, la droite est portée en arrière, et bien que le sabot soit soulevé et exhaussé sur une excroissance de la base, la jambe étant de la même longueur que l'autre, il a fallu donner une sorte de torsion vers la gauche à l'arrière-train.

Le harnais se compose d'une bride très simple, assez large, qui semble de cuir guilloché ; il n'y a pas de selle à proprement parler, mais une chabraque. On voit, à droite, l'amorce d'une sangle qui ne paraît plus sous le ventre ; une croupière empêche la housse de glisser en avant, et une bricole de glisser en arrière. Ces deux parties sont formées d'un gallon tressé, et toute la chabraque est bordée de même[1].

Quant au cavalier, il est assis de trois quarts à peu près sur sa monture, avec aisance. Il retient son cheval de la main gauche, et de la droite porte contre sa ceinture une tête d'animal qui ressemble plutôt à un félin qu'à un sanglier, avec ses oreilles droites, ses tempes larges et son museau court. Mais il est assez difficile de préciser ; la tête est trop petite pour un tigre et ne ressemble pas non plus à celle d'un ours. Du reste le mor-

---

1. Sur une monnaie de Libia (Delgado, *Nuevo metodo de clasificacion de las medallas autonomas de España*, CLV) est représenté un cavalier dont la chabraque est identique, mais un peu plus ample.

ceau est ce qu'il y a de plus finiment traité ; les poils sont indiqués par de très menus coups de burin.

La tête, qui est large aux tempes et plate par derrière, est nue, mais couverte d'épais cheveux disposés en mèches qui se recouvrent l'une l'autre, cachant même les oreilles. Le menton, qui est saillant et pointu, est imberbe ; la bouche est très nettement dégagée, sans moustaches, et le personnage sourit assez niaisement. Le regard est net et se dirige bien en face.

Le costume est une jaquette à manches ; on en voit la fin sur le poignet gauche ; elle est serrée à la taille par une grosse ceinture, et retombe jusqu'au-dessus des genoux. Les jambes paraissent nues, mais elles ont peut-être des molletières et des brodequins sans talons, car on ne distingue pas les doigts des pieds. Autour du cou est passé une sorte de collier d'où pendent sur chaque épaule, devant et derrière, quatre ornements allongés, striés comme des coquilles. Tous ces détails sont traités avec quelque adresse, mais on ne peut s'empêcher de trouver détestables les mains qui sont énormes, avec trois doigts seulement marqués, ce qui les fait ressembler à des pattes d'oiseaux.

Fig. 374. — Tête du Jincte de Palencia.

Faut-il vraiment rapporter à l'art ibérique cette figurine de type et de style si particuliers ? M. le Dr Simón y Nieto qui l'a possédée longtemps et connaît par une longue expérience les antiquités de la région de Palencia qu'il s'attache à recueillir ; M. Hübner, qui en avait vu, je crois, la photographie et dont on sait la haute compétence ; M. Dodgson, que ses longs voyages dans les moindres replis de la Péninsule ont familiarisé plus que personne avec les œuvres des diverses civilisations du pays et qui a vu l'original ; M. Mélida enfin, d'après le sujet représenté, n'ont pas hésité à y reconnaître une œuvre ibérique. Mais il y a plus d'une difficulté.

D'abord, sans être un chef-d'œuvre, le Jincte de Palencia l'emporte de beaucoup sur la foule des petits bronzes sans mérite ou de peu de mérite que nous venons d'examiner. Si l'on ne s'arrête pas aux détails, on sent une observation heureuse de la nature, de la vivacité et je ne sais quoi de jeune et de plaisant dans la rudesse. Le petit cheval, qui dresse la queue, baisse les oreilles, courbe le col en ouvrant la bouche, et se raidit sur ses quatre pieds ; ce petit navarrais, comme il en entre si souvent en France en contrebande à travers les Pyrénées, est saisi sur le vif dans ses formes courtes et son allure robuste. La race ne s'en est pas perdue dans la vieille Castille, et je me rappelle que, traversant une rue de Palencia en sortant de chez M. Simón y Nieto, je fus tout surpris de voir trottiner devant moi un petit bidet blanc qui semblait le modèle même de la figurine que j'examinais tout à l'heure. Et le cavalier, malgré ses proportions douteuses, ses bras et son torse trop courts, son cou trop long, ses pieds trop grands, malgré ses mains informes, malgré son rire, n'est ni horrible ni grotesque comme la plupart des idoles ibériques. Il est bien assis sur sa bête ; il y a quelque souci d'expression sur son visage, de fierté dans son attitude, d'élégance dans son accoutrement. Bref, l'ensemble fait je ne sais quelle impression de statue équestre. Et quant aux détails, j'ai dit déjà que la chevelure est traitée avec une certaine habileté et que la tête d'animal que porte le personnage devant lui est exécutée avec une réelle finesse.

Donc, si le bronze est de fabrication indigène, il fait un singulier contraste avec tous les autres, et apparaît comme une exception inattendue.

D'autre part le costume de l'écuyer ne semble pas moins exceptionnel. A le regarder sans parti pris, le bonhomme ne paraît pas un antique Ibère ; il ressemble à un chevalier du moyen-âge couvert d'une armure. Sa tunique a un faux air de cuirasse, avec le collier qui s'étale sur les épaules, la nuque et la poitrine ; ses jambes ont l'air d'être bardées de fer et l'on y voit comme des cuissards, des genouillères articulées et des jambières. Si c'est un preux, c'est de plus un preux allant en pèlerinage à Saint-Jacques de Compostèle, ou revenant de la Croisade, car il porte au cou des coquilles. Si ces détails ne sont pas des apparences et sont bien observés, ne faut-il pas exclure le soi-disant Jinete de la série ibérique et le rajeunir de dix ou douze siècles au moins ?

Malgré ces objections, dont je ne dissimule pas la force, je me range pourtant à l'opinion de MM. Simón, Dodgson, Hübner et Mélida, et jusqu'à plus ample informé je ne puis reconnaître dans le cavalier de Palencia ni une œuvre du moyen-âge, ni l'œuvre d'un mystificateur moderne.

D'abord il ne peut être question de mettre en doute les renseignements donnés par M. le Dr Simón y Nieto. Il a acheté lui-même l'objet qu'il a rencontré par hasard dans un village, entre les mains d'un enfant, et il ne peut pas avoir été victime d'une supercherie de marchand ou de faussaire. On ne saurait admettre, tout au plus, qu'une fabrication déjà ancienne, et d'après quels modèles aurait alors travaillé l'artiste?

L'objet n'est donc pas moderne ; peut-il être du moyen-âge? Mais, pour l'admettre, je voudrais connaître des œuvres similaires, et je n'en connais pas. D'ailleurs, si le costume de l'écuyer peut faire illusion — notons pourtant qu'il est sans casque, sans éperons, que le cheval n'est pas couvert d'une armure, ce qui serait étrange dans l'hypothèse que j'examine — le visage riant ne saurait s'expliquer s'il s'agit d'un chevalier, non plus que le style pittoresque et le harnachement simple, presque bourgeois de la monture. Il y a bien le collier, d'où pendent, croirait-on, des coquilles de Saint-Jacques. Mais ces prétendues coquilles n'en sont sans doute pas ; les ornements en question sont allongés et non pas ronds, et les stries ne sont que des décors sommaires tracés à la gouge. Il faut bien remarquer que les cheveux sont aussi exécutés de la même manière ; ils sont traités par masses et chacune de ces masses ressemble elle-même à une coquille. Au collier pendent donc tout simplement des amulettes, à moins que le collier ne soit qu'une sorte de hausse-col un peu compliqué. D'ailleurs, à la rigueur, pourquoi ces coquilles, si coquilles il y a, seraient-elles une preuve que la figurine est moderne, puisque nous avons vu des coquilles de ce genre décorer le bouclier d'un des guerriers lusitaniens?

Que le bronze soit d'un art très supérieur à tout ce que les Ibères ont produit en ce genre, ce n'est pas une objection sans réplique. Jusqu'au jour où a été découvert le buste d'Elche, on se croyait en droit de dire que l'Espagne antique n'avait pas créé un seul chef-d'œuvre, ni possédé un artiste de grand talent. Les plus importantes des statues du Cerro de los Santos étaient inconnues ou méconnues : pour celui qui le premier a su les voir et les comprendre, pour M. Léon Heuzey, elles avaient un grand intérêt, un grand mérite historique, et aussi quelque valeur d'art ; mais tout le monde en Espagne ou hors d'Espagne les regardait d'un œil méprisant. Il a fallu la trouvaille d'Elche pour que toutes les sculptures du Cerro eussent enfin le droit de prendre leur place au soleil. Le buste d'Elche, de son côté, reste et restera peut-être encore longtemps une exception, et cependant qui a pu songer à en mettre en doute l'authenticité ? Pourquoi le bronze de Palencia ne serait-il pas aussi, jusqu'à nouvel ordre, une heureuse exception ? Ce n'est pas en Espagne, ce pays presque vierge encore, qu'il faut se hâter de fermer les séries archéologiques, ni se confiner dans une réserve de jugement et d'hypothèse trop timides. Le sol de ce merveilleux pays, à peine exploré, réserve plus d'une surprise.

Ces arguments ne suffisent pas ; il en faut de positifs, et je crois en pouvoir trouver.

Le sujet, d'abord, est bien ibérique ; il suffit de rappeler l'article de M. Mélida, très nourri de faits et de documents, sur le *Jinete ibérico*. Que l'on donne à tous ces cavaliers qu'il a énumérés les noms que l'on voudra, Pollux, Castor, Méléagre, Bellérophon, comme cherche à le faire notre ingénieux ami ; qu'on y reconnaisse le dieu de la guerre ou de la chasse, ou le mort héroïsé (ce à quoi je pencherais dans certains cas), c'est bien une divinité. Le grand nombre des images qu'on en a retrouvées, et l'usage qu'on en a fait, ce détail aussi, qu'on le hisse sur un charriot ou sur un socle à quatre roues, comme une idole, en démontrent clairement le caractère. Pourquoi le cavalier de Palencia ne rentrerait-il pas dans cette série ? Le lieu même d'origine est un indice. C'est à *Pallantia* qu'on a retrouvé presque toutes les fibules *au Jinete*. Nous devons avoir ici son image sous sa forme de chasseur.

Il y a plus ; sauf le collier — et encore savons-nous combien les Espagnols primitifs aimaient les bijoux — le costume est purement ibérique. Il ne saurait être question d'armure. Le cavalier porte tout simplement une tunique à manches, collante au torse, faisant jupe sur les cuisses, et serrée à la taille par un large ceinturon. Quant à ses jambes, si elles ne sont pas nues, elles sont vêtues de pantalons étroits, tandis que les pieds sont chaussés de brodequins. Les lignes gravées autour de la cheville et

autour de la rotule, qui donnent l'illusion de jambières et de genouillères,
sont là tout uniment, la première pour marquer le haut de la tige du
brodequin, la seconde pour indiquer la forme et la saillie de la rotule et
son emboîtement à l'articulation. Ce ne sont que des détails de technique
maladroite, des coups d'outil naïfs et mal placés. Or, cette tunique serrée
à la taille, nous savons maintenant que c'est le vêtement le plus communément porté par les Ibères, soldats ou civils, celui des statues de guerriers
Lusitaniens, celui de très nombreux petits bronzes dont j'ai publié de
nombreux spécimens, de tous les *Jinetes* dont l'image est figurée au
revers d'un nombre infini de monnaies.

Autre détail caractéristique : si quelques-unes de ces petites idoles,
représentant peut-être Néto, le Mars ibérique, portent un casque rond,
d'autres au contraire, ainsi que les grands guerriers de Lisbonne et de
Vianna, et les autres de même type, ainsi que quelques jinetes monétaires[1], quoique armés d'un poignard ou d'une lance et d'un bouclier,
ont la tête nue et les cheveux longs, comme notre cavalier. J'ajoute que
cela semble avoir été une mode ibérique que de combattre tête nue. Le
fait est étrange, mais certain, et les exemples pullulent, depuis les guerriers lusitaniens jusqu'à ceux d'Osuna, encore inédits. On sait d'ailleurs
par Strabon que beaucoup de combattants espagnols se contentaient de
s'entourer le front d'un bandeau d'étoffe[2].

J'ai déjà fait remarquer que l'homme chevauche sans étriers et sans
éperons, ce qui s'expliquerait mal s'il représentait un chevalier ; de plus
il est assis sur une housse, et non sur une selle, et c'est aussi le cas du
cavalier de la fibule de M. Vives et de cavaliers représentés sur des
monnaies. Le cheval du reste, semblable à un grand nombre de chevaux
de cette série, arrondit le cou et porte la queue au vent ; c'est comme un
signe de race. De plus il ouvre la bouche tout comme celui de Cabeza del
Buey, et aussi comme ceux des bandeaux d'or de Cáceres, ces étranges et
mystérieux bijoux que l'on a si peu expliqués jusqu'à présent, et dont je

---

1. A. Heiss, *Description générale des
monnaies antiques de l'Espagne*, pl. V, 1
(Ausa) ; pl. XIV, 3 (Calagurris Julia Nassica) ;
pl. XX, 2 (Aintzon ou Ontzan), etc., etc.

2. Strabon, III, III, 7 ... μιτρωσάμενοι δὲ
τὰ μέτωπα μάχονται. (Il s'agit plus particulièrement des Lusitaniens).

parlerai dans le prochain chapitre. Les animaliers ibères ont particulièrement aimé à ouvrir la bouche des bêtes qu'ils façonnaient; j'en
rappelle deux exemples frappants, le petit cheval de la figure 336 et le
sanglier qui servait de tête d'enseigne (Pl. V, n° 6).

Mais il y a plus; il existe au moins deux œuvres antiques, en bronze
aussi, conservées l'une au Musée de Madrid, l'autre au Musée de Saint-
Germain, dont le rapprochement avec le Jinete de Palencia s'impose,
et vient apporter un argument très fort, sinon décisif. Ce sont des cou-
ronnements d'enseignes, ou plus probablement, à mon avis, des ornements de jougs de chars. Le premier, dont la provenance est inconnue,
a passé de l'ancienne collection de la Bibliothèque Nationale de Madrid
au Musée archéologique. M. Hübner l'a signalé dans ses *Antike Bildwerke,* comme pouvant être moderne; M. Salomon Reinach, qui en a
donné une image dans son *Clarac de poche,* s'inscrit contre ce doute, et
je suis persuadé qu'il a raison[1]. J'ai eu l'occasion de regarder l'objet de
près, et ne vois aucun motif d'en nier l'antiquité (fig. 375).

C'est un petit cheval posé sur un socle carré, et que supporte une
douille destinée à fixer le sujet sur une tige. De part et d'autre de la
douille s'arrondit un col de cygne dont la tête vient soutenir le socle de
l'animal. Il y a ainsi de chaque côté de la douille un anneau qui pouvait
fort bien servir à passer des rênes. Ce qui nous intéresse surtout, c'est
que le cheval ressemble beaucoup à celui de Palencia; c'est la même
race petite et ronde, au dos ensellé, au cou puissant, aux pattes courtes,
à la crinière épaisse, à la queue relevée. Mais de plus il est harnaché
absolument de la même manière; la bride est disposée de même autour
de sa tête; il a sur les reins la même housse retenue de même par une
sangle, une bricole et une croupière[2]. Il ne porte point de cavalier.

---

1. **E.** Hübner, *die Antiken Bildwerke in
Madrid,* p. 191, note 6. — S. Reinach,
Clarac de poche, II, p. 741, 1, d'après
Museo Español de Antigüedades, VII,
p. 591. — N° 10350 de l'inventaire du Musée archéologique. Je ne pense pas qu'il y ait
lieu d'examiner l'hypothèse d'une clef de
fontaine, malgré la ressemblance avec celle de

la Bibliothèque nationale de Paris (Babelon-
Blanchet, *Catalogue des bronzes antiques
de la Bibliothèque nationale,* n° 1885; cf.
1886). Il serait trop malaisé de saisir utilement, à pleines mains, le corps du cheval.

2. Voy. supra, p. 229, note 1, l'indication
d'une housse semblable sur une monnaie de
Libia.

Quoi qu'il en soit, et bien que le bronze de Madrid soit d'un art moins personnel que celui de Palencia, qu'il donne plus l'impression d'un travail industriel fait sans effort et sans amour, les deux œuvres sont très proches parentes.

Fig. 375. — Ornement de bronze au Musée de Madrid.

Il y a sur la plinthe du cheval de Madrid un détail notable qui d'abord m'a troublé. C'est l'inscription VIVA ☧[1]. Mais, à tout bien considérer, ces lettres ne peuvent être contemporaines du bronze. Elles sont une adjonction très postérieure, dont l'incorrection même et la gravure tremblée prouvent le peu d'importance. L'objet profane a été un jour

1. *Corpus Inscriptionum latinarum*, II, 2, n° 6249.

employé à quelque usage pieux, dans une chapelle ou chez un dévot, et c'est
alors qu'il a été marqué du signe chrétien. Il y a bien des exemples de
ce genre et pour ma part j'ai vu, dans le trésor de la célèbre abbaye de
San Domingo de Silos, près de Burgos, une tête de femme en bronze,
d'époque romaine, qui, détachée d'une statuette païenne, a été longtemps
vénérée sous le nom d'*Idole de Caraço*, et sur le haut de laquelle, au
moyen-âge, on a fixé une jolie colombe eucharistique.

Le second cheval dont je veux parler, trouvé à Lyon [1], est exactement
conçu de la même manière : la silhouette de l'ornement est très semblable, et il y a des détails qui se reproduisent de l'un à l'autre comme
la tige placée contre le cheval, le tenon posé sous un des sabots relevés.
comme les cous de cygnes formant le support de la figurine. Mais le type
de l'animal est différent, et le style est tout autre : aussi sommes-nous
peut-être en droit de dire que l'un a été exécuté en Espagne, celui qui
est au Musée de Madrid, et l'autre ailleurs. Mais peu importe ; l'essentiel
est d'établir la parenté plus ou moins proche de ces bronzes avec le Jinete
de Palencia, pour en prouver l'antiquité.

Pour toutes ces raisons, je regarde le *Jinete* de Palencia comme une
œuvre ibérique, de l'époque romaine sans doute, et jusqu'à nouvel ordre
comme le chef-d'œuvre indigène de l'industrie des figurines de bronze
dans la Péninsule.

Parmi toutes les figurines de bronze que je viens de passer en revue, il y
en a plusieurs où j'ai reconnu autre chose que des ex-voto ou des idoles ;
par exemple de petits couverts de vases ou de boîtes (Fig. 323, 324. 325) :
une poignée d'ustensile, casserole ou miroir (Fig. 358) : des couronne-
ments d'enseigne ou des pointes de timon (Pl. V n° 6, fig. 375), etc., etc.
C'est une preuve que l'industrie employait souvent le bronze comme
ornement, et produisait parfois en ce genre des objets de quelque valeur.

1. Joseph Strzygowski, *Bronzeaufsatz aus
Lyon*, dans *Iahreshefte des œsterreischi-* *chen arch. Instituts in Wien*, IV, p. 201,
fig. 219.

C'est dans cette catégorie qu'il faut faire entrer un assez grand nombre

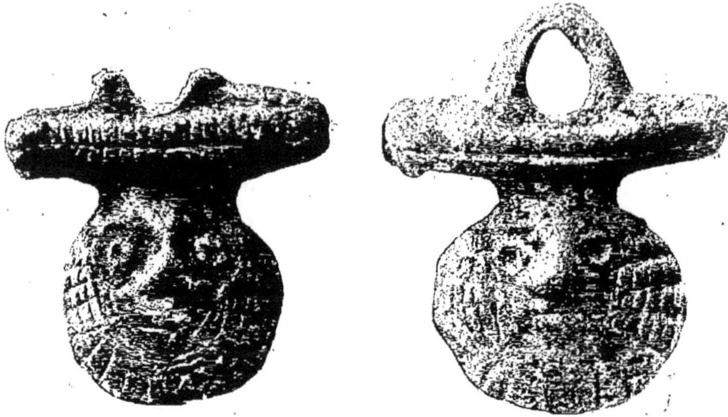

Fig. 376. — Attaches d'anses en bronze. (Musée de Madrid.)

de petites plaques de bronze découpées en rond au-dessous d'un anneau,

Fig. 377. — Attache d'anse en bronze. (Musée de Madrid.)

et dont la surface est grossièrement façonnée à coups de lime en forme
de tête humaine.

Les exemplaires que j'ai photographiés au Musée de Madrid, et qui proviennent, je crois, du legs Saavedra (ils auraient donc été trouvés dans la région de Murcie-Alicante) nous montrent, dans leur rude naïveté, ce qu'était cette décoration populaire appliquée à de modestes objets de ménage. Ces objets sont en effet, selon toute vraisemblance, destinés à être appliqués au bord des lèvres des chaudrons, pour en soutenir l'anse dont les pointes recourbées en boucles passaient à jeu libre dans les anneaux. Il y a là une fantaisie barbare, et une stylisation tout ingénue du visage humain qui ne manque pas d'intérêt (Fig. 376, 377).

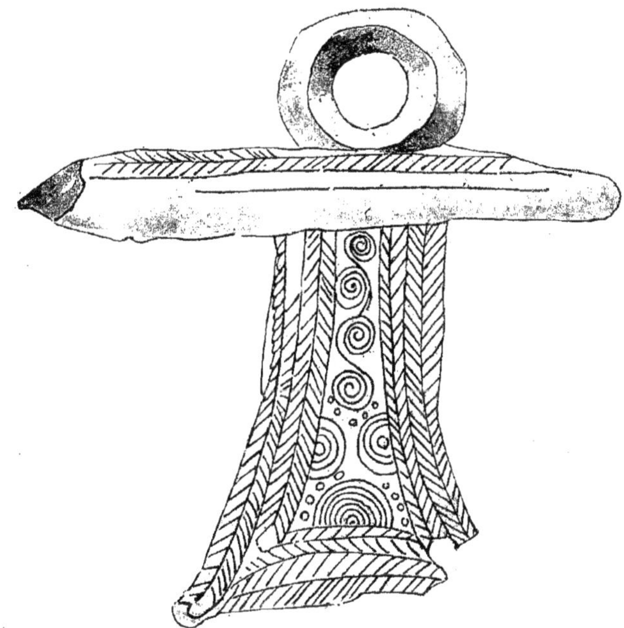

Fig. 378. — Attache d'anse en bronze trouvée en Galicie.

Du reste, ce motif n'est pas le seul, et je me plais à rapprocher de ces anneaux de suspension un autre anneau analogue, mais de conception et de style tout différents. La décoration formée de traits en relief rappelle de façon curieuse la décoration de cercles concentriques, de spirales et de rinceaux qui caractérise une très ancienne époque de la céramique espagnole, et en fait remonter les modèles jusqu'à la civilisation mycénienne (Fig. 378). Ce fragment est tout ce qui reste d'un chaudron en bronze trouvé en Galicie, à Chao de Churras, dans la paroisse de Alage y Budian, et réduit en 1871 en petits morceaux[1].

1 Villa-Amil, *Museo español de Antigüedades*, IV, p. 68, n° 14.

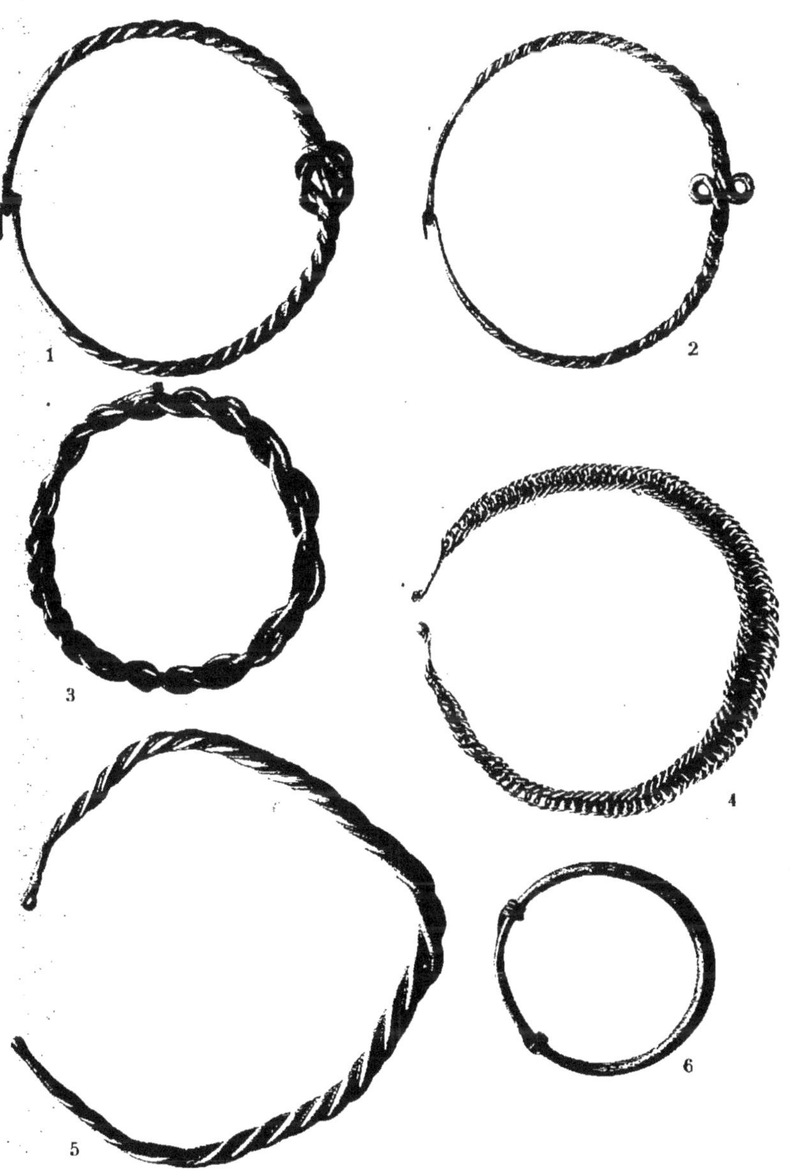

BIJOUX IBÉRIQUES EN ARGENT
MUSÉE ARCHÉOLOGIQUE DE MADRID

LES BIJOUX, LES ARMES

Si les Ibères ne semblent avoir eu qu'une habileté médiocre à fondre et à couler le métal en ce qui concerne l'art spécial de la statuette, on constate du moins, avec un certain étonnement, et non sans plaisir, qu'il n'en est pas de même en ce qui concerne d'autres industries du métal, en particulier l'industrie des bijoux et celle des armes.

Les monuments de la première classe ne laissent pas que d'être assez rares, et cela se comprend sans peine, car l'avidité des fouilleurs clandestins se porte surtout sur les matières précieuses. Tel qui, en ouvrant un tombeau, brisera en morceaux une urne magnifiquement décorée, et laissera les débris lamentablement abandonnés à tous les vents, tamisera poignée à poignée la terre où sont mélangés les ossements pour recueillir un humble anneau tout uni d'or ou d'argent. Que de joyaux d'un prix inestimable s'en sont allés et s'en vont tous les jours dans la boîte de l'orfèvre ambulant, ou sont passés dans les musées et les collections particulières sans garder le moindre souvenir de leur lieu d'origine, et sont ainsi perdus sans retour pour la science ! Aussi ne faut-il pas s'étonner que ce chapitre de notre Essai soit court et rapidement écrit. Les matériaux en sont depuis longtemps perdus ou dispersés, c'est à peine si au Musée archéologique de Madrid subsistent quelques colliers ou bracelets d'or et d'argent.

Nous n'ignorons pas, cependant, que les Ibères, les hommes aussi

bien que les femmes avaient un goût très prononcé pour tous les ornements qui rehaussent la beauté du corps ou du visage. Les plus anciennes
et les plus rudes statues de guerriers qui nous sont parvenues, celles de
Lisbonne ou de Vianna, ont le col paré du *torques*, et les bras chargés de
larges cercles que l'on doit supposer en or. A l'autre extrémité de la
Péninsule, les colliers et les bracelets manquent rarement aux effigies
viriles, aussi bien à l'âge le plus reculé où nous font remonter les sculptures
du Cerro de los Santos, qu'à l'époque ibérico-romaine. Quant aux femmes,
le luxe de leurs écrins est si riche qu'il effraye un peu notre goût. Les déesses,
ou si l'on préfère, les prêtresses du Cerro de los Santos sont parées comme
des châsses. Leur tête est immobilisée sous le poids des mitres, des
ornements de front, des boucles d'oreilles, des diadèmes à pendeloques ;
leur poitrine est pressée sous les doubles et triples colliers recouvrant les
gorgerins : leurs doigts sont surchargés de bagues qui s'enfilent à toutes
les phalanges ; et si leurs bras n'étaient étroitement enveloppés sous les
chapes massives, on les verrait sans doute serrés au coude, serrés au
poignet, serrés peut-être contre l'épaule par d'opulents bracelets.

Qu'on se rappelle les atours de la dame d'Elche : ils nous apprennent
à quelle complication de bijoux se plaisait l'élégance d'une puissante reine
ou d'une hautaine prêtresse. J'ai décrit longuement dans tous leurs détails
le bandeau posé sur le front et le diadème à pendeloques, les grands disques
couvre-oreilles qui encadrent le visage, la fibule qui rapproche sur le cou
les deux bords de la robe, le triple étage de colliers avec leurs amulettes ;
j'ai parlé aussi des variantes apportées à la forme, à la disposition, à la
grandeur, à la richesse de ces pièces diverses dans les principales statues
du Cerro ; j'ai classé les amulettes et les symboles suspendus aux cadenettes et aux colliers en torsades, les lunes, les soleils et les étoiles, sans
oublier les béliers fixés sur les poitrines, les serpents et les griffons étalés
sur le pectoral. Ce n'est pas être téméraire que de supposer tous ces
ornements et tous ces bijoux façonnés en métal précieux ; les orfèvres ne
se sont donné tant de peine que s'ils travaillaient l'or et l'argent, et il est
permis de croire que l'art d'étirer et de filer ces souples matières, aussi
bien que de les marteler et de les repousser n'avait pas de secret pour
eux.

Déjà nous avons été conduit à penser que comme les sculpteurs, les bijoutiers ibères surent accueillir les leçons du dehors et en faire leur profit. Dans ces parures magnifiques nous avons reconnu des influences d'Orient mélangées à des influences grecques et même étrusques, et comme pour les vêtements et la coiffure, une exagération tout espagnole des modes et des goûts étrangers. Combien faut-il souhaiter qu'une heureuse fortune de fouilles remette sous les yeux éblouis de quelque Schliemann les diadèmes, les couvre-oreilles, les gorgerins, les colliers et les bagues d'une Clytemnestre ou d'une Thaïs ilicitane, pour que l'on puisse mieux connaître, en maniant des bijoux authentiques, la maîtrise des joailliers qui paraient les reines et les courtisanes.

En attendant ce hasard, qui peut tarder longtemps, il faut faire un effort pour restaurer dans tout l'éclat de leur métal brillant, dans toute la finesse délicate de leurs ciselures ou de leurs guillochures, dans toute la légèreté ajourée de leurs filigranes les parures dont les statues nous ont gardé l'image.

*
* *

Avant de chercher les témoins trop rares de cette orfèvrerie dans les vitrines des musées, il est bon d'écarter un certain nombre de bijoux, trouvés en Espagne sans doute, mais qui, je crois, appartiennent à une civilisation et à un art tout particuliers.

Voyez par exemple le grand anneau d'or massif pesant 1 800 grammes qu'a publié M. Cartailhac et dont notre figure 379 donne l'image [1]. L'origine espagnole est certaine, puisqu'il a été trouvé à Penella, en Estremadure.

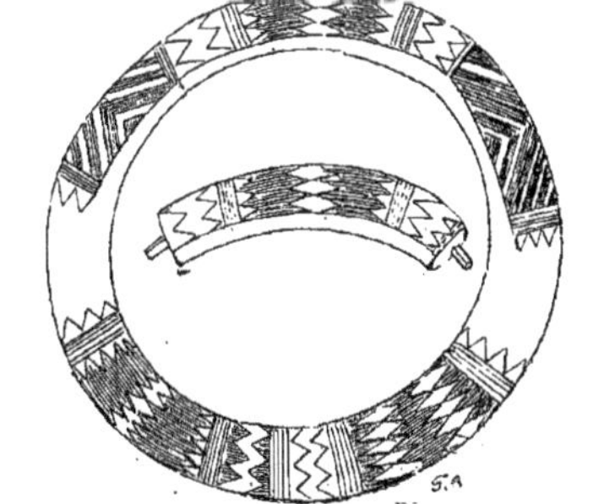

Fig. 379. — Torques d'or trouvé en Estremadure.

1. E. Cartailhac, *Ages préhistoriques de l'Espagne et du Portugal*, fig. 421, page 297.

La surface est presque partout ornée de losanges et de dents en lignes pointillées, constituant une décoration géométrique de style très spécial ; mais ce style, nous le connaissons : c'est le style que l'on appelle celtique, et des anneaux du même type ont été bien souvent trouvés et édités. Tout récemment encore, la *Revue archéologique* donnait l'image de quelques-uns, qui font partie de la collection Moreau au Musée de Saint-Germain [1].

Il existe un autre gros anneau d'or pesant 1 262 grammes recueilli dans une sépulture de Cintra, et que M. Leite de Vasconcellos croit des-

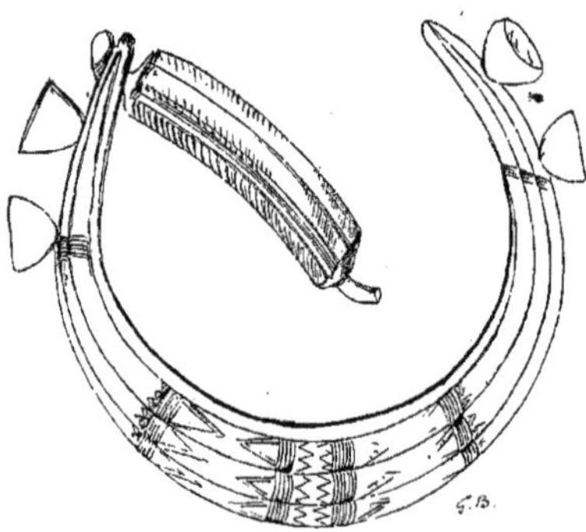

Fig. 380. — Bijou d'or trouvé à Cintra.

tiné à parer la jambe au-dessus du genou. Ce n'est pas un anneau complet, mais un croissant, dont les deux cornes étaient réunies, une fois le bijou mis en place, par une petite plaque fixée d'un côté par une sorte de charnière, et de l'autre par un crochet. Les deux arcs de l'anneau ne sont pas semblables ; le croissant est formé de trois parties identiques, trois croissants que semble réunir étroitement une série simulée au burin de fils enroulés. On retrouve à la surface des trois joncs rassemblés la même décoration de triangles et de traits que sur l'anneau de Penella (Fig. 380) [2].

Plusieurs bijoux du Musée de Madrid offrent des dessins analogues, en particulier le bracelet d'or qui porte à l'inventaire le numéro 16 844 ; il consiste en une large lame dont la surface extérieure porte gravé un élégant réseau de chevrons (Fig. 381) ; et le bracelet d'argent numéro 16 891 (Fig. 382) formé d'une tige ronde renflée à l'opposé du fermoir et ornée à cet endroit même d'une très légère gravure géométrique.

---

1. *Revue archéologique*, 1902, p. 185 ; cf. p. 190, fig. 18 ; p. 192, fig. 20.

2. J. Leite de Vasconcellos, *O archeologo portuguès*, 1902, p. 17 et s. Cf. E. Cartailhac, *L'Anthropologie*, 1896, p. 373 (*Un nou-veau torques d'or en Portugal*). M. Leite de Vasconcellos a annoncé récemment (*Ibid.*, 1902, p. 155) que le bijou a été vendu en Angleterre (au Musée Britannique ?).

Ce dernier bracelet a ceci de particulier qu'il n'est pas fermé, de façon
que le bras puisse s'insinuer par le vide laissé entre les deux branches, et
que ces branches sont terminées par des renflements simulant des perles.
Ce détail non plus n'est pas particulier à l'orfèvrerie espagnole, et les
bijoux celtiques nous en donnent beaucoup d'exemples. Dans la même collection Moreau, au Musée de Saint-Germain, il y en a des spécimens [1].

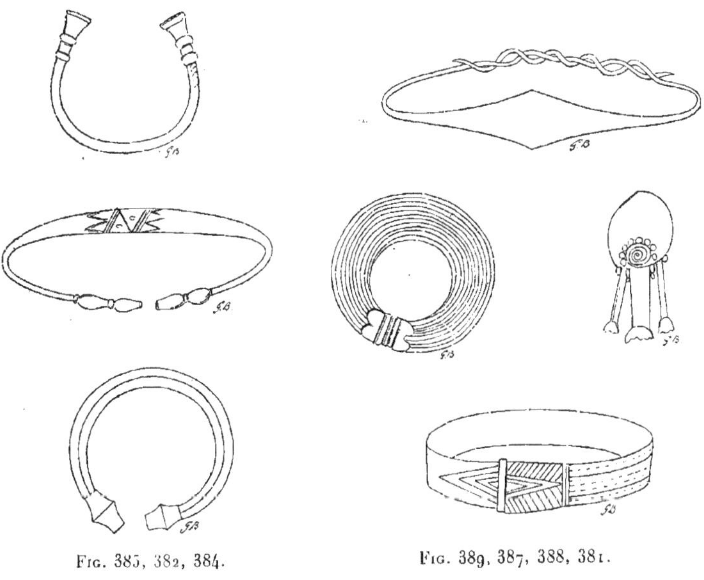

FIG. 385, 382, 384.   FIG. 389, 387, 388, 381.

Bijoux antiques du Musée de Madrid.

Au Musée de Madrid, le bracelet d'or numéro 16 855 (Fig. 383 à
droite), les torques numéros 16 854 (Fig. 383, à gauche) et 16 856 (Fig.
384), nous montrent des modèles intéressants de cette disposition ; un bracelet de bronze trouvé en Portugal (Fig. 385) rentre dans la même série.

Enfin, un grand torques d'or, dont la figure 386 nous montre l'une des
branches, n'est pas terminé par des glands de ce genre, mais a reçu un très
simple et gracieux dessin celtique mi-partie au pointillé, mi-partie au trait [2].

1. *Revue archéologique*, 1902, p. 194,   2. No 16882.
fig. 23 ; p. 195, fig. 25.

On pourrait, sans doute, sans de trop difficiles recherches, multiplier les images de bijoux ainsi décorés[1] ; la chose serait maintenant superflue, et ceux que nous avons signalés suffisent à faire distinguer nettement cette série, qui doit rester en dehors de notre étude. Cependant je ferai une légère restriction et j'admettrai que quelques-uns peut-être des colliers ou bracelets dont je viens de parler, peuvent être appelés plutôt celtibériques

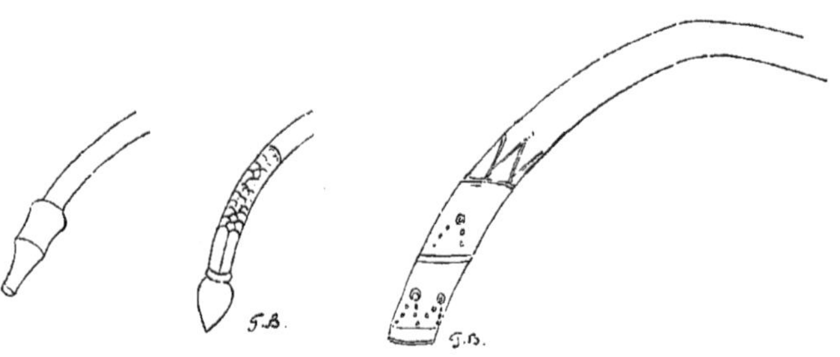

Fig. 383.   Fig. 386.
Torques du Musée de Madrid.

que celtiques, en ce sens qu'ils semblent être les produits d'une industrie indigène formée au contact de l'industrie celtique, ou subissant l'influence de cette industrie. Ainsi le torques de Cintra est orné, à ses deux cornes, de deux petites clochettes fixées au métal qui ont une pointe à l'intérieur, et ces mêmes pendeloques se retrouvent aux bords de bandeaux en or, d'art certainement ibérique, dont il sera question tout à l'heure. De même les figures 381, 382, 386, par exemple, me paraissent d'un décor moins touffu, moins appuyé que les pièces purement celtiques[2].

Au contraire, je ne vois pas de raison pour ne pas désigner simplement sous l'épithèque d'ibériques des bracelets d'argent provenant de la collection Miro, et que cet amateur disait avoir été trouvés à Menjibar.

---

1. Cependant M. Leite de Vasconcellos a dressé un catalogue de vingt et un bracelets ou colliers existant dans les collections portugaises, et parmi lesquels trois seulement — dont celui de Penella — sont agrémentés de dessins celtiques.

2. D. Jose Villa-Amil y Castro a publié au t. III (p. 545 et s. et pl.) du *Museo español* de *Antigüedades* une importante série de bijoux d'or, colliers et bracelets, trouvés en Galicie. Ils ressemblent beaucoup comme forme et comme style à ceux du Musée de Madrid, et sont certainement de la même époque et du même art, sinon de la même fabrique.

3

2

1

FIBULES IBÉRIQUES EN BRONZE

MUSÉE DU LOUVRE

Ils appartiennent au Musée de Madrid. Si l'un est constitué seulement par un jonc effilé en vrille aux deux bouts qui s'enlacent, jonc tout uni, sans un trait ornemental (Pl. VII, 6) [1], en voici trois que forment trois brins tordus ensemble, deux brins d'égale grosseur et le troisième plus mince. La torsade est plus ou moins serrée ; les brins se confondent aux deux bouts qui s'accrochent ; deux des bijoux ont pour ornement, à l'endroit où le métal a le plus de force, un simple entrelac formant comme un nœud (Pl. VII, 1, 2, 5) [2]. Trois fils égaux se tressent à mailles lâches pour former un autre modèle, d'aspect un peu négligé (Pl. VII, 3) [3], tandis que le numéro 4 de la planche VII montre un enchevêtrement de chaînette très fine et très subtile, d'une élégance légère [4].

Nous retrouvons une forme bien connue dans toutes les industries primitives avec les lourdes spirales d'or que l'on enroulait autour de son bras ; il y en a cinq beaux spécimens à Madrid, où l'on voit aussi un modèle peu compliqué, mais instructif, de filigrane [5] (Fig. 387).

Chacun de ces bracelets ou de ces colliers est un tout complet. Il y en a un, à Madrid encore, qui porte accrochés à son cercle trois groupes de petits anneaux tombant en cascade ; et, d'autre part, les bijoux à pendeloques ne devaient pas être rares, car il existe à Madrid quatre pendeloques, de modèle uniforme, en argent. Elles consistent essentiellement en une plaque en forme de feuille presque ronde, sur laquelle s'applique une spirale en filigrane bornée d'un grènetis de points en relief, et d'où s'échappent trois lamelles minces terminées par un petit grelot [6]. On s'imagine très bien plusieurs de ces petits ornements accrochés, sur la poitrine d'une élégante, à une chaîne précieusement ouvrée (Fig. 388).

Rien de tout cela n'est bien original ; il n'y a que le soin de la technique à louer ; elle contraste avec cette barbarie que j'ai presque toujours déplorée en étudiant l'industrie des fabricants d'idoles de bronze. Rien d'intéressant non plus à ces diadèmes sans ornements dont on a retrouvé

1. N° 16893.
2. N°ˢ 16884, 16886, 16887.
3. N° 16888.
4. N° 18023.

5. N°ˢ 16848 à 16852, et n° 16857 (filigrane).
6. N°ˢ 16847, 16848.

deux exemplaires et qui consistent simplement en une plaque mince découpée en losange et étirée en fil à partir des angles les plus aigus (Fig. 389).

*
* *

Mais il existe au Musée du Louvre des fragments de bandeaux ou de
diadèmes en or qui sont parmi les plus importants souvenirs, et les plus
instructifs, de l'orfèvrerie ibérique. Ils ont à la fois un grand intérêt d'art
et une grande valeur archéologique. Et s'ils restent encore très mystérieux,
ce mystère même est un attrait de plus et me sollicite à les décrire, puis
à les critiquer de très près. Il s'agit de ces débris de lames estampées, en
or pâle, que M. Schlumberger a eu l'heureuse initiative de faire acheter
par notre grand Musée, et qu'il a le premier présentés au public dans la
Gazette archéologique, en 1885 [1].

M. Schlumberger n'a pu obtenir aucun renseignement précis sur le
lieu et la circonstance de la découverte de ce trésor ; on lui a dit seulement qu'il aurait été trouvé près de Cáceres. Il se compose de six fragments dont les trois plus grands, hauts de cinq centimètres et ayant
ensemble une longueur de dix-neuf centimètres et demi, sont les seuls
que l'on doive rapprocher, sans pour cela les unir, comme provenant
d'un même objet (Pl. IX, en haut et en bas, à gauche) [2]. Le quatrième
morceau mesure 27 millimètres de haut sur 4^{cm},1/2 de long (Pl. IX, en
bas, au milieu) ; le cinquième a la même hauteur, à un millimètre près, et
7^{cm},1/2 de long (Pl. IX, en bas, à gauche) [3]. Quant au sixième il est trop
peu important pour que nous le reproduisions.

---

1. G. Schlumberger, *Bandeaux d'or estampés d'époque archaïque*, dans *Gazette
archéologique*, 1885, p. 4, pl. II. Cet article a été réimprimé tout au long par M.
Taillebois, qui l'a fait suivre de quelques observations (E. Taillebois, *Deux objets d'art
ibériens*, Caen, 1890, p. 17. Extrait du
Bulletin monumental de 1890). M. E. Cartailhac a aussi donné quelques notes sur ces
objets, et en a publié une image en fac-similé
doré. Le trait des figures est par malheur
beaucoup trop net (*Ages préhistoriques de

l'Espagne et du Portugal*, p. 334 et pl. IV).
E. Hübner y fait allusion dans son *Arqueo-
logía de España*, p. 226.

2. Dans les mesures, je ne compte pas les
petits anneaux ni les cornets qui sont soudés
au bord des fragments.

3. A première vue on dirait que les deux morceaux appartiennent à un même bandeau ;
mais en regardant de plus près, on voit que
la frise ornée du premier — qui est déchi-
quetée par le bas — est un peu plus haute
que celle du second. De plus, la coupure

Les bijoux dont les débris sont si heureusement conservés sont tous de la même fabrique, de la même main sans doute ; ils sont constitués essentiellement par une très mince feuille d'or décorée de figures estampées, disposées en deux frises superposées.

Ce n'étaient point des pièces d'applique ; en effet, il reste au bord vertical de deux des fragments, ici un anneau et là deux qui n'ont pu avoir d'autre usage que de passer un lien pour arrondir et fixer le bandeau soit autour du front, soit autour du cou, soit autour du bras.

Ces anneaux sont attachés à la lame d'or par un procédé que M. Schlumberger explique ainsi : « Les extrémités des bandeaux étaient munies d'anneaux d'or minces et plats, décorés de deux rainures sur leur face supérieure et soudés *par dessous* à la plaque d'or, *par devant* à une bandelette d'or également aplatie et décorée de trois rainures qui a été spécialement disposée aux extrémités des bandeaux pour fixer lesdits anneaux. »

. Ceci dit, je vais décrire attentivement chaque morceau l'un après l'autre.

1. (Pl. IX. en haut, à gauche). — Sur toute la hauteur, à gauche, à côté de la bandelette qui fixe les anneaux, règne un ornement vertical en forme de tresse à deux brins, ou plutôt de torsade qui s'enroule autour d'une série de points en relief. Au bord supérieur sont fixés deux petits appendices en forme de cornets dont l'évasement se dirige en haut. « Chacun est constitué, dit M. Schlumberger, par une mince feuille d'or, taillée en forme d'éventail, qui a été repliée sur elle-même en façon de gaufre ou d'oublie. Avant de procéder à cet enroulement, l'ouvrier avait eu soin de fendre la pointe de la petite feuille en éventail, et cette pointe ainsi fendue a servi à souder chaque cornet au bord supérieur du bandeau qu'elle vient enserrer entre ses deux moitiés. La surface extérieure de ces petits cônes renversés est ornée de cercles linéaires en relief, alter-

nette des bords du dernier morceau, ainsi que la largeur de la plate-bande nue qui se trouve sous les pieds des personnages, prouvent qu'il provient d'un bandeau à une seule zone.

En exécutant la photographie qui a servi à notre héliogravure, on a eu le tort de rappro-

cher et de faire se toucher les trois fragments groupés en bas, puisque celui de gauche fait partie du même bijou que les deux d'en haut, et que les deux autres, non seulement ne se raccordent pas, mais proviennent de deux objets distincts.

nant avec d'autres cercles formés d'un quadruple rang d'un très fin
grènetis. » Les cornets ont été aplatis et faussés[1].

Sur la première zone de figures on voit d'abord un cheval marchant
vers la gauche, et son cavalier. L'animal ne trotte ni ne galope ; il semble
que son maître l'ait arrêté pour pouvoir mieux lancer l'arme qu'il brandit
de la main droite, car son cou s'encapuchonne, et il a la bouche largement ouverte, comme sous la pression du mors violemment ramené en
arrière. On aperçoit la bride, attachée à un anneau visible entre le cou et
la mâchoire. Sur le front apparaît un fort toupet de poils hérissés ; tout
le long du cou et de l'échine, derrière l'homme, court une ligne de petites
boules en saillie. La queue, très longue, s'arrondit en s'écartant de la
croupe. Quant au cavalier, assez indistinct, on ne peut guère juger s'il
est nu ou vêtu, ni identifier avec assurance l'arme de sa main droite ; de
la main gauche, qui tient déjà la bride, il élève un petit bouclier rond ;
sur sa tête, en arrière, on voit plantée une sorte de plume ou d'aigrette.

Devant cette figure se trouve un gros vase pansu, avec une anse arti-
culée attachée à son bord ; un personnage, dont on ne voit plus que la
main, saisissait cette anse.

Tout autour de la silhouette du cavalier et de celle du vase le champ
de la plaque n'est pas vide ; il est séparé en registres par des lignes en
grènetis, horizontales et parallèles. Sous le ventre du cheval on voit nager
deux poissons ; sous sa tête est un gros oiseau en forme d'échassier, ou
plutôt d'oie ou de cygne, qui porte au bec un poisson ; un autre motif en
tout semblable, mais un peu plus grand, est situé au-dessus du chaudron,
devant la tête du cheval.

Ce qui reste sur la seconde zone vient compléter le tableau précédent.
On distingue en effet, tout au bord, à gauche, la moitié de la tête d'un
cheval semblable au premier, et la moitié d'un oiseau pêcheur : au devant
d'eux, je retrouve le grand vase, dont la forme est très nette et où l'on
comprend très bien comment l'anse est attachée. Cet ustensile est « un
vase immense, certainement de métal, à vaste base, à panse considérable, muni d'une anse mobile dont les extrémités recourbées et renflées

---

1. Cf. les petites clochettes du bracelet figure 380 et de la pendeloque figure 388.

roulent dans deux grands anneaux fixés aux côtés de l'ouverture ». Ici
le personnage qui porte le vase est figuré tout entier ; c'est sans doute un
homme, et il paraît nu ; s'il a un vêtement, c'est un vêtement ajusté de
façon très étroite au torse et aux jambes. A son crâne, par derrière,
s'attache un double ornement semblable à celui du cavalier de la frise
supérieure. Il paraît marcher, et de la main gauche comme de la droite
a saisi un grand vase analogue au premier. Sur le fond, entre l'homme et
la tête du cheval, se retrouve le grand oiseau tenant en son bec un poisson,
et devant la tête de l'homme il subsiste la partie postérieure de ce qu'il
faut reconnaître aussi — nous en aurons la preuve tout à l'heure —
pour un gros poisson. Le tableau est aussi, comme du reste tous ceux
que j'ai encore à examiner, divisé en bandes par de petites lignes de
points.

2. (Pl. IX, en haut, à droite). — Première zone, à partir de la gauche :
Devant les deux jambes, qui subsistent seules, d'un homme debout, on
devine à grand'peine un ornement vertical formé de trois têtes presque
rondes superposées, mais pas directement, parce qu'elles sont séparées
par de petits disques ; ces têtes coupées sont placées de telle sorte que la
ligne médiane tirée du front au menton est horizontale ; elles sont reliées
aux disques intermédiaires par une tige arrondie. Cet ornement singulier
sert de démarcation entre deux motifs. Le motif qui recommence à
droite, nous le connaissons déjà : c'est l'homme portant les deux grandes
urnes. Au-dessus de l'urne de gauche est le grand oiseau au poisson, au-
dessus de l'urne de droite un long et gros poisson, le même dont j'avais
tout à l'heure signalé seulement la queue. Vient ensuite un guerrier à
cheval, à très peu près semblable à celui que nous connaissons. La seule
différence, c'est que l'homme brandit à la main droite une lance à manche
court et à très large fer, et que sur le sommet de sa tête se dressent trois
aigrettes de trois plumes très raides. Sous le ventre du cheval il y a non
plus des poissons, mais un cygne pêcheur. Ce qu'il est surtout intéressant de noter c'est que la queue, toute hérissée de poils, ressemble à un mille
pieds ou à une scolopendre, comme l'a ingénieusement dit M. Schlumberger, et qu'entre cette queue, la croupe et les pattes tombe une cascade
de petites boules, dont l'identification, très réaliste, me fait hésiter.

Sous la tête du cheval, l'oiseau de remplissage ordinaire ; le tableau se continue par un guerrier à pied, la tête ornée des trois plumes réglementaires, une épée-poignard en travers de la taille[1] ; de la main gauche il élève un petit bouclier rond à umbo ; de la droite dressée il s'appuie sur une double lance dont les pointes ferrées sont en l'air. La lame d'or étant ici brisée, on ne voit pas les jambes du bonhomme, et à sa droite il n'existe plus qu'un peu de la queue d'un cheval.

La deuxième zone ne fait absolument que doubler la première ; les figures s'y répondent avec une symétrie complète, sans aucune variante, sauf qu'à gauche, au lieu du piéton et de la ligne de têtes, il y a l'avant-train d'un cheval, et que de l'homme aux lances, à droite, il ne reste que le haut de ses armes. Peut-être au lieu d'un bouclier le cavalier tient-il à la main gauche un arc. Tel est l'avis du premier éditeur, de MM. Taillebois et Cartailhac, mais je crois plutôt qu'il s'agit simplement d'une image sommaire ou incomplète du bouclier, à laquelle s'est résolu l'artiste parce que la place lui manquait. Je m'explique mal un cavalier armé à la fois du javelot et de l'arc, et les brandissant à la fois.

3. (Pl. IX, en bas, à gauche). — On retrouve sur la première ligne le combattant à pied, les plumes en tête, le bouclier à la main gauche, l'épée à la ceinture ; mais au lieu d'être armé d'une double lance, il l'est d'une courte épée dont le pommeau est terminé par une boule. Devant lui le combattant à cheval, levant son bouclier et une courte épée semblable à celle du piéton : entre les pattes du cheval sont des poissons ; devant lui les deux oiseaux accoutumés. Le fragment se termine par un homme porteur de vases ; le personnage n'a d'original qu'une ceinture en forme d'anneau, qui lui donne une taille de guêpe.

Ici encore, la seconde ligne est une réplique de la première, réplique où je ne relève aucun détail nouveau ; c'est une exactitude de cliché. Seulement, par suite de quelque accident ou négligence de fabrication, on voit, à droite, traversant obliquement le porteur de vases, une double

---

[1]. M. Schlumberger croit que la taille est enserrée dans une ceinture probablement en métal, munie d'un côté d'une sorte de croisette, de l'autre d'un large anneau. M. Cartailhac songe à y voir plutôt « un fourreau d'épée, ou même une épée dans son fourreau » (*op. laud.*, p. 335, note 1). Tel est aussi mon avis.

torsade semblable à celle qui borde le premier fragment décrit ; elle est imprimée avec beaucoup de légèreté sur le métal[1].

4. (Pl. IX, en bas, au millieu). — Sur l'unique frise (celle qui la doublait a disparu), il subsiste à gauche un bras levant un bouclier ; puis un cheval et son écuyer levant la courte lance et la petite rondache ; entre les pattes de l'animal il n'y a ni poissons ni oiseaux, mais seulement les grènetis horizontaux ; devant sa tête on voit toujours l'oiseau, mais au-dessous il y a un jeune poulain, qui ne diffère de lui que par la taille. Enfin, on ne voit plus qu'un soldat à pied, du type déjà décrit, armé d'une très courte lance à fer puissant, et la queue d'un cheval.

5. (Pl. IX, en bas, à droite). — Bandeau à zone unique ; à partir de la gauche se succèdent l'avant-train d'un cheval avec le bras de son maître ; devant les naseaux, un oiseau pêcheur ; sous la tête, une grosse tortue, les pattes écartées, la tête en bas ; un guerrier à pied, du même type que le dernier décrit, mais tenant une épée ; un cavalier du modèle ordinaire, dont la droite, très indistincte, ne semble armée ni de la lance ni de l'épée mais tient un poignard triangulaire ; au-dessous de la queue du cheval on voit un poisson ; sous sa tête un cygne pêcheur. Enfin, la dernière figure est celle d'un guerrier armé de la lance double et du bouclier ; il n'a pas d'épée à la taille, mais une simple ceinture. Entre les lances et les cuisses de l'homme il y a eu place encore pour un oiseau. Une colonne de disques et de crânes encadre, au bord, ces motifs. Des lignes très nettes de points accostés divisent cette frise, comme toutes les précédentes.

En somme, si l'on fait abstraction des menus détails et des variantes, les bandeaux de Cáceres répétaient à satiété ce même thème : Dans un lieu marécageux sans doute, où pullulent les poissons et les oiseaux pêcheurs, sont disposés des groupes de guerriers à pied et à cheval, qu'accompagnent des serviteurs portant de grands vases.

Je ne crois pas qu'il faille chercher un lien entre tous ces personnages, ni un rapport entre les scènes représentées et le lieu où elles se passent.

---

1. Il va sans dire que le fond de tous les morceaux est uniformément divisé par bandes horizontales au moyen de lignes de points.

Les poissons, les oiseaux qui leur font la guerre, la tortue, le poulain, ne sont que des thèmes de remplissage, de véritables poncifs, tout comme le soldat à pied, et le soldat de cavalerie, et l'orfèvre n'a pas cherché autre chose qu'à juxtaposer de son mieux, sans laisser de vide, toutes ces différentes figures[1]. Il répétait à l'infini le même motif sur de longues bandes, et coupait au hasard pour obtenir les mesures des bandeaux dont il avait besoin. On le voit bien par le bord gauche du fragment, où la frise inférieure commence par le tiers d'une tête de cheval au-dessus de la moitié d'un oiseau.

Lorsque M. Schlumberger a présenté ces bandeaux aux lecteurs de la *Gazette archéologique*, il s'est montré plein de prudence, comme il était tout naturel. « En l'absence complète de renseignements précis sur les circonstances de la trouvaille de ces précieux fragments qui me paraissent jusqu'ici uniques en leur genre, en l'absence surtout de tout point très sérieux de comparaison, il me paraît impossible actuellement, il serait, en tous cas, souverainement imprudent d'émettre une opinion sur l'origine et l'âge véritables de ces monuments. Sommes-nous en présence d'un produit de l'art ibérique primitif, ou tout au contraire de quelque objet de provenance étrangère, phénicienne par exemple ? C'est ce qu'il ne me semble pas permis de décider pour l'instant. » Néanmoins le savant archéologue tente quelques rapprochements avec les vases primitifs grecs du style de la Porte Dipyle, avec des bandeaux d'or trouvés à Corinthe, et publiés par M. Furtwængler, avec certaines coupes phéniciennes du Musée Napoléon III, étudiées par M. A. de Longpérier, avec des objets provenant des nécropoles de Watsch et Sanct Margarethen en Carniole, publiés par M. F. de Hochstetter. Enfin, il reproduit une lettre de M. Salomon Reinach, où celui-ci s'exprime ainsi : « Je suis plus que jamais d'avis que vos plaques d'or sont un monument, unique en leur genre, de l'art des Lybiens, Ibères, Tamahou, Machouacha, c'est-à-dire de l'art des populations primitives qui, à une époque très reculée, ont peuplé l'Espagne et la Barbarie. »

---

1. Je ne suis donc pas d'avis d'admettre l'hypothèse proposée par M. Schlumberger, que les oiseaux pêcheurs portent peut-être les poissons qu'ils ont au bec dans les grands vases.

M. Taillebois, qui a toujours porté un grand intérêt aux antiquités ibériques, a ajouté d'autres rapprochements à ceux-là ; il emprunte surtout
ses comparaisons aux types des monnaies de la Péninsule et de quelques
monnaies gauloises, à des monuments phéniciens et chypriotes, et aussi,
fait notable, à des monuments de Mycènes et de Tirynthe.

M. Cartailhac rapproche un détail — les guirlandes de têtes — d'un
ornement analogue qu'offre un fourreau d'épée gauloise de la Marne ;
un autre détail — la tresse qui est à l'extrémité du premier fragment
— d'un détail analogue de certains objets des Citanias.

De tout cela ne se dégage pas une impression bien nette. Il est
permis, je crois, d'être plus précis, et d'affirmer que comme les statues
du Cerro et le buste d'Elche et comme un grand nombre de vases
peints, et *mutatis mutandis,* les bandeaux de Cáceres sont des bijoux
espagnols de style gréco-oriental.

L'apport de l'art oriental ne peut être nié. Sur les plats et coupes
phéniciens auxquels ont déjà songé MM. Schlumberger et Taillebois, la
coupe de Préneste au Musée Kircher, le plat d'argent de Céré, la patère
d'Amathonte au Musée de New-York, la patère de Dali au Louvre, la
tasse d'argent de Céré, tous monuments de style plus jeune que les
bijoux de Cáceres, les chevaux ont les queues figurées *en scolopendres,*
exactement comme celles de nos coursiers, et il serait étonnant qu'il y
eût là une simple coïncidence [1]. Le grènetis qui court le long de l'échine
de ces mêmes animaux, et peut-être le long de leurs jambes de derrière,
je le retrouve tout le long du dos des lions debout et affrontés tenant des
urnes, qui décorent l'anse d'un vase de bronze chypriote du Musée de
New-York [2].

M. Taillebois a aussi fort heureusement remarqué que les trois plumes [3]
plantées droites sur la tête de quelques-uns des personnages se retrouvent
sur la tête du génie phénicien — un Bes ou un Cabire — qui est repré-

1. Perrot et Chipiez, *Histoire de l'art dans
l'antiquité,* t. III (*Phénicie et Chypre*),
figures 543, 544, 547, 548, 549, 551.

2. *Ibid.*, figures 555, 556.

3. M. E. Cartailhac songe que ces plumes
pourraient être des épingles ; je ne le crois

pas, d'accord en ceci avec M. Taillebois. Ce
ne sont pas non plus des mèches de cheveux
tordues, comme l'a soupçonné M. Schlumberger. On distingue nettement les barbes des
plumes.

senté sur des monnaies des Baléares[1], et les monnayeurs des Baléares avaient emprunté l'ornement à des images phéniciennes du même démon[2].

La Grèce a pu fournir à l'artiste ibère des traits plus nombreux encore, et d'abord la Grèce mycénienne. Qui ne sait en effet quel luxe de diadèmes et de bandeaux ont été recueillis par Schliemann et ses successeurs dans les tombes princières de l'Argolide, bijoux formés aussi de très minces lamelles d'or, et décorés par le même procédé d'estampage ? Il semble difficile de ne pas admettre que les Ibères ont profité du travail de leurs lointains amis, du moment d'ailleurs que nous avons d'autres preuves de cette imitation.

Il est superflu de rappeler le rôle de la tresse et de la torsade dans la décoration mycénienne; les exemples en sont innombrables; mais celle que l'on voit sur le premier fragment de Cáceres rappelle plus particulièrement une frise sculptée de Mycènes même[3], un ornement en or, une sorte de bandeau aussi[4], et un bouclier votif trouvé en Crète[5].

Les pierres gravées et les chatons de bagues en métal, qui forment une si importante et si instructive série parmi les monuments mycéniens, nous offrent des modèles sans nombre de corps d'hommes et de femmes construits comme ceux des bandeaux espagnols. Les guerriers à la taille fine serrée dans une ceinture en forme d'anneau sont légion[6]. A cette ceinture est parfois aussi attachée en travers une épée[7]. Il est vrai que presque tous ces personnages sont vêtus soit d'une tunique, soit d'un pagne-caleçon. Mais il n'est pas prouvé que les guerriers des bijoux ibères soient nus, et pour ceux qui ont un anneau à la taille, le contraire paraît certain. Si leurs vêtements ne sont pas visibles, cela tient aux petites dimensions des figures, et à la maladresse de l'orfèvre à exprimer des détails à une échelle si réduite.

---

1. A. Heiss, *Monnaies antiques de l'Espagne*, pl. LXIV. Cf. Perrot et Chipiez, *Histoire de l'art dans l'antiquité*, III, fig. 287, d'après Gerhard, *Akademische Abhandlungen*, atlas, pl. XLIII, fig. 5.

2. Perrot et Chipiez, *Ibid.*, fig. 295 (Scarabée du Louvre) ; 296 (Scarabée sarde).

3. Schliemann, *Mycènes*, fig. 153 et 216.

4. *Ibid.*, fig. 359.

5. Perrot et Chipiez, *Histoire de l'art dans l'antiquité*, VII (*Grèce de l'Épopée*), fig. 19.

6. *Ibid.*, VI (*Grèce primitive*), fig. 420, 421, 422, 423 ; fig. 426, nᵒˢ 13, 15, 17, 21, 24 ; fig. 428, nᵒˢ 1, 2, 7 ; fig. 430 ; fig. 431, nᵒˢ 1, 9 ; fig. 432, nᵒˢ 3, 12, etc..

7. *Ibid.*, fig. 432, nᵒ 3.

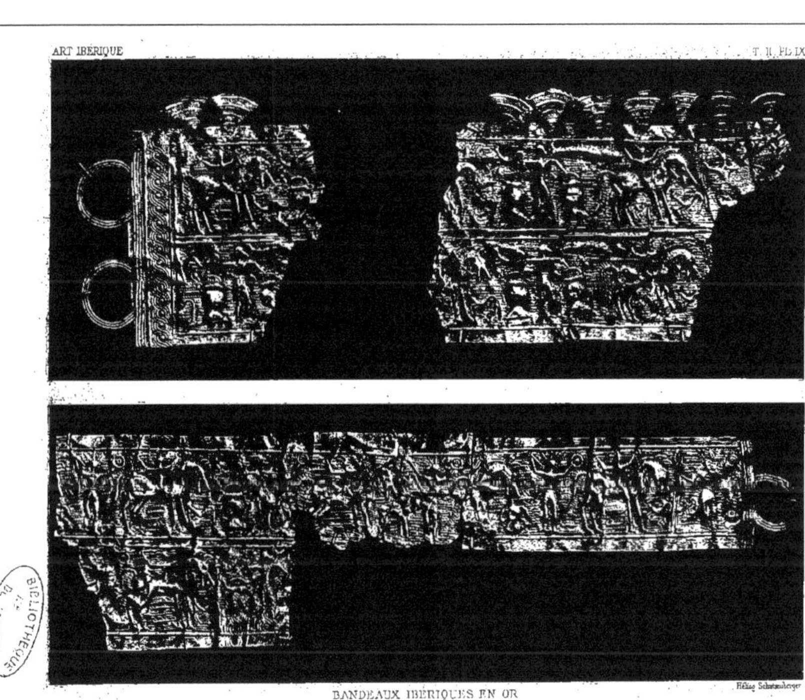

BANDEAUX IBÉRIQUES EN OR
(CACERES)
MUSÉE DU LOUVRE

Héliog Schutzenberger

Pour la chevelure, les Mycéniens connaissaient la mode des aigrettes en arrière ; on en voit trois directement attachées au crâne, sur un fragment de vase trouvé par M. Tsountas à Mycènes[1].

Des chevaux, sur des vases tirynthiens, ont les crins du col et du front dressés comme nous les voyons sur les bandeaux de Cáceres[2], et il y a même un exemple de queue de cheval figurée comme un mille-pieds[3]. Sur l'un des plus curieux tessons de la même origine se trouvent deux guerriers qui brandissent à la main gauche un petit bouclier rond, comme le bouclier ibérique.

Une intaille sur agate de Vaphio prouve que les Mycéniens avaient emprunté aux Phéniciens — à moins que le contraire ne soit plus juste — la figure des deux lions dressés et affrontés, se présentant réciproquement un vase à libations. Les monstres symboliques ont, comme les chevaux de Cáceres et comme leurs frères phéniciens, un grènetis tout le long de leur col et de leur échine[4].

Enfin, sans aller chercher l'analogue des têtes coupées rangées en frises décoratives jusque sur des fourreaux d'épées gauloises, il suffit à en expliquer la présence de remarquer que les artistes mycéniens ont fait un grand usage ornemental de la tête de bœuf, par exemple, et que même ils ont décoré certains objets d'une bande de têtes humaines en guirlande. On connaît la précieuse tasse d'argent recueillie par M. Tsountas dans l'une des tombes rupestres de la ville basse de Mycènes, où était appliquée une frise de têtes barbares d'un très énergique caractère[5].

Je ne puis non plus m'empêcher de remarquer que, si les bandeaux de Cáceres sont indigènes, comme il ne semble pas douteux, il est étrange de voir l'orfèvre choisir comme motifs de remplissage des poissons, des oiseaux d'eau, une tortue ; la mer ne devait pas tenir beaucoup de place dans les préoccupations des artistes de ce peuple éminemment terrien. Au contraire on sait avec quelle heureuse franchise les décorateurs mycéniens se sont inspirés de la flore et de la faune aquatique qui pullu-

1. **Perrot** et Chipiez, *Histoire de l'art,* VI, fig. 382 (= Ἐφημερὶς ἀρχαιολογική, 1888, p. 161).

2. Schliemann, *Tirynthe*, pl. XIV, XV *a*, XXI *b*.

3. *Ibid.*, XVI *a*.

4. Perrot et Chipiez, *Histoire de l'art*, VI, fig. 426, n° 16.

5. *Ibid.*, fig. 381 (= Ἐφημερὶς ἀρχαιο- λογική, 1888, pl. VII).

lait autour de leurs îles et de leur continent découpé. Leur joaillerie, leur céramique se sont enrichies d'une foule de plantes et d'animaux marins, et comme les produits de ces deux industries erraient facilement jusqu'aux confins du monde, rien n'est plus naturel que de croire que les Ibères en ont réjoui leurs yeux, pour les interpréter bientôt à leur manière.

Pourtant, ce n'est pas à l'art mycénien que les auteurs des lames de Cáceres ont fait, il me semble, les emprunts les plus directs, mais à l'art dont le style est surtout connu et caractérisé par les peintures des vases attiques désignés sous le nom commode de vases du Dipylon[1].

On connaît ces grandes jarres couvertes de dessins serrés tantôt purement géométriques, tantôt à la fois linéaires et reproduisant des figures d'animaux et d'hommes, vases précieux que les céramistes attiques façonnaient, du viiie au vi[e] siècle, pour signaler et décorer les riches sépultures. Il n'est pas un d'entre eux, il n'en est pas un fragment qui ne fournisse quelque élément de comparaison avec les bijoux espagnols.

D'abord, sur les vases du Dipylon, la composition est extrêmement touffue : le peintre a horreur du vide, si j'ose dire, et partout et sans cesse, dès qu'un espace se trouve libre entre les figures principales, il y insère des motifs de toute nature, étoiles, swastikas, lignes de points, chevrons, branches d'arbres, et aussi, tout justement comme sur les bandeaux espagnols, des poissons et des oiseaux. Serait-ce donc par hasard que l'on verrait ces animaux inattendus, dessinés ici et là sous les ventres des chevaux ?[2] Le poulain, auprès de son père ou de sa mère, n'est pas rare non plus, et sur le bandeau de Cáceres il apparaît là où il ne semble pas nécessaire, dans une scène de bataille, ce qui indique bien une imitation et un emprunt[3].

---

1. Voy. sur ces vases l'importante étude de M. E. Pottier, dans son *Catalogue des vases antiques du Louvre*.

2. Oiseaux : O. Rayet et Max. Collignon, *Histoire de la céramique grecque*, fig. 18 ; Perrot et Chipiez, *La Grèce de l'Épopée*, fig. 42, fig. 6.

On en peut voir des spécimens, également, sur des plaques de fibules trouvées en Béotie, qui se rattachent étroitement à l'art décoratif de la Porte Dipyle, *Grèce de l'Épopée*, fig. 128. Cf. les figures 118, 132, où les oiseaux sont au-dessus, et non au-dessous des chevaux.

Poissons : Schliemann, *Tirynthe*, fig. 20 ; Perrot et Chipiez, *Grèce de l'Épopée*, fig. 48.

3. Perrot et Chipiez, *Ibid.*, fig. 132, fibule béotienne.

Ce qui me frappe plus encore, c'est la ressemblance extrême des personnages en ce qui concerne la forme du corps et la figuration conventionnelle de la tête. M. Schlumberger fait remarquer que la tête de quelques-uns des hommes, particulièrement les piétons, « sommairement indiquée, semble munie d'un appendice en forme de gros bec d'oiseau. » Pour MM. Taillebois et Cartailhac, c'est là « un simple effet de barbe se terminant en pointe. » En tous cas, la plupart des hommes figurés sur les vases du Dipylon ont la tête absolument construite de même ; on ne peut imager une similitude plus saisissante[1]. Il y a plus : très souvent les bonshommes des vases attiques portent par derrière ce même ornement en aigrette, qui tombe du crâne nu ou du casque[2]. Je connais même un exemple d'une véritable plume du genre de celles qui sont plantées sur la tête de quelques-uns des personnages espagnols[3]. Quant à la forme des corps, ce sont tous les monuments du style dipylien qu'il faudrait énumérer les uns après les autres, s'il était nécessaire d'insister sur une ressemblance qui doit frapper les plus prévenus ; et pour les armes, on retrouve constamment en Grèce l'épée courte, passée à la ceinture[4], et la double lance. Cette dernière constatation a surtout de l'intérêt, car elle touche un détail archéologique qui n'est pas commun[5].

Les chevaux grecs sont aussi de la même espèce que les ibères, ou du moins ils sont traités de même. On trouve sur des vases attiques la queue en scolopendre[6], la crinière hérissée[7], les sabots et l'arrière des boulets exprimés de même[8]. Surtout, la forme même de leur corps est identique, et il n'y a pas jusqu'au dessin de leurs naseaux, qui à juste titre a attiré l'attention de M. Schlumberger et Taillebois, qui ne soit plus que probablement inspiré de la même convention. « La tête énorme, dit M. Schlumberger, presque monstrueuse, fort grossièrement dessinée, se termine par une sorte de gueule ouverte qui ressemble aussi bien à

1. Je cite au hasard de mes notes, Perrot et Chipiez, *Grèce de l'Épopée*, fig. 5, 6, 42, 48, 49, 56, 57, 58, 61, 63, 66, 67, 95, 96, 115, 118, 141 ; Schliemann, *Tirynthe*, fig. 20.

2. Perrot et Chipiez, *Ibid.*, fig. 7, 67, 96, 98, 138.

3. *Ibid.*, fig. 141.

4. *Ibid.*, fig. 6, 57, 59, 63, 66, 67, 95, 141 ; Schliemann, *Tirynthe*, fig. 20.

5. Perrot et Chipiez, *Ibid.*, fig. 58, 63, 66, 67, 96, 138.

6. Schliemann, *Tirynthe*, fig. 20.

7 Perrot et Chipiez, *Ibid.*, fig. 6, 7, 9, 40, 41, 48, 54, 98, 99, 100, 128.

8. *Ibid.*, fig. 7, et surtout 40 (Aiguière au Musée de Leyde).

celle d'un serpent ou à un bec d'oiseau qu'à un museau de cheval. » Sauf que les chevaux du Dipylon n'ont pas les mâchoires entr'ouvertes[1], ne pourrait-on pas leur appliquer cette description?

D'autre part, il n'est pas superflu de faire remarquer que les orfèvres contemporains des céramistes du Dipylon ont travaillé le métal par les mêmes procédés d'estampage dont les bandeaux espagnols nous fournissent un exemple. Il existe des lames d'or ornées de dessins estampés qui ont été trouvées dans beaucoup de nécropoles grecques, en particulier au Céramique d'Athènes. Les artistes y ont figuré en relief non seulement des ornements rectilignes ou curvilignes, en particulier des torsades en tout semblables à celle de l'un des fragments de Cáceres, mais aussi des lignes d'animaux et des frises de combattants. Du premier type, je puis citer une plaque d'or trouvée à Éleusis[2], et du second un diadème d'or trouvé à Athènes, et conservé au musée de Copenhague; malgré la différence du sujet — un cortège de fête et les apprêts d'un sacrifice — ce dernier bijou montre les plus grandes affinités de style avec ceux de Cáceres[3].

Avant de quitter la Grèce, je ne puis enfin manquer de rappeler que l'art d'estamper de minces plaques de métal s'est longtemps perpétué à l'âge archaïque. Plusieurs études d'un grand intérêt ont été faites sur ces bandes de bronze qui tantôt étaient cousues sur des étoffes, tantôt clouées sur des objets de bois ou de cuir. et dont on a trouvé des spécimens à Dodone, à Élatée, à Corinthe, à l'Acropole d'Athènes, au temple d'Apollon Ptoïos, à Olympie. Je citerai seulement un fragment du Ptoïon, trouvé par M. M. Holleaux, où se voit exactement la même torsade tressée autour de points saillants qui borde l'un des fragments espagnols[4].

Mais, s'il y a tant d'éléments grecs dans la décoration des bandeaux de Cáceres, s'ils présentent surtout tant de rapports avec les types et le style du Dipylon, que reste-t-il ou reste-t-il vraiment quelque chose d'espagnol? Ces bijoux ne sont-ils pas tout simplement étrangers au pays où ils ont été trouvés? Ne faut-il pas les rendre tout naturellement

---

1. Voy. cependant Perrot et Chipiez, *Grèce de l'Épopée*, fig. 48.

2. *Ibid.*, fig 16.

3. *Ibid.*, fig. 115.

4. *Bulletin de Correspondance hellénique*, 1892, p. 347 (M. Holleaux, *Bronzes trouvés au Ptoïon*), pl. X.

à l'art grec primitif, et les traiter comme de purs objets d'importation ?
Je ne le crois pas. D'abord, s'ils étaient grecs, et de l'époque et de l'art
du Dipylon, il y aurait en eux plus d'unité ; on n'y retrouverait pas ces
détails phéniciens, puis mycéniens que j'ai relevés, et qu'il ne faut pas
négliger. Ce mélange de traits de diverses époques et de divers styles
ne peut facilement s'expliquer que par une imitation plus récente en
pays lointain. Mais surtout il faut bien se garder de ne pas donner son
attention aux rapprochements précis qu'ont établis mes prédécesseurs
entre ces objets et d'autres objets qui ne sont pas grecs.

Je ne m'occuperai pas de contrôler les rapports que trouve M. Salomon
Reinach entre les bandeaux du Louvre et « l'art des Lybiens, Ibères,
Tamahou, Machouacha », car on peut s'en fier à sa vaste érudition,
d'autant que M. Schlumberger se dit presque convaincu. En effet,
M. Reinach a écrit : « Remarquez que les hommes de vos plaques n'ont
point de casques, mais des plumes divergentes plantées sur le sommet
de la tête, et comparez-les avec le guerrier du bas-relief rupestre de
Moghar-el-Tahtania, figuré p. 491 de la *Province romaine d'Afrique*, de
Tissot, et aussi avec le chef Libyen à la tête ornée de deux grandes
plumes divergentes, représenté dans une peinture égyptienne reproduite
par Rosellini (*Monum. storici*, pl. CLX). Comparez aussi le bouclier de
la stèle d'Abizar (Tissot, *Prov. rom. d'Afrique*, p. 492) aux petits boucliers de vos plaques, l'oiseau placé auprès du cheval de cette stèle à ceux
qui sont représentés sur vos bandeaux. Le monument de Karnak
(Rougé, *Rev. archéol.*, 1867) énumère parmi les objets enlevés par les
Egyptiens aux Machouacha, tribu libyenne, *de l'or*, des coutelas en
bronze (vos guerriers en portent), des arcs (vos cavaliers en portent
peut-être) et des *vases de bronze* (vos plaques en sont couvertes). L'inscription de Médinet-Abou, énumérant les trophées conquis sur les
Machouacha par Ramsès III, cite 115 coutelas en bronze de cinq coudées,
des carquois, des javelots (trois de vos guerriers portent à la main une
paire de javelots). Voyez aussi les trois javelots que porte le guerrier de
la stèle d'Abizar. Hérodote (IV, 175) constate les particularités dans
l'arrangement de la chevelure particulière aux Libyens. Voyez pour tout
cela Tissot, *Province romaine d'Afrique*, p. 437 et suiv. »

« Tout en se gardant de conclure », M. Schlumberger admet que « les analogies signalées par M. Reinach sont frappantes » et que « les dessins rupestres des Lybiens présentent certainement avec les plaques de Cáceres de curieuses analogies[1] ». Bien que quelques-unes d'entre elles me paraissent, à moi, assez superficielles, je ne me fais pas scrupule de les admettre.

J'admets aussi, avec M. Taillebois, que sur quelques monnaies des Elusates, en Novempopulanie (actuellement Eauze, dans le département du Gers) sont représentés des chevaux qui rappellent un peu les chevaux des bandeaux espagnols[2] ; et qu'il en est de même pour des monnaies des Sequani et d'autres monnaies gauloises, que cet auteur énumère[3]. Surtout il me plaît de retrouver sur un grand nombre de monnaies ibériques des cavaliers, le *Jinete* que nous connaissons déjà, certainement apparentés avec les cavaliers de Cáceres[4] ; il m'est agréable de voir aussi des personnages certainement ibères, comme les cavaliers de ces mêmes monnaies et d'autres encore, porter la courte épée, le javelot, le bouclier rond[5], de même que j'aime à retrouver la torsade dont il a été plusieurs fois question sur des pierres des Citanias (Voy. T. 1, fig. 21, 22). Plus les rapprochements de ce genre se multiplieront, plus il résultera clairement que le caractère essentiel des bandeaux du Louvre est d'être le produit d'un art composite habilement amalgamé, et cet art, où l'élément grec domine, est un art ibérique : en les fabriquant et les décorant, le joailler espagnol a travaillé dans le même sens et sous les mêmes influences que les sculpteurs du Cerro de los Santos ou d'Elche, que les céramistes de l'Amarejo ou de Meca. S'il s'est trouvé que sur les monuments grecs qu'il

---

1. Schlumberger, *Art. cité*, p. 9 et 10.

2. E. Taillebois, *Deux objets d'art ibériens*, p. 28. Ces monnaies font partie du *Trésor du Lanjuzan*. « Sur ces pièces on voit un cheval ailé, grossièrement fait ; les jambes sont raides, mais bouletées aux jarrets et aux pieds ; la queue et la crinière rappellent complètement celles des bandeaux de Cáceres, formées de même par des poils hérissés et écartés. »

3. *Ibid.*, p. 30. Trésor de La Villeneuve-le-Roi (Haute-Marne), dans le *Dictionnaire archéologique de la Gaule*, nos 248, 249, 250, 271, 272, etc. Statères des Osismiens, médaille de Diviliacus, monnaies des Caletes, des Pictons, des Aulerces Eburovices, des Parisii, etc., etc., d'après Hucher, *L'Art gaulois*, Le Mans, Monnoyer, 1868, 2 vol. in-4°.

4. *Ibid.*, p. 31. Monnaies de Calagurris, Ontzan, Belsinum, Bursao, Turiaso, Tufia, Legisamon, Buruesca, Belia, Aregrad, etc., etc.

5. *Ibid.*, p. 33. Monnaies d'Ontzan, de Belsinum, Turiaso, etc.

connaissait les guerriers représentés avaient un accoutrement et des armes
qui étaient aussi celles dont les Lybiens avaient pu importer l'usage en
Ibérie, c'était une raison de plus pour imiter les œuvres grecques ; et si ces
mêmes types qui ont apparu dans la décoration des vases et des fibules
de Mycènes ou d'Athènes se rapprochaient des types ibères adoptés par
les faiseurs de coins monétaires, c'était un encouragement à prendre ces
vases et ces fibules pour modèles.

Mais, il faut le dire à la louange de cet orfèvre, il a su si bien fondre
tous ces éléments qu'il est impossible de s'y méprendre, même si l'œil
n'est pas très exercé. Ces bijoux sont des objets uniques, d'un art d'imitation qui a su rester original. Toute analyse serait ici forcément difficile
et subtile ; mais pour quiconque est familier avec les monuments figurés
de la Grèce et a bien voulu faire avec moi le recensement des monuments
figurés de l'Ibérie, il ne peut être mis en doute que les bandeaux de
Cáceres sont vraiment ibériques : on peut les rapprocher de tous les
objets phéniciens, mycéniens, grecs, lybiens, gaulois que l'on voudra ;
on ne pourra les confondre avec aucun d'eux, car à l'ensemble l'auteur
a imprimé un cachet tout spécial et nouveau de maladresse naïve, aux
détails il a donné je ne sais quelle exagération de pittoresque qui touche
au plaisant sans aller jusqu'au ridicule ; il a travaillé avec une verve
jeune mais sincère qui lui constitue son originalité. Et ces défauts, comme
ces qualités, qui constituent aux bandelettes du Louvre leur état civil,
leur donnent aussi beaucoup de valeur.

*
* *

Il est un bijou, d'usage très répandu et fort utile, auquel les Ibères se
sont ingéniés à donner des formes originales, c'est la fibule. Toutes celles
que je connais sont en bronze et se rapportent aux types les plus variés.
La grande statue du Cerro de los Santos a les deux bords de sa tunique
de dessous retenus sous le menton par une fibule en T ou en arbalète,
et l'on peut très bien se figurer ce qu'était ce modèle, car on en a trouvé
des spécimens. Les figures 390, 391 et 392 en reproduisent deux
complets et le fragment d'un troisième, qui ont été publiés par M. Car-

tailhac[1]. Les deux fibules complètes ont été recueillies dans la Citania de Sabroso, le débris dans la grotte de Péniche, en Portugal. Mais le plus

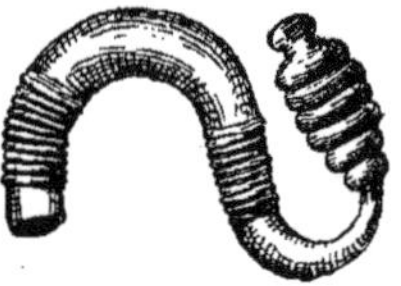

FIG. 390-392. — Fibules trouvées en Portugal.

bel exemplaire que je connaisse de cette forme est une fibule du musée

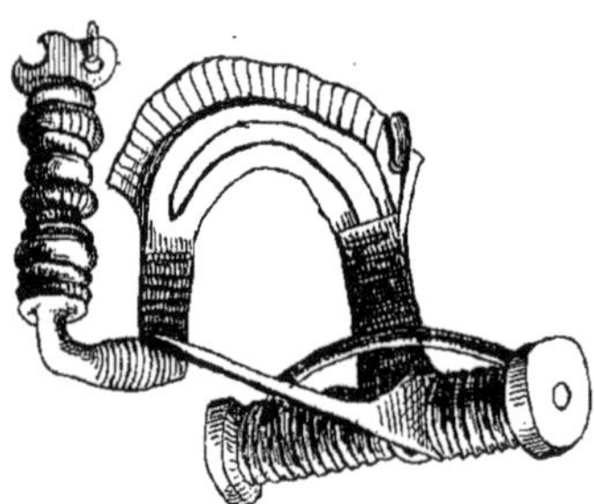

FIG. 393. — Fibule de bronze.
(Musée de Bragance.)

municipal de Bragance, trouvée à Castro de Argozello (Vimioso). Elle est d'un dessin très cherché et d'une ornementation très riche. Les petits anneaux qui s'y accrochent servaient ou de pur décor, ou de suspension pour de petites pendeloques (Fig. 393)[2]. Cette forme n'était pas exclusive, même aux lieux où elle abonde, puisque de Sabroso provient aussi la petite fibule de notre figure 394, formée d'un simple anneau et d'un ardillon mobile; elle ressemble plutôt à une boucle[3].

FIG. 394.
Fibule portugaise.

Quoique très simple ce type n'est pas des plus communs, et c'est ce qui donne du prix à l'exemplaire très soigné que possède le Louvre (Pl. VIII, n° 3). Il est plus grand que celui du Sabroso et le cercle, avec ses renflements, ses pointes recourbées, les nervures qui le décorent, est d'un excellent effet. Il faut remarquer l'importance donnée dans tous ces objets à l'extrémité de l'arc qui se retourne, se dresse et se termine par une boule ou une série de boules, du côté où vient s'accrocher l'épingle.

1. E. Cartailhac, *Les âges préhistoriques de l'Espagne et du Portugal*, p. 277, fig. 398, 399 ; p. 299, fig. 429.

2. *O Archeologo portugués*, V, p. 336, n° 2.

3. E. Cartailhac, *op. laud.*, p. 277, fig. 397.

Le type en arbalète est plus rare que le type en forme de barque,
celui que les Italiens appellent *a navicella* ou *a sanguisuga* (en forme de
sangsue). De beaux spécimens en existent au Musée de Madrid et dans
la collection de jour en jour plus riche de D. Antonio Vives ; j'en ai rapporté quelques-uns au Louvre, provenant du Cerro de l'Amarejo et de
Meca. Notre Musée national en possédait déjà de remarquables exemplaires, dont l'origine est certainement espagnole, sans qu'on puisse
la préciser davantage ; on voit les deux plus importantes figurées planches
III, à droite, et VIII, n° 1, et il est intéressant de les rapprocher de
celle que reproduit la figure 395, d'après l'*Archeologo portugués*.

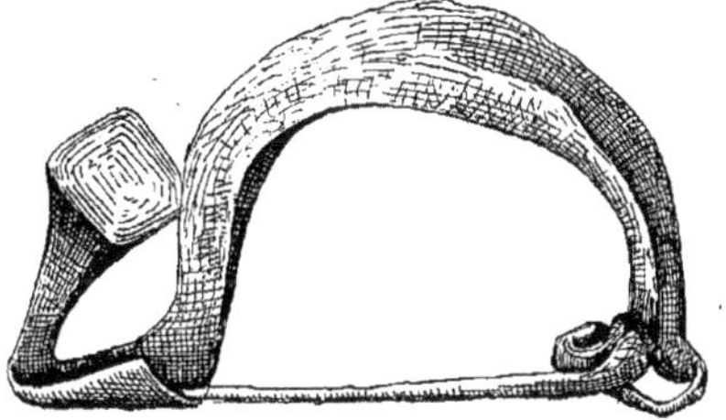

Elle a été trouvée à Castro de Picote (Miranda de Douro) et appartient
au musée de Bragance[1]. Toutes ces fibules valent surtout par les
formes variées de l'arc en nacelle, mais le métal est lisse et sans ornements, sauf dans le bel exemplaire du Louvre (Pl. II) où le bronze est
décoré de très simples, mais élégants motifs de style géométrique, les
uns au trait, les autres en relief.

Au contraire M. Cartailhac a fait connaître quatre fibules découvertes
en Espagne, on ne sait pas exactement en quel lieu, qui ont été achetées par
le musée de Saint-Germain. Elles sortent d'une même fabrique, et l'intérêt réside dans l'ornementation de l'arc qui est à facettes ou à canne-
lures, quelquefois avec des lignes de points très fins bordant les arêtes,
et surtout dans la forme et le décor de la tête redressée. Les boules que j'ai
signalées tout à l'heure sont remplacées par des excroissances à quatre

1. *O archeologo portugués*, V, p. 336 ;   *de Santa Lucia, Ibid.*, VIII, p. 15, fig. 3,
cf. deux fibules provenant de *Cidada velha*   4 (J. L. V.).

pans plats ou concaves, terminées par une section plane. La face supérieure et les côtés de cette sorte de dé sont ornés de petites lignes de points, de petits cercles concentriques juxtaposés, qui forment de très simples, mais élégants décors géométriques (Fig. 396-399)[1].

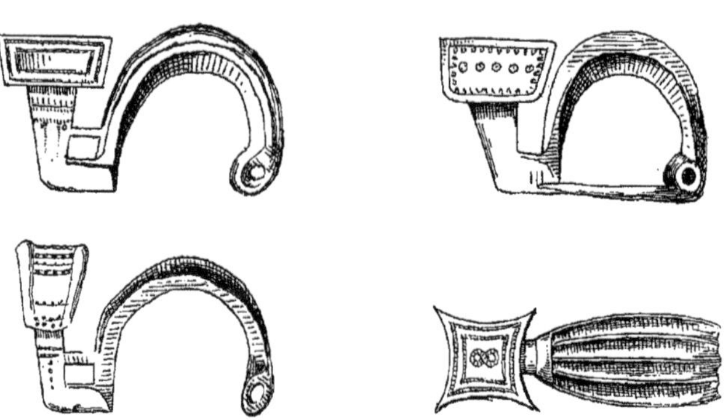

Fig. 396-399. — Fibules ibériques. (Musée de Saint-Germain.)

Mais ces types ayant été très en honneur chez les Romains et étant en somme assez simples, il est parfois difficile de spécifier ceux de ces objets trouvés en Espagne qui sont plus spécialement ibériques. Au contraire il en est d'autres qui n'existent pas ailleurs. Je citerai d'abord les fibules qui sont les plus fréquentes dans la région du Cerro de los Santos. Elles combinent le simple anneau à ardillon, dont on vient de voir un modèle (Fig. 394) avec la navicelle. J'en ai dessiné une (Fig. 400) qui a été trouvée au Cerro même[2]; de plus belles comme forme et perfection du travail ont été déterrées à l'Amarejo et à Meca; elles sont aujourd'hui au Louvre, et ce

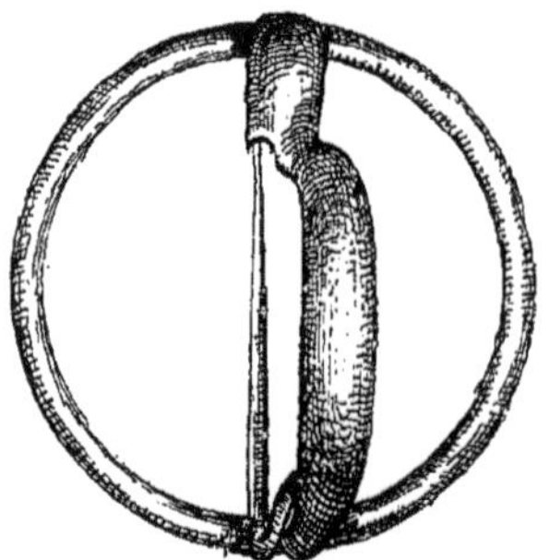

Fig. 400. — Fibule de bronze.
(Cerro de los Santos.)

déterrées à l'Amarejo et à Meca; elles sont aujourd'hui au Louvre, et ce

1. E. Cartailhac, *Op. laud.*, p. 298, fig. 422, 424, 426, 428.
2. D'après une photographie faite au mo-

ment même de la découverte par l'abbé Palau, alors prêtre à Yecla, mais par malheur, à peine distincte.

musée possède aussi, à la suite d'un achat, les très beaux exemplaires
représentés planches II, à droite, et VIII, n° 2, dont la provenance n'est
pas exactement connue. Peu importe, d'ailleurs, car le propre de ces
bijoux est d'avoir beaucoup voyagé ; on en trouve aussi bien en Portugal
que dans la région de Murcie. Tout dernièrement encore, M. l'ingénieur
Sandars en a signalé une toute petite à M. Salomon Reinach ; elle a
été trouvée dans une caverne d'Andalousie, près du fameux défilé de
Despeña Perros, dans la Sierra Morena [1]. La seconde fibule du Louvre
est la plus intéressante de toutes, car elle tient à la fois de la fibule à
anneau, de la fibule à arc et de la fibule à navicelle, et celui qui l'a
dessinée a eu l'heureuse idée d'arrondir la navicelle en forme de demi-
boule, de façon qu'elle épouse logiquement la forme de l'anneau :
mais la première porte une décoration beaucoup plus belle ; l'anneau
est guilloché de cercles et de quadrillages, et à la navicelle sont accrochés des anneaux. C'est une des fibules les plus riches qui aient été
trouvées en Espagne.

*
* *

Quelques-uns de ces modèles sont fort beaux ; mais pour l'originalité
il faut placer au premier rang la grande fibule que je puis appeler *au
Jinete,* que j'ai déjà signalée au chapitre des petits bronzes. Il faut la faire
connaître en détail (Fig. 401).

Le premier qui l'a publiée est M. Arthur Engel, qui l'a dessinée chez
M. le comte de Valencia de San Juan, conservateur de la Real Armeria,
son premier possesseur. Celui-ci l'avait achetée en Espagne, mais la provenance exacte lui en était inconnue [2]. Elle est passée depuis dans la collection de M. Vives, et M. Mélida a eu par suite l'occasion de l'étudier
avec soin, en même temps que tous les bronzes de ce riche cabinet. Voici
la description qu'il en donne [3] :

« Fibule, figurant un guerrier à cheval. Le cavalier est coiffé d'un

<hr>

1. *Revue archéologique,* 1903, p. 414.
2. *Ibid.,* 1896, t. XXIX, p. 14.
3. Collection Vives, dans *Revista de Archivos,* 1900, p. 163, pl. IX, n° 53. Cf. J.-

R. Mélida, *El jinete ibérico,* dans *Boletín
de la Sociedad española de excursiones,*
Ag. — Oct. 1900.

casque du type phrygien, à deux couvre-oreilles ; il manque le cimier
dont on remarque la cassure. Il porte une cuirasse, peut-être la cuirasse
grecque de toile assujetie par des courroies qui se croisent sur la poitrine
et les épaules, depuis la taille jusqu'aux côtés du ceinturon, étant fixées
au point où elles se croisent par un clou. Il manque à la figurine le bras
gauche, l'avant-bras et le bras droit et la jambe gauche. Ce *Jinete* est
une pièce à part, attachée au cheval par un clou passé à travers la rotule
droite. Le cheval, interprétation fantastique de l'animal et réduit en
partie, surtout à l'endroit du cou, à une plaque découpée, ajourée et

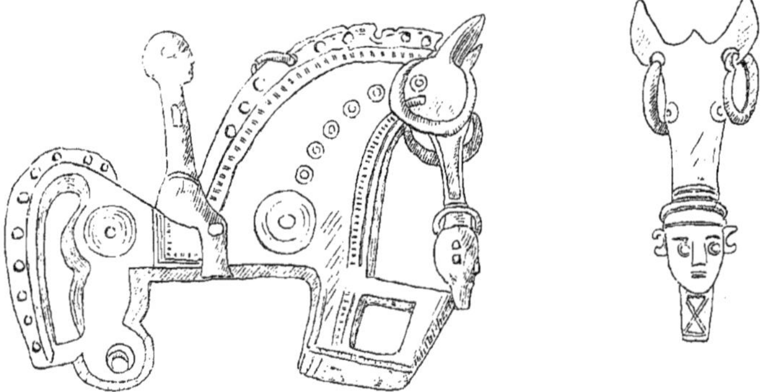

Fig. 401. — Grande fibule en bronze. (Collection Vives.)

gravée, porte des anneaux en guise de pendants d'oreilles ; il apparaît
orné de petits cercles concentriques gravés, et la crinière et la queue sont
festonnées de petits trous, à chacun desquels pendait un petit anneau,
comme le fait deviner l'unique qui reste en place à la crinière. C'est aussi
par un trait gravé qu'est indiqué le caparaçon ou l'appareil quelconque
qui sert de selle au cavalier. Le cheval appuie le museau sur une tête
dont les oreilles avaient des pendants, à en juger par les trous. L'ardillon
de la fibule manque. Hauteur 0^m,075, longueur 0^m,093. »

Tout est étrange dans cet objet, le sujet comme l'exécution artistique.
M. Mélida y reconnaît une image du *Jinete* dont j'ai parlé à propos du
joli bronze de Palencia, et sans doute il a raison ; c'est dans tous les cas
le Jinete transformé par la fantaisie d'un fabricant plein d'imagination et,

si j'ose le dire, stylisé. Je ne m'inquiète pas beaucoup de ce luxe d'anneaux passés à la crinière et à la queue, de ces pendants d'oreilles, non plus que des formes si mal proportionnées du corps du cheval et du corps de l'homme. Tout cela nous est déjà connu par l'étude faite au précédent chapitre des petites figurines populaires de bronze, et par l'examen à l'instant terminé des bandeaux de Cáceres ; c'est le propre de l'art ibérique, dans ses productions les plus humbles, d'en prendre très à son aise avec la nature et la vérité. Je suis plus empêché de comprendre pourquoi le cheval pose ainsi sa tête sur une tête humaine [1] ; il y a là probablement une allusion à quelque croyance, à quelque légende religieuse, dont c'est ici le seul témoignage, à moins que l'on ne retrouve quelque chose d'analogue sur certaines monnaies, où l'on voit un cheval, le cou baissé, flairer des naseaux une tête de bœuf posée devant lui [2] ?

Cette croyance semble d'ailleurs s'être localisée dans une région précise, dont le centre est Palencia. Il existe, en effet, au Musée de Madrid six fibules *au Jinete* qui, toutes, se rattachent étroitement à celle de M. Vives (Pl. V, n° 1, Fig. 402, 403, 405, 406, 407) [3]. M. Vives en possède deux de même origine (Fig. 404, 408) [4]. Une seule (Fig. 407) montre un cheval portant son cavalier ; encore ce dernier doit-il plutôt se deviner, tant est bizarrement accommodé le personnage — encore plus que le cheval — à je ne sais quelle intention de stylisation décorative. Tous les autres chevaux sont sans écuyer, et peut-être n'en ont-ils jamais eu. La plupart ont le corps semé de ronds concentriques, comme celui de la grande fibule (Pl. V, n° 1, Fig. 404, 405, 406) ; le plus grand (Pl. V, n° 1) a la crinière et la queue percées de trous destinés à suspendre de petits anneaux ; tous ont le col arrondi, ainsi que la queue.

---

1. Ce détail, auquel M. Mélida n'attache pas grande importance, me semble de nature à fortement ébranler son opinion que le Jinete des monuments ibériques, petits bronzes, fibules, stèles, monnaies, est le *Castor* des Grecs et des Romains.

2. Delgado, *Nuevo metodo*, II, pl. CLXXVII, n° 2 (Tarraco).

3. N°ˢ 8324, 7883, 7884, 7882, 7883 *bis*, 8940. On me pardonnera de leur donner ce nom « *au jinete* » quoique l'on n'y voie qu'une fois un cavalier.

4. Collection Vives, n°ˢ 39 et 42 (Pl. VIII). Il semble résulter très logiquement de la provenance de toutes ces fibules que la grande fibule de cette collection a aussi été fabriquée, sinon trouvée, à Palencia. C'est ce que propose du reste d'admettre M. Mélida.

Trois seulement (Pl. V, n° 1, Fig. 404, 405) semblent poser le museau
sur un objet qui doit être identique à la tête humaine de la grande fibule
Vives, mais que l'oxydation a rendu indistinct; trois (Fig. 403, 406,

Fig. 402-408. — Fibules de bronze de provenances diverses.

408) voient cet accessoire remplacé par une simple tige qui va de la
bouche aux pieds de devant ; enfin, le cheval de la figure 407 ouvre la
bouche, suivant l'habitude des figurines qui représentent cet animal,
mais il n'y a rien au-dessous de sa tête. Du reste, le style de ces petits
objets est fort variable, de même que la facture ; le cheval peut être plus

ou moins allongé et mince, plus ou moins court et massif, avoir un peu plus d'élégance ; mais jamais on ne peut louer la moindre velléité d'observation juste, le moindre effort pour copier la nature ; la convention, et non la meilleure, règne en maîtresse[1]. Plusieurs autres fibules zoomorphiques, comme on les appelle, c'est-à-dire dont l'arc affecte la forme d'animaux, n'ont même plus l'originalité du sujet ; et les bêtes qu'elles représentent sont aussi mal façonnées que les chevaux de tout à l'heure.

J'ai noté trois oiseaux qu'il est bien difficile d'identifier (Fig. 343, 345, Pl. V, n° 4)[2], une grenouille, réduite à une sorte de figure géométrique, avec deux petites boules simulant les yeux, et des cercles concentriques gravés sur tout le corps et les pattes (Pl. V, n° 7)[3], et un taureau (Fig. 409)[4]. Tous ces bijoux proviennent de Palencia. Le dernier est d'un style plus lourd et plus rude. Par analogie avec les chevaux de tout à l'heure, ce taureau a la tête posée sur un objet indistinct, qui rappelle sans doute la tête des précédentes fibules.

M. Vives possède aussi une fibule dont l'arc a un vague aspect de quadrupède ; seulement le cou de l'animal se relève en figurant un phallus au bout duquel est passé un anneau (Pl. V, n° 8)[5]. Mais je préfère attirer l'attention sur un groupe de cinq autres fibules, provenant aussi de Palencia, et qui sont fort curieuses ; le caractère phallique en est également très net. L'arc en est formé par l'image, très dénaturée et passablement malaisée à reconnaître, d'un éléphant. C'est la trompe relevée qui figure le phallus. L'imagination de l'artiste s'est donné carrière. Ici,

---

1. Il n'y a pas d'hésitation possible sur la fabrication ibérique de ces fibules. Le sujet, le style sont absolument distincts de tout ce que, pour ma part, je connais. Les seuls objets qui ont quelque rapport avec elles sont les boucles de ceinturons découpées à jour où se voient des chevaux mangeant dans une auge (?). Ces fragments sont assez répandus, et on les attribue à l'art des barbares à la chute de l'Empire romain. Il n'y a là, il me semble, qu'une ressemblance fortuite et d'ailleurs lointaine. L'aspect de ces boucles donne une impression tout à fait autre. (Voy. en particulier Baron de J. de Baye, *L'art des Barbares à la chute de l'Empire romain*, dans *L'Anthropologie*, I, p. 388.)

2. Les deux premières fibules ont été jointes à d'autres figures d'animaux dans le chapitre précédent, où j'ai d'ailleurs fait remarquer que c'étaient des fibules. Toutes les trois appartiennent au Musée de Madrid.

3. Musée de Madrid, n° 7879.

4. *Ibid.*, n° 7890.

5. Collection Vives, dans *Revista de archivos*, 1900, p. 162, n° 51, pl. VIII. Bronze vert, hauteur 0m,055. Provient de Palencia.

l'éléphant, assez-distinct par la masse de son corps, de ses lourdes pattes, de sa trompe, a le corps orné de traits en creux formant des figures géométriques ; sur son garrot, au-dessus de sa croupe, deux excroissances percées chacune de deux trous recevaient des anneaux ; c'est le même motif décoratif que nous ont révélé les fibules *au Jinete* (Pl. V, n° 3). Les pattes de l'éléphant de la figure 410 sont assez véritables, mais son corps est beaucoup trop mince ; on ne distingue pas bien sa tête, quoique le modeleur ait façonné des oreilles. Sur la cuisse et sur l'épaule sont gravés les cercles concentriques dont nous avons déjà connaissance. Les

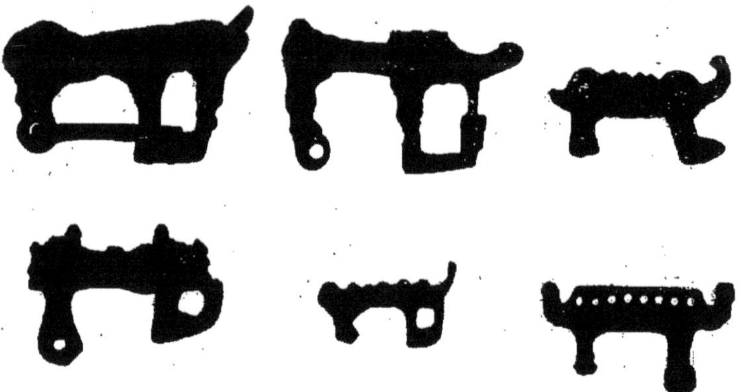

Fig. 409-414. — Fibules ibériques de provenances diverses.

figures 411 et 413 s'éloignent plus encore de la réalité vivante ; le corps est boudiné, et comme annelé ; et si l'on n'avait sous les yeux la série complète, on aurait peine même à songer que l'intention de l'auteur a été de reproduire le pachyderme. Avec la figure 412 on entre dans la plus extravagante fantaisie ; le corps de l'animal est cerclé de bandes et d'anneaux profondément striés, qui le rendent impossible à identifier, d'autant que la trompe a été brisée. Enfin, la figure 414 est une simple barre qui s'affile par en haut en lame coupante percée de trous, qui supporte deux tiges terminées par des boules, et aux deux extrémités de laquelle se retournent en se dressant deux courtes crêtes arrondies. Ce n'est plus qu'un ornement dont la genèse serait bien difficile à expliquer et le sens à comprendre, si l'on ne savait par quels intermédiaires a passé la bête qu'il est censé figurer.

Je ne me dissimule pas que toutes ces fibules sont d'un art qui n'est pas bien varié, et qui manque totalement de délicatesse ; elles n'en ont pas moins cet intérêt très peu méprisable de nous faire connaître des produits d'une même région et d'un même atelier, peut-être à une même époque. Combien il serait désirable qu'il pût être constitué des séries semblables pour les plus importants centres de fabrication de l'Espagne.

*
* *

Si les guerriers Ibères, comme leurs femmes aimaient les bijoux d'argent, d'or ou de bronze, et se paraient de fibules, de bracelets et de colliers, il n'en est pas moins vrai que leurs véritables joyaux, c'étaient leurs armes. Aussi ne faut-il pas s'étonner que l'industrie des fabricants d'épées et de poignards qui était chez eux florissante, se soit rapprochée de l'industrie des orfèvres [1] ; l'art de décorer le métal d'une arme touche de près à celui de façonner et d'orner le métal d'un bijou, et il semble que chez les premiers armuriers de l'Espagne, lointains prédécesseurs des fameux ouvriers de Tolède, cet art ait de beaucoup surpassé l'art congénère.

Je n'ai pas ici à m'occuper d'une question délicate, qui n'est pas encore tranchée, à savoir ce qu'était exactement ce *gladius ibericus* qu'à partir de la seconde guerre punique les Romains donnèrent à leurs légions en échange de l'épée gauloise. Le modèle de cette épée, qui n'était pas une arme de luxe mais de combat, devait être fort simple, et très sobre d'ornements. Ce qui l'avait fait adopter par les Romains, c'était, sans doute, d'abord sa force et sa commodité pratique, car elle était courte, pointue, à deux tranchants, propre à frapper de taille comme

---

1. Je voudrais pouvoir parler des boucliers ibériques ; mais je ne sache pas qu'il en ait été découvert aucun. Les statues lusitaniennes, les figurines de bronze Saavedra, le Jinete du Salobral ne nous donnent des renseignements que sur la forme ronde, et l'*umbo* central. Le dernier pourtant montre, autour de cet umbo, des traits gravés en étoile.

d'estoc, ensuite la supériorité de sa fabrication, que les Romains essayè-
rent en vain d'égaler[1].

Si l'on en juge par quelques épées et poignards ibériques qui sont
conservés au Musée de Madrid, les Romains avaient eu l'embarras du
choix entre différentes formes également dangereuses et pratiques ; tantôt

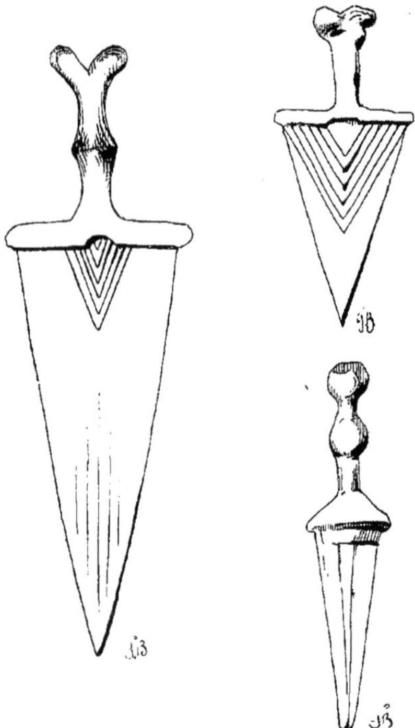

FIG. 415-417. Armes au Musée de Madrid.

la lame des poignards est large près de la poignée, et, très courte, forme
un triangle plus ou moins allongé. La poignée se divise au bout en deux
cornes, pour retenir la main, et, au centre se trouve un renflement ; sur
la lame on a simplement gravé quelques chevrons. Tels sont les poi-

2: Voy. les textes cités par E. Beurlier, *Dictionnaire des antiquités* de Daremberg et
Saglio, s. verb. *Gladius*, p. 1605. Je crois qu'il existe un exemplaire très bien conservé de ce
glaive dans la collection Salazar, à Alcalá-la-Real (Jaén).

SABRE IBÉRIQUE EN FER (ALMEDINILLA)

MUSÉE ARCHÉOLOGIQUE DE MADRID

gnards que représentent les figures 415, 416, 421[1]; il faut remarquer
que les lames sont en fer, car, pour les ustensiles et les armes, l'Espagne
a suivi la loi commune, et dès la fin de l'âge préhistorique le fer s'y est
substitué au bronze. De plus, si quelquefois toute la poignée et la garde
sont du même métal que la lame, il arrive que celle-ci est formée par
une tige de fer autour de laquelle est fixé du bois. Par l'effet du temps,
cette garniture a le plus souvent disparu.

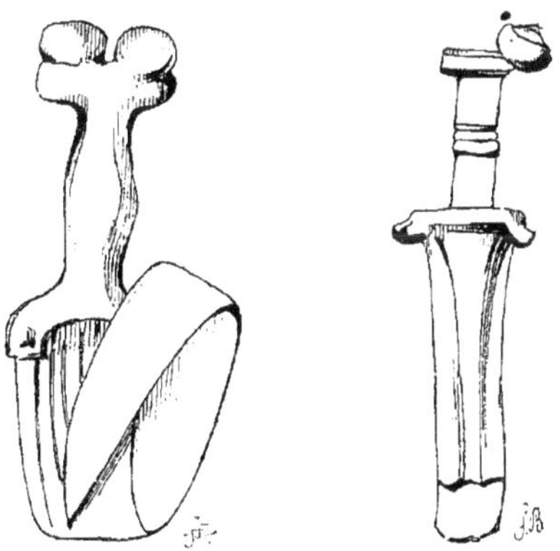

Fig. 418-419. — Armes ibériques au Musée de Madrid.

Les figures 418, 419 sont aussi l'image de poignards, ou de très courtes
épées, dont seulement la lame est plus allongée et plus fine, dont les
antennes rudimentaires sont remplacées par des boutons d'arrêt[2]. Il est
plus rare de voir la double corne remplacée par un unique pommeau en
boule; c'est le cas d'une sorte de stylet, dont la poignée de bois, et peut-
être aussi la garde, a disparu; la lame en est très fine et pointue, sans

1. Fig. 415, Cartailhac, *Ages préhistoriques*, fig. 357 (Espagne centrale); fig. 416,
Musée de Madrid, n° 10458; longueur,
0^m,30; il en existe un autre exemplaire également avec manche de bois aujourd'hui perdu
(Musée de Madrid, n° 10462). Fig. 421,
Musée de Madrid, n° 10483; longueur,
0^m,40. Le n° 415 a été publié par Vilanova

y Piera et J. de Dios de la Rada, dans *Geo-
logia y protohistoria ibéricas* (*Historia
general de España*), p. 604.

2. Fig. 419 = Musée de Madrid, n°
10460, longueur, 0^m,25 = Cartailhac, fig.
358. La fig. 418, dont j'ignore le numéro à
Madrid, est calquée sur Cartailhac, fig. 360
(= Vilanova et la Rada, *op. laud., ibid*).

aucun élargissement vers le milieu de la longueur, comme cela se présente plus d'une fois (Fig. 422)[1].

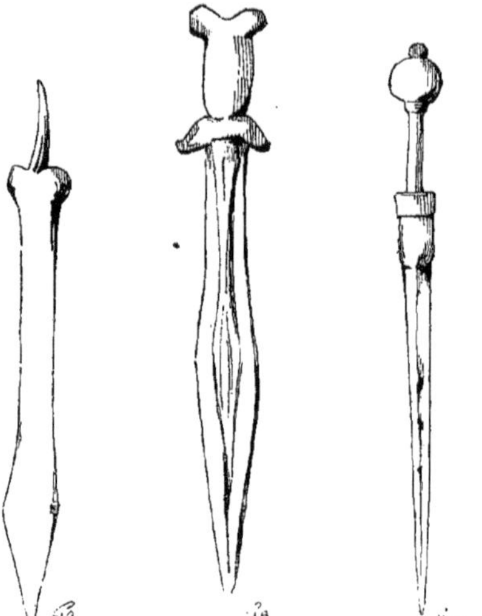

Fig. 420-422.
Armes ibériques au Musée de Madrid.

Fig. 423.
Glaive trouvé en Galicie.

Mais, dans cette série, je ne connais qu'un exemplaire qui mérite de m'occuper ici, car c'est le seul qui ait quelque recherche artistique. M. Villa-Amil y Castro en a donné le dessin que je reproduis dans un article du *Museo Español de Antigüedades* sur des *Armas, ustensilios y adornos de bronce recogidos en Galicia* (Fig. 423)[2]. La poignée est en bronze, tandis que la lame est en fer. Cette dernière qui est légèrement bombée, est couverte dans le sens de la longueur de fines lignes parallèles, et contre la garde s'ouvrent deux yeux découpés en plein dans la soie ; ce simple vide, à droite et à gauche, dans la partie la plus large du

---

1. Musée de Madrid, n° 10465, longueur, 0m,35 ; cf. le n° 10457, dont seulement la lame est plus large à la garde; longueur, 0m,25 (Fig. 417).

La fig. 420 correspond au n° 10466 (longueur, 0m,30). La poignée a entièrement disparu, et la lame s'élargit brusquement, avant de devenir pointue, un peu comme un fer de lance.

2. T. IV, p. 59, et pl. n° 8. L'arme a été trouvée en novembre 1869 en Galicie, près de la Peña Grande, sur la route provinciale de Vivero à Meira (district municipal de Mondoñedo). Publié aussi par Vilanova et la Rada, *op. laud.*, p. 597, fig. 101.

métal, est d'un effet gracieux et léger. Quant à la poignée, elle est à
peine renflée d'un boulet allongé à l'endroit où se place la main, et se
divise en deux cornes terminées en guise de boules par deux coins tron-
qués. Une petite tige qui dépasse au centre de la courbure des cornes est
comme le rappel de la tige de l'épée prolongée en arrière pour s'emman-
cher dans la poignée façonnée à part. Ce qu'il faut louer dans cet arrangement un peu lourd, c'est moins le résultat que l'effort tenté pour con-
cilier l'utile et l'agréable[1].

*
* *

J'ai hâte d'arriver à de véritables armes de luxe, plus originales, et
dont on ne trouve des spécimens qu'en Espagne, je veux parler des sabres
dont les découvertes d'Almedinilla, dans la province de Cordoue, ont
rendu au jour les plus précieux modèles. Ce sont des armes de fer. En
dehors de celles d'Almedinilla, qui sont dispersées au Musée de Madrid,
dans une collection privée d'Alcalá-la-Real, au Musée d'artillerie de
Paris[2], au Musée de Cordoue, dont il existait il y a quelques années un
exemplaire au Musée Estruch, de Barcelone[3], je ne connais que les sabres

---

1. Je ne me dissimule pas que l'on peut contester à certaines de ces armes l'épithète d'ibériques, au sens où je l'emploie toujours ; en effet, par leur forme, elles se rapprochent beaucoup d'armes qui se rencontrent un peu partout, dans le monde celtique et gaulois, par exemple (Voy. Bertrand, *Archéologie celtique et gauloise*, p. 221), et jusqu'à l'âge préhistorique. Mais, de même que pour les bracelets et les colliers que j'ai étudiés plus haut, je crois reconnaître un style assez particulier pour croire à une fabrication espagnole ; j'admets cependant l'influence ou la persistance même d'une tradition venue de loin.

2. Grâce à l'extrême obligeance de M. le colonel commandant le Musée d'artillerie, j'ai pu avoir des renseignements sur ce sabre, égaré au milieu d'une collection où l'on ne s'attendait guère à le trouver. Il a été acheté à un marchand d'armes, M. Boban, *comme*

sabre sarrazin, en même temps qu'une lance sans doute de même provenance. Il a été inscrit à l'inventaire sous le n° J. 1234, et figure au 3e volume du *Catalogue du Musée* ; la notice dit qu'il a été trouvé à Almedinilla, près de Cordoue. La lame, est-il remarqué, est absolument celle des *koukris* du Népaul. « De la poignée il ne reste que la soie se retournant en crosse, de façon que la poignée est presque fermée... La fusée de deux pièces était maintenue sur la soie par quatre rivets qui subsistent, par une chape au talon, et une platine rivée au bout de la soie. L'arme a pu être rapportée de l'Orient par des voyageurs, puis perdue en Espagne. » Longueur, 0m,52.

3. Ce Musée, qui appartenait à un particulier, n'existe plus, je crois, à Barcelone. J'y avais pris un croquis du sabre en question en 1897. Il portait le n° 1336, et on indiquait comme provenance la province de Teruel.

que possède D. Pascual Serrano, à Bonete, et qu'il a trouvés à l'Amarejo, celui de M. Vives et ceux que m'a signalés M. Arthur Engel dans la collection de M. le marquis de Comillas[1].

On a des renseignements assez précis sur les fouilles qui ont été faites à Almedinilla, en 1867, par D. Luis Maraver y Alfaro, alors directeur du musée de Cordoue, à qui les musées de Madrid et de Cordoue doivent les objets qu'ils possèdent de cette origine. Peut-être d'ailleurs faut-il comprendre sous ce mot de « trouvailles d'Almedinilla » des objets recueillis ailleurs, car l'inventaire du musée de Madrid parle « *d'épées d'Almedinilla et de Fuente Tojar* » sans qu'on puisse établir si l'indication s'applique à toutes les armes du groupe exposé dans la même vitrine. Les plus importants de ces sabres ont été dessinés par M. Cartailhac dans ses *Ages préhistoriques de l'Espagne et du Portugal*[2], et D. Fernando Fulgioso, dans le *Museo Espanol de Antigüedades*[3] en a figuré quelques spécimens, parmi les moins bien conservés, par malheur.

La forme de ces sabres n'est pas une forme spéciale aux armuriers ibériques. On la connaît depuis longtemps, et la liste serait interminable des armes antiques qui ont une lame semblable, et des monuments où il en est figuré. M. Cartailhac[4] en a énuméré quelques-uns, et il résulte de cette recherche sommaire, à laquelle je renvoie le lecteur, que cette espèce de yatagan était en usage chez les Orientaux, puis chez les Grecs, à l'époque classique, chez les Étrusques, chez les Romains ; c'est sans doute les Grecs qui lui ont donné le type définitif, car on le rencontre très fréquemment sur les vases peints de l'époque classique ; on peut lui donner le nom grec soit de μάχαιρα, soit de κοπίς : on sait que Quinte-Curce a défini ainsi la κοπίς : *Copidas vocant gladios leviter curvatos fal-*

---

1. Les glaives de M. Serrano, de M. Vives, et du marquis de Comillas sont inédits.

M. Cartailhac a vu en Portugal, au Musée d'Evora, la moitié d'un sabre identique à ceux d'Almedinilla, et provenant de la nécropole d'*Alcacer do Sal*, « sur la colline qui forme la rive droite du Sado, et sur la pente qui regarde le fleuve » (*op. laud.*, p. 251). Dans cette nécropole, dit plus loin cet auteur, « il y avait des épées courbes avec poignées fort originales et fort artistiques, couvertes d'incrustations d'or et d'argent, comme certains de nos bijoux mérovingiens » (p. 252) Mais ces richesses ont malheureusement disparu. Les retrouvera-t-on ?

2. Fig. 365, 366, 367, 368.

3. *Armas antiguas ofensivas de bronce y hierro*, etc., dans le t. I, p. 353.

4. *Op. laud.*, p. 250 et s.

cibus similes[1]. Les lames de nos glaives ibériques sont de contours absolument identiques à celles des plus probables exemples de *copides*.

Quant à la poignée, les documents grecs et italiens la font connaître avec d'assez nombreuses variantes, depuis la simple tige terminée par un pommeau rond, ou par une crosse, avec un dépassant servant de garde à l'origine de la lame, jusqu'à l'élégante tête d'oiseau. Souvent il y a une véritable sousgarde, pour que la main s'emboîte comme dans un anneau et ne puisse pas facilement lâcher prise[2]. Les glaives espagnols du type d'Almedinilla sont plus originaux. Sauf des exceptions sur lesquelles je reviendrai, la poignée consiste en une plaque de fer découpée dont la silhouette donne le profil d'une tête et d'un cou de cheval. Sur cette plaque, qui ne faisait d'ailleurs qu'un morceau avec la lame, et dont les figures 424 et 425 montrent très clairement la disposition, on fixait avec des rivets des pièces de rapport, de bois ou de métal sculpté, qui donnaient à la silhouette le relief et le détail de la tête modelée en ronde bosse.

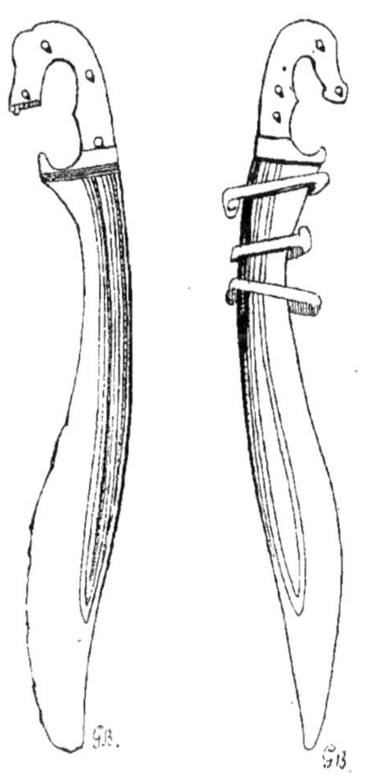

Fig. 424 425. — Sabres d'Almedinilla.

Il pouvait arriver, comme cela se voit aux figures 426 et 427 que le motif fût constitué par une lame de métal découpée à jour, à travers les trous de laquelle apparaissait une matière différente, par exemple du cuir, une étoffe précieuse de riche couleur, ou de l'ivoire, de l'os, une pierre rare, etc. Quelquefois la main était retenue simplement par la tête du cheval et ses mâchoires ; mais il pouvait arriver aussi que cette tête

---

1. Quint.-Curt., VIII, 14. Voy. sur la *Copis* l'article du *Dictionnaire des antiquités*, de Daremberg et Saglio, où l'auteur ne réussit pas absolument à distinguer cette arme de la *Machœra*.

2. Voyez les figures de l'article *Copis*, dans le *Dictionnaire des antiquités*, et les figures 369 à 378 du livre de M. Cartailhac.

fût reliée à la garde par une tige : la poignée était ainsi fermée (Fig. 427).
Ce détail nous rappelle que nous avons déjà vu une disposition semblable
dans les curieuses fibules du type *au Jinete,* fabriquées ou du moins
trouvées à Palencia, et c'est l'occasion de se demander si la tête de cheval n'a pas été choisie justement en honneur de ce *Jinete,* ce héros cavalier qui devait être une divinité guerrière. Peut-être même est-on en
droit de supposer que ce sabre était plus particulièrement un sabre de
cavalerie.

On le portait sans doute à la taille, comme le montre le fragment de
statue d'Elche dont j'ai donné l'image dans un autre chapitre (T. I, fig. 307).
Cette sculpture, comme un autre fragment trouvé au Cerro de los Santos
(T. I, fig. 252) prouve d'ailleurs que tous ces *copides* n'étaient pas aussi
richement façonnées, et que la poignée pouvait en être très simple, et
partant plus solide et plus pratique. Le fer aiguisé était protégé par un
fourreau, sans doute en bois. Le sabre que représente la figure 425,
a encore trois anneaux aplatis jouant autour de la lame[1]. Deux d'entre
eux ont à l'arrière un anneau de suspension, ce qui prouve que l'arme
ne se portait pas toujours passée dans la ceinture, à la mode des Turcs,
et à la mode des personnages du Cerro que je viens de rappeler.

Mais ce qui nous intéresse le plus, c'est la décoration que portent plusieurs des glaives d'Almedinilla, aussi bien sur la lame qu'à la poignée.

Sur la lame, il peut y avoir simplement une série de lignes très menues
et très finement tracées qui figurent comme un second glaive dessiné sur
le premier ; telles sont les lames de Madrid numéros 10497 (Fig. 424) et
10468 (Fig. 425)[2]. Mais exceptionnellement, le décor devient plus riche.
C'est le cas du n° 10481 (Pl. X)[3], peut-être le plus intéressant, quoique
n'étant pas le plus beau de la série.

Ce sabre nous est parvenu bien mutilé, et c'est pour cela sans doute qu'il
n'a pas attiré l'attention. En effet, la moitié au moins de la poignée a été
brisée, et la lame, très oxydée, est ployée en deux. M. Cartailhac a remarqué
le même fait pour des épées trouvées en Portugal, dans la nécropole

---

1. Le n° 10471 a aussi conservé deux
douilles, dont une est munie d'un anneau de
suspension.

2. Ajouter les n°ˢ 10468, 10470, 10471,
10472, 10473, 10474, 10476, 10478.

3. Inédit.

POIGNÉES DE SABRES IBÉRIQUES EN FER
(ALMEDINILLA)
MUSÉE ARCHÉOLOGIQUE DE MADRID

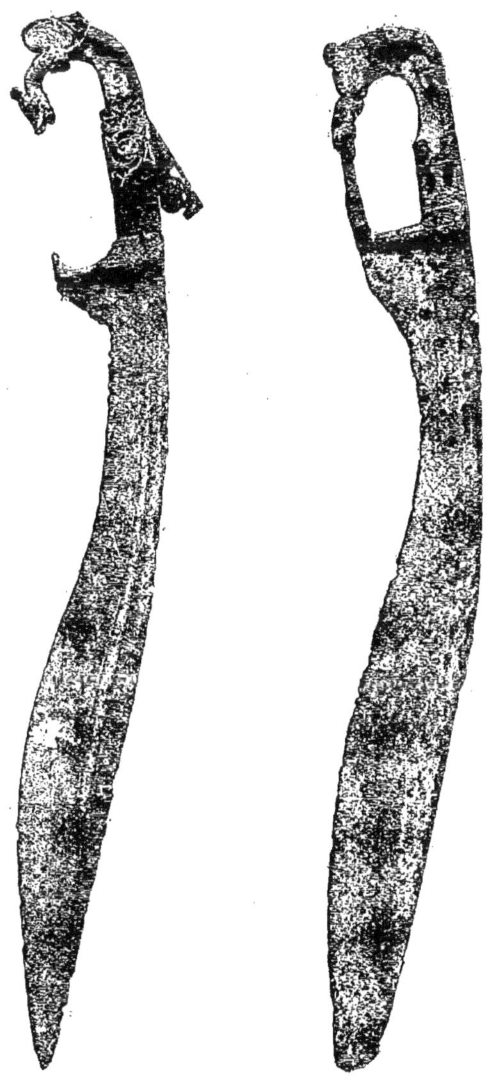

Fıc. 426 et 427. — Sabres d'Almedinilla. (Musée de Madrid.)

d'Alcacer : « A Avezac[1], dit-il, les armes étaient presque toutes déformées de la même manière, et l'on a supposé qu'elles n'avaient pu être mises en cet état qu'après avoir été passées par le feu, et alors qu'elles étaient encore rouges. Le fait est qu'elles sont généralement associées à des torques et autres objets en bronze à demi fondu ; d'autres fois, elles ont été soumises à une destruction intentionnelle, et brisées en plusieurs morceaux[2] ». Le sabre en question n'est pas un exemple unique pour la station d'Almedinilla ; j'ai déjà parlé d'un poignard (Fig. 418) et j'ai noté encore les sabres nᵒˢ 18439 et 18440 de Madrid qui sont pliés une fois, et le nᵒ 10080 replié trois fois, en forme d'S[3].

Quoi qu'il en soit, et malgré l'oxydation de la lame, on voit que la soie est décorée d'un très fin lacis de traits gravés par une menue pointe, et ce lacis n'est pas banal ; il reproduit exactement le dessin de l'une des célèbres lames de poignards d'or de Mycènes, sauf les petites rosettes qui agrémentent le nœud des spirales entrelacées[4].

Ce décor mycénien se poursuit sur la poignée, ou pour parler plus justement, ce sont encore des dessins empruntés à l'art de Mycènes qui ornent l'encolure du cheval, du moins ce qu'il en reste. Une guirlande de spirales courant l'une après l'autre borde la garde et le côté intérieur de la poignée ; contre la lame, en travers, il reste trois zones, l'une décorée d'une ligne de zigzags, la seconde, plus large, enfermant une sorte de grecque aux bords arrondis, et la troisième un rinceau horizontal d'enroulements.

Le glaive nᵒ 10475 (Fig. 427 et Pl. XI, à droite)[5] ne porte sur la lame d'autre ornement que des lignes très fines, analogues à celle des figures 424 et 425. Mais la garde et la poignée sont aussi décorées dans

---

1. Avezac (Hautes-Pyrénées) où l'on a fouillé un antique cimetière. Voy. *Bulletin de la Société des antiquaires de France*, 1880, p. 120 (cité par M. Cartailhac, *op. laud.*, p. 250).

2. Cartailhac, *Ibid.*, p. 252.

3. M. J. Leite de Vasconcellos a donné le dessin d'un poignard dont la lame a été ainsi reployée, et qui provient d'une nécropole pré-romaine de l'Alemtejo. Il est conservé au musée d'Alcacer do Sal (*O archeologo portuguès*, I, p. 78, fig. 1). C'est celui, sans doute, dont parle M. Cartailhac.

4. Perrot et Chipiez, *Histoire de l'art dans l'antiquité*, VI, pl. XVII, nᵒ 2. La lame d'Almedinilla n'est pas décorée sur toute sa largeur ; deux grosses nervures en relief l'ornent du côté opposé au tranchant.

5. Inédit.

le style géométrique mycénien. J'ai déjà dit que cet objet appartient à
la catégorie de ceux dont la poignée est composée de métal découpé à
jour faisant transparent sur une matière différente, engagée par derrière.
La tête même du cheval a beaucoup souffert ; elle est fort indistincte ;
mais la partie métallique de l'encolure est mieux conservée. Sur la
courbure extérieure on suit aisément une gracieuse cascade de spirales
en forme d'S allongées, accrochées l'une à l'autre, qui simulent une
crinière frisée. Sur la partie plate qui est conservée au bas du col de
l'animal, je trouve autour des deux petites ouvertures nettement découpées une série de chevrons et de spirales, et, par dessous, une petite
frise horizontale le long du joint de la lame, laquelle porte gravée une
suite de petites palmettes réduites à deux volutes opposées, et à une
feuillette dans l'angle convexe que forment en s'écartant les spirales.

Je crois ces détails, auxquels, je pense, je suis le premier à prendre
garde, d'un intérêt capital. Ils me semblent un des arguments les plus
probants que j'aie encore rencontrés de l'influence de l'art mycénien en
Espagne. Du reste, une fois de plus, il est bon d'affirmer que cet art a
eu de longues survivances, et peut-être ces sabres ne sont-ils pas d'une
très lointaine antiquité. Mais peu importe, l'essentiel est actuellement
d'établir, avant de fixer une chronologie certaine, que l'art ibérique, dans
ce qu'il a de meilleur, a de profondes racines hors d'Espagne, jusque
dans la Méditerranée orientale [1].

Il reste à parler d'un dernier glaive d'Almedinilla, dont la lame est
de décoration très commune, de simples lignes accentuant la forme de
la soie, comme nous en avons déjà vu ; mais la poignée diffère absolument de style, comme de motif, et elle trouble tout d'abord celui qui
l'étudie (Fig. 426 et Pl. XI, à gauche). C'est le numéro 10469 de
Madrid ; il est utile d'affirmer qu'il a bien été trouvé avec les autres, et
fait partie du même lot. Ici, la tête de cheval est remplacée, à l'extrémité
du pommeau, par un protome d'animal ailé, une sorte de panthère dont
la gueule est largement ouverte, dont les oreilles sont dressées, dont le
cou est percé de points noirs figurant le pelage d'un fauve, dont les ailes

<hr>

1. Je rapprocherai volontiers ce décor des
sabres andalous des dessins de l'anse de chaudron dont j'ai parlé au chapitre précédent
(fig. 378).

éployées sont striées de nervures qui les font ressembler à des feuilles. La partie droite, contre la garde, est une sorte de grille à jour, qu'occupe, dans un cadre surmonté d'une palmette légère, un très élégant rinceau.

A première vue, il semble que l'on soit transporté fort loin de l'Ibérie. Le dragon ou la panthère a un faux air de monstre arabe ou persan ; le rinceau fait penser à quelque ingénieux travail de la Renaissance. Cependant l'œuvre est bien authentique et espagnole, et il faut ajouter, antique, rien ne permet d'en douter. En effet le monstre, comme le rinceau, est en fer, peut-être seulement ce fer a-t-il été doré[1] : l'ajourage du métal pour laisser voir une autre substance disposée par-dessous pour servir de fond, est un procédé technique qui semble exclusif aux ateliers d'Almedinilla ; enfin, ces ornements sont à coup sûr contemporains de la lame, faits pour elle, et cette lame est absolument de la même forme que toutes les autres, et ornée de lignes exactement semblables à celles du plus grand nombre. De toute nécessité il faut donc admettre que cette arme de luxe est de la même fabrique que toutes les autres ; que le dragon est une imagination ibérique du décorateur, que le rinceau est inspiré par quelque beau rinceau grec ou romain, de même que la jolie palmette. Et l'œuvre est une de ces œuvres composites, mais toujours originales, fruit d'une longue pratique des modèles grecs, telles qu'en ont exécutées aux heures bonnes de leur inspiration les armuriers aussi bien que les architectes, les sculpteurs, les joailliers et les céramistes[2].

---

1. La remarque est de M. Cartailhac, qui du reste n'est pas affirmatif.

2. J'ajoute pour mémoire que les armuriers ibères ont connu les procédés de l'incrustation métal sur métal, procédés qu'ils avaient peut-être empruntés aux Mycéniens. En effet, M. Cartailhac signale une longue lance d'Almedinilla (Musée d'artillerie, à Paris, Cartailhac, *op. laud.*, p. 250, fig. 36), dont la douille est ornée de filets en bronze incrustés et M. Salazar, d'Alcalá-la-Real, en possède une autre, de même provenance, tout incrustée d'argent. J'ai recueilli moi-même, au Cerro de l'Amarejo, un tout petit fragment, d'arme probablement, où sur deux faces parallèles se voit un bout de rinceau d'argent incrusté dans le fer. Je l'ai donné à M. le Pr Cánovas, de Lorca.

LES MONNAIES

UAND on étudie l'architecture, la sculpture, les industries de la terre cuite et du métal de l'Espagne primitive, on trouve, sans beaucoup chercher, des monuments qui semblent nés d'eux-mêmes dans le pays, sans l'intervention d'aucune influence étrangère, que les indigènes ont conçus et fabriqués d'instinct, cédant aux appels de la nécessité matérielle, sociale ou religieuse, et qui reflètent sincèrement l'état de leur âme enfantine et barbare.

Il n'en est pas de même pour la numismatique : on peut dire, quoique l'affirmation ait quelque chose de paradoxal, qu'il n'y a pas de monnaies ibériques ; j'entends que les Ibères, à l'enfance de leur civilisation, n'ont pas eu l'idée de battre monnaie métallique. Sans doute le commerce a pu et dû se faire à l'origine au moyen d'échanges en nature ; mais ce procédé trop primitif n'a certainement pas duré longtemps, et les Ibères ont eu de bonne heure des monnaies, au sens le plus général du mot, c'est-à-dire des objets fiduciaires représentatifs de valeurs déterminées ; il est même probable que c'étaient de petites barres d'argent ou de bronze fondu, comme certaines populations du centre en faisaient encore usage au temps de la conquête romaine, et même deux siècles plus tard, selon le témoignage de Strabon que confirment d'assez nombreux spécimens retrouvés [1]. Mais l'idée ne leur semble pas être venue de donner à

---

1. E. Hübner, *Arqueologia de España*, p. 201.

leur argent ni à leur bronze la forme et l'aspect de pièces, ni de les orner de ces signes distinctifs qui en sont la marque et la garantie. Le plus ancien monnayage de l'Espagne est phénicien et grec. L'industrie numismatique est tout entière d'importation, et d'importation assez récente. C'est un point que les études et les recherches des savants espagnols, Delgado et de Berlanga, ou étrangers comme Lorichs, Aloïss Heiss, Boudard, Zobel de Zangronitz, ont établi avec la dernière évidence.

Les plus anciennes monnaies frappées en Espagne sont celles d'Emporiæ. Les numismates ont facilement démontré qu'elles appartiennent au système monétaire de sa métropole Marseille, comme celles de Marseille appartenaient au système de sa métropole Phocée. Les petites pièces d'argent, grosses comme des lentilles, avec ou sans légende, que la colonie a mises d'abord en circulation, sont du système dit phocéen ; puis les drachmes, de forme plus régulière, de plus grand diamètre, les divisions de la drachme qui vinrent ensuite en usage, sont du système attique [1]. Rhode, l'autre comptoir grec du golfe de Rosas, à l'embouchure du rio la Muga, peut-être plus ancien que le comptoir d'Emporiæ [2] (s'il est vrai que des colons de l'île de Rhodes touchèrent avant les Phocéens marseillais la côte de l'Ibérie), Rhode n'a que des monnaies du système attique, et par conséquent n'a battu monnaie que quelque temps après Emporiæ. Enfin le monnayage de la troisième ville certainement grecque de la côte, de Dianion, plus récent encore, est du même système. Or le système attique, introduit ainsi en Espagne, a été, comme il était naturel, accepté par toutes les cités qui, à l'exemple des colonies grecques avec lesquelles elles étaient entrées en relation, voulurent avoir leurs monnaies. Je ne parle pas seulement des très nombreuses cités qui conclurent des accords monétaires avec Emporiæ et lui empruntèrent purement et simplement ses types avec ses coupures [3], cités

---

1. Pour les monnaies d'Emporiæ, voyez en particulier la monographie que M. Botet y Sisos a écrite de cette ville.

2. Voyez sur son histoire Delgado, *Nuevo metodo de clasificacion de las medallas autonomas de España*, III, p. 132 et s. (Celestin Pujol y Camps).

3. Voir au sujet de ces monnaies, toutes du bronze, Delgado, *Nuevo metodo*, III, pl. CXXX, nᵒˢ 130-189. Toutes les légendes de ces monnaies sont en caractères ibériques, et c'est pour cela que les attributions n'ont pas encore été clairement établies.

que par malheur on n'a pu jusqu'à présent identifier avec certitude,
mais de toutes celles qui eurent des monnaies autonomes, et dont les
types ont été maintes fois reproduits, par exemple dans les ouvrages
devenus classiques de M. Heiss, Delgado, de Lorichs et Zobel de
Zangronitz.

Les colonies phéniciennes n'ont eu des monnaies autonomes qu'après
les colonies grecques, lors de la conquête carthaginoise ; ce furent Cadix
et Ebusus qui donnèrent l'exemple ; mais, conséquence très rationnelle
de l'importance qu'avait eue le monnayage des villes grecques, ces
monnaies hispano-phéniciennes, ou plutôt hispano-puniques appartiennent au système attique ; c'était du reste le système que les Carthaginois avaient eux-mêmes introduit en Sicile, ce qui lui a valu quelquefois

Fig. 428. — Chrysaor sur des monnaies d'Emporiæ.

le nom de punico-sicilien. Le seul point où l'influence des conquérants
se fait sentir, est que les Emporitains modifient légèrement le type de
revers de leurs monnaies courantes ; à Pégase, symbole trop purement
hellénique, ils substituent un cheval ailé dont, par un caprice bizarre,
la tête est formée par le corps d'un enfant, un petit Éros sans doute, qui
se plie en deux, de façon que sa main vienne saisir le bout de sa jambe
tendue (Chrysaor) (Fig. 428). Mais seules les effigies des monnaies
d'Ebusus ont quelque chose de phénicien ; c'est un Cabire, comme on dit
d'ordinaire, ou plutôt un démon oriental, une sorte de Bès difforme
et grotesque qui occupe le droit de la pièce, tandis que le revers est
orné d'un taureau marchant. Quant aux effigies de Cadix, elles sont
purement grecques.

Ainsi les Ibères ont connu le monnayage, et peut-être aussi la monnaie, grâce aux Grecs et aux Phéniciens. Leur ont-ils demandé des leçons, et en ont-ils bien profité?

Le premier point n'est pas douteux, bien qu'il y ait intérêt à l'établir rigoureusement ; le second problème demande quelque discussion.

D'abord, s'il est certain que le plus grand nombre des monnaies d'Emporiæ et de Rhode, et beaucoup des monnaies des villes qui conclurent avec Emporiæ une alliance monétaire sont de facture purement grecque, il est certain qu'à Emporiæ même, je ne dis pas seulement dans la ville sœur, dans la ville indigène d'Indica, mais dans la ville grecque, si l'on veut dans la région où les Emporitains étaient maîtres au point de vue numismatique, il y eut des ateliers où travaillèrent des graveurs indigènes sous la direction des graveurs grecs.

Delgado a insisté en termes pressants sur ce fait que toutes les monnaies emporitaines à légende grecque n'ont pas été frappées à Emporiæ, et qu'il suffit pour s'en convaincre d'examiner quelques séries. Ainsi, dit-il, « depuis la troisième période[1], nous voyons les Indigènes[2] frapper des monnaies d'argent imitées avec plus ou moins de goût artistique des drachmes emporitaines au type du cheval au repos, et introduire en plusieurs de ces copies la légende grecque plus ou moins altérée. La frappe ibéro-grecque continue pendant la troisième période, traverse la quatrième avec des œuvres relativement correctes, comme sont les numéros 83 et 84 trouvés à *las Ansias,* et finit avec la fin du monnayage d'argent emporitain. ajoutant au type différents symboles. Les observations que nous avons faites depuis dix ans sur ce terrain, partout plein de souvenirs de la cité morte, nous ont tellement convaincu de l'existence de divers centres de fabrique de drachmes grecques dans la province de Gérone, qu'à observer seulement le dessin de quelques-unes

---

1. Delgado a divisé le monnayage d'Emporiæ en dix périodes. La troisième va de l'an 230 avant J.-C. jusqu'au début de la pre- mière guerre punique.

2. Habitants d'*Indica*.

des monnaies de la dernière époque, nous devinons souvent sur quel territoire elles ont été trouvées. » Par exemple la monnaie n° 89 dont la tête de Diane, par le style caractéristique de son dessin, ne peut être confondue avec une autre, n'a pas été frappée à Emporiæ. « Il est possible que quelques-uns de ces centres de monnayage aient été des ateliers helléniques établis en divers lieux d'exploitation de notre riche montagne ; mais quoi qu'il en soit, au simple examen de beaucoup de drachmes emporitaines à légende grecque se révèle clairement leur fabrication ibérique [1] ».

On peut s'en rapporter sur ce point à un numismate si bien informé, et qui a fait, pièces en main, une étude très approfondie et très complète du monnayage emporitain. Il est du reste facile de comparer les plus belles drachmes de la ville, celles qui sont au type d'Aréthuse, ayant au revers Pégase et la légende EMΠOPITΩN en tous petits caractères [2], avec celle qu'il désigne lui-même [3], pour voir que la tête exquise de la nymphe, de pur profil grec, largement et grassement modelée malgré la fine délicatesse des traits du visage et de la riche coiffure, est devenue, sous la gouge maladroite d'un copiste, sèche, dure, presque grimaçante, une figure de femme vulgaire, sans élégance de traits ni de parure. La même comparaison, peut s'établir entre diverses monnaies de Rhode.

Il faut ajouter qu'à Emporiæ même, ou du moins dans la ville ibérique conjointe, à Indica, il y eut un atelier indigène qui peut-être fut un de ceux où l'on s'adonna à copier les types grecs, mais, où, dans tous les cas, on fabriqua des monnaies ibériques. Suivant Delgado, cette frappe ne date que de la quatrième période — celle dont datent justement les plus belles drachmes grecques d'Emporiæ. Ces monnaies sont de bronze, du module qu'on est convenu d'appeler moyen bronze, et, comme toute la monnaie ibérique, elles semblent appartenir au système de poids et de valeurs qu'avait adopté la république romaine. Pour moi, et malgré l'opinion de M. A. Heiss [4], j'estime que ces bronzes sont de main ibé-

<hr>

1. Delgado, *Nuevo metodo*, III, p. 192.

2. *Ibid.*, 80, 81, 82. Cf. A. Heiss, *Description générale des monnaies antiques de l'Espagne*, pl. 1.

3. Delgado, *Op. laud.*, n° 89.

4. M. Heiss, *Op. laud.*, p. 97, dit : « Les bronzes d'Emporiæ à légendes celtibériennes sont incontestablement de fabrique grecque. »

rique. Le droit porte exclusivement une tête casquée d'Athéna. Si quelques émissions (Delgado, n⁰ˢ 190, 191, 193) accusent une certaine pureté
de contours et quelque sentiment de la beauté grecque, il est très malaisé
d'admettre que ces spécimens eux-mêmes, où se reflète quelque chose

Fig. 429. — Monnaie d'Emporiæ.

du génie attique, ont été dessinés et gravés
par un Grec. Le profil n'a rien de cette gravité sereine que les Grecs depuis Phidias ont
donnée à la déesse, et le casque est d'une fantaisie dont je ne connais pas d'exemple dans
toute la série des monuments figurés classiques (Fig. 429)[1]. Et si des exemplaires les
mieux venus je passe à ceux de mérite inférieur (Delgado, 194, 200, 201, 204, 207,
208, etc.), je tombe à un art presque barbare, où éclate toute l'inexpérience d'ouvriers très mal préparés au difficile métier de la gravure en
médailles. Jamais, n'étaient les types de l'Athéna et du Pégase, je
n'aurais songé à la Grèce à la vue de ces rudes ébauches.

Il va de soi maintenant que si les ateliers grecs d'Emporiæ n'ont pas
suffi à la tâche de frapper tout l'argent nécessaire au commerce de la
ville double et de ses alliées, à plus forte raison faut-il admettre que la plupart des villes qui battirent monnaie autonome eurent leurs monnayeurs.
Il serait monotone et d'ailleurs superflu d'en faire l'énumération ; mais il
importe de bien montrer que ces ateliers n'ont jamais été indépendants
au point de vue artistique et que, de bon gré ou non, ils ont subi l'influence des ateliers grecs.

Ce qui le prouve d'abord, c'est le choix des types. La plupart des
grandes divinités helléniques figurent sur les monnaies espagnoles. Héraclès apparaît dans un grand nombre de villes, à commencer par Gadès,
et toujours, même dans la très antique cité phénicienne, sous sa forme
grecque. Ce n'est pas Melkarth, c'est Héraclès, fils de Zeus et d'Alcmène,
ayant pour casque la tête du lion de Némée et portant la massue à
l'épaule. On le trouve ainsi dans toute la région phénicienne, en Béti-

<hr>

1. A. Heiss, *Description des monnaies etc.*, pl. IV, n° 40.

que, à Abdera, Assido, Bailo, Carissa, Carmo, Sexs, Callet, Carteia,
Iptuci, Lascuta, Siaro, et tout aussi bien à Evion ou Avion, en Lusitanie.
Neptune est figuré à Carteia, Carmo, Ebusus, Salacia ; Mercure à Carmo,
à Ilipula ; Pallas à Carteia, Carmo, Carthago nova, Indica, Sagonte ;
Apollon à Carbula ; Cybèle avec sa couronne de tours à Carteia ; Cérès
à Bora [1], etc. Tous ces dieux, toutes ces déesses sont de type absolument
hellénique. Sauf peut-être Pallas, dont le casque affecte parfois des formes
que l'on ne retrouverait pas en Grèce, et qui reproduisent peut-être des
modèles de casques en usage chez les guerriers du pays, je ne trouve
partout que des visages et des ajustements bien connus, dont seule la

Fig. 430-432. — Monnaies ibériques de Malaca.

maladresse du graveur a souvent compromis la ressemblance. En revanche
on peut avancer qu'il n'existe pas, pour ainsi dire, de types phéniciens, car à supposer même par exemple que les monnaies de Malaca
soient phéniciennes, et non pas des imitations ibériques de monnaies phéniciennes, le dieu qui paraît le plus souvent au droit de ces pièces est le
pur Héphaistos grec coiffé du bonnet conique (Fig. 430, 431) [2] et, pendant un petit nombre d'années seulement, ce type s'est modifié par la
substitution d'une calotte plate au bonnet pointu (Fig. 432) [3]. Les monnayeurs revinrent vite au premier type. Au revers des monnaies qui passent pour les plus anciennes est figuré un temple grec à quatre colonnes [4].
  Seul le Cabire grotesque qui distingue les monnaies à légende phéni-

---

1 *Bora* est une localité indéterminée ; il
ne semble pas d'ailleurs qu'il faille la confondre avec Ebora (voy. A. Heiss, *Description*, p. 430).

2. A. Heiss. *Description des monnaies etc.*, pl. XLV, n° 5 et n° 2. Si l'on
veut y voir un Cabire, l'affirmation n'est pas

moins exacte.

3. A. Heiss., *Op. laud.*, pl. XLV, n° 6.

4. Delgado, *Nuevo metodo*, *Indica*, 2ª,
acunacion, 1ª, 2ª, 3ª emision, n°ˢ 9-15 ; cf.
A. Heiss, *Op. laud.*, pl. XLV, n°ˢ 9 et 11
(Revers).

cienne des Iles Baléares [1] est tout à fait étranger à la plastique hellénique, et le fait est d'autant plus notable, qu'au revers se trouve quelquefois une image dont les similaires sont faciles à retrouver en Grèce,
par exemple le taureau courant, la tête basse et la corne menaçante [2].
D'ailleurs, par leur situation géographique, par leur isolement à côté et
déjà assez loin de la Péninsule, les monuments des Baléares doivent être
étudiés un peu comme des exceptions.

Si au lieu d'examiner les faces des monnaies ibériques on en examine
les revers, et si l'on étudie les symboles et les marques diverses, c'est
encore de la Grèce qu'on voit les ateliers s'inspirer. On y voit figurés
avec une extrême fréquence tous ces mêmes animaux ou monstres que
les villes grecques avaient adoptés, le taureau, le cheval, l'éléphant, le
sanglier, le loup, le chien, l'aigle, le coq, le paon, le dauphin, le sphinx,
le pégase, l'hippocampe, et tous ces mêmes symboles de toute nature,
étoile, croissant de lune [3], corne d'abondance, épi de blé, charrue, hache,
couronne, amphore, etc., etc. Tous ces êtres et ces objets divers ne sont
pas traités d'autre manière que ne le faisaient les ouvriers grecs ; ou, pour
mieux dire, l'imitation est indéniable ; il n'y a que l'habileté technique
et le mérite d'art, beaucoup moindres dans les ateliers ibères, qui donnent
aux monnaies leur aspect et leur valeur propre.

Est-ce à dire que rien des croyances des Indigènes ne se soit traduit
dans leurs monnaies, et qu'il n'y ait pas à trouver, dans la foule considérable des pièces autonomes, quelque chose qui leur donne parfois de
l'originalité ? Si, sans doute ; et en première ligne il faut placer un très
grand nombre de têtes viriles ou féminines qui représentent probablement des personnages légendaires ou des magistrats des villes, et dont le
type ou la coiffure révèlent l'origine locale.

1. A. Heiss, *Description des monnaies etc.*, pl. LXIV.

2. *Id., Ibid.*, pl. LXIV, n° 20.

3. Une représentation intéressante des
croissants est celle que reproduit notre figure
433. Un profil est dessiné dans la courbe interne de la lune, et ce détail montre qu'il ne
faut pas se hâter de condamner les statues de
Cerro de los Santos qui portent sur la poitrine

des astres ainsi agrémentés. La monnaie est
de la ville de Sætabis (Játiva), non loin du
Cerro.

Fig. 433. — Monnaie de Sætabis.

Plus de cent cités ont adopté comme type l'effigie d'un homme à la tête nue, imberbe ou barbu, portant ou non un bandeau ou une couronne de feuillage ; un grand nombre aussi ont choisi des têtes viriles peignées selon des modes que l'on ne connaît pas ailleurs, ou portant des chapeaux, des casques, des tiares de modèles inusités, dont la singularité même démontre l'origine espagnole. Ces images prouvent que chez les Ibères les hommes n'avaient pas moins de goût que les femmes pour ces riches coiffures étranges ou compliquées dont les statues du Cerro de los Santos et le buste d'Elche nous ont conservé de précieux exemples.

Dans ce sens je citerai surtout le singulier bonnet pointu que l'on voit sur les monnaies de Six ; il est tout bossué de petites boules saillantes et au sommet est accrochée une sorte de tige de perles enfilées sur un fil rigide qui se recourbe et retombe en arrière terminé par un gland à quatre brins (Fig. 434)[1].

Fig. 434. — Monnaie de Six.

Non moins curieux est le casque d'un homme figuré sur une monnaie de Sexsi à légende phénicienne ; c'est une sorte de chapeau à bords retombants, dont la calotte est à quartiers, et d'où jaillit un léger cimier formé, semble-t-il, de petites feuilles métalliques enfilées (Fig. 435)[2]. Il serait très facile de multiplier les exemples ; ils abondent dans tous les ouvrages de numismatique espagnole, et je me contenterai de citer en note quelques-uns de ceux qui m'ont paru les plus curieux (Fig. 436-439)[3].

Fig. 435. — Monnaie de Sexsi.

Les revers sont plus instructifs encore ; deux images y paraissent de préférence, le taureau et le cavalier.

---

1. Delgado, *Nuevo metodo*, *Six*, n° 1. Je dois noter d'ailleurs que cette monnaie a une inscription punique ; peut-être n'a-t-elle pas été frappée dans un atelier d'Espagne.

2. *Ibid.*, *Sexsi*, n° 32.

3. Fig. 436. Delgado, *Lælia*, n° 8.

Fig. 437. *Ibid.*, *Lastigi*, n° 2.

Fig. 438. *Ibid.*, *Iliberis* (époque romaine). Station indéterminée (v. A. Heiss, *Description*, p. 385).

Fig. 439. *Ibid.*, *Carmo*.

Le chapitre où j'ai étudié la sculpture ibérique m'a donné l'occasion de dire quelle importance le taureau tenait dans les idées et les préoc-

Fig. 436 et 437. — Monnaies de Lælia et de Lastigi.

cupations du peuple, puisque les représentations s'en sont multipliées à l'infini dans les Baléares et dans toute la Péninsule. Il est donc naturel

Fig. 438 et 439. — Monnaies d'Iliberis et de Carmo.

de retrouver l'image de cet animal de prédilection sur les monnaies de beaucoup de villes. J'ai compté, dans le seul ouvrage de Delgado, trente

Fig. 440 et 441. — Monnaies d'Emporiæ et d'Orippo.

cités qui ont adopté ce type. Le taureau y est figuré au repos, ou passant d'un pas tranquille, ou courant et menaçant de ses cornes. D'ordinaire tout son corps est représenté ; quelquefois on n'a figuré que la tête. Mais ce qu'il y a de très intéressant à noter, c'est que les graveurs ibériques n'ont pas cherché à trouver pour les taureaux des attitudes ou des

Fig. 442 et 443. — Monnaies d'Asido et d'Ipora.

aspects nouveaux ; ils n'ont fait qu'emprunter aux coins grecs (Fig. 440-443)[1]. Ainsi les taureaux à face humaine d'Arsé-Egara et d'Arsé-Gadir sont certainement d'origine orientale, mais les artistes leur ont donné la figure conventionnelle d'Achéloüs (Fig. 444-445)[2].

Fig. 444 et 445.
Monnaies d'Arsé-Egara et Arsé-Gadir.

Quant au cavalier, il n'est pas douteux qu'il ne représente ce héros guerrier ou ce dieu dont j'ai eu l'occasion de parler à propos du joli petit bronze de Palencia, et dont M. Mélida, je l'ai dit, a fait une étude récente sous ce titre : *El Jinete ibérico*. D. Antonio Delgado, dit-il, n'hésite pas à admettre que c'est le *Pollux* italien, identification à laquelle s'oppose M. Jacques Zobel, parce que Castor et Pollux sont des compagnons inséparables, et qu'il vaut mieux reconnaître simplement dans ce type « une imitation libre de quelques monnaies italiques, et plus spécialement campaniennes, qui commencèrent à circuler dans l'Espagne intérieure antérieurement à l'introduction de la monnaie romaine ». Le renommé numismate explique d'ailleurs ainsi les nombreuses variantes

---

1. Fig. 440. Delgado, *Nuevo metodo*, *Emporiæ*, n° 219.

Fig. 441. *Ibid.*, *Orippo*, n° 1 (époque romaine).

Fig. 442. *Ibid.*, *Asido*, n° 3.

Fig. 443. *Ibid.*, *Ipora*, n° 1.

2. Fig. 444. *Ibid.*, *Arsé-Gadir*, n° 10. Localité indéterminée (v. A. Heiss, *Description*, p. 288).

Fig. 445. *Ibid.*, *Arsé-Egara*, II, *Id*

du *Jinete* : « En général, il porte une palme sur l'épaule dans les villes du littoral catalan, valencien et murcien, et du cours inférieur de l'Èbre, mais dans ces mêmes régions de Valence et de Murcie, il se transforme en cavalier armé de la lance tenue en arrêt depuis le milieu du vi° siècle (IV° de Rome, III° avant J.-C.). Sur tout le reste du territoire de l'émission, excepté en Navarre, et dans le premier tiers supérieur du cours de l'Èbre, il porte un rameau, ou une épée ou un trait facile à lancer ; son bras est levé et écarté du corps. Sur le haut cours de l'Èbre et dans la région numantine il apparaît aussi armé d'un objet recourbé, espèce de bâton ou de houlette qu'il brandit dans la même attitude que précédemment[1] ».

FIG. 446 et 447. — Monnaies de Libia et d'Italica.

M. Mélida en conclut, rapprochant d'ailleurs des monnaies *au Jinete* d'autres monuments offrant d'autres variantes, et que j'ai cités d'après lui au chapitre des bronzes, que le personnage est tantôt représenté comme un combattant, tantôt comme un triomphateur, tantôt comme un chasseur. Un groupe inédit d'Estremadure et le cavalier de Palencia le font songer à un Méléagre ibérique[2] ; la grande fibule de M. Vives à un Persée ou un Bellérophon ; il n'écarte pas non plus l'idée de l'un des Dioscures, et plutôt de Castor que de Pollux, car le premier était plutôt cavalier que le second ; bien loin de là, il essaye de démontrer que cette identifi-

1. J.-R. Mélida, *El Jinete ibérico*, p. 6 et s.

2. M. Mélida aurait pu ajouter que Cean Bermúdez (*Sumario etc.*, p. 182) signale « en el camino que va de Lara à Quintanilla de las Viñas » une pierre très bien travaillée, près de l'ermitage de San Miguel. Elle est semi-circulaire par en haut, et on a représenté au centre *un cavalier sur son cheval, avec une lance en arrêt, et frappant un cerf.* Au-dessous se trouve une inscription. Cf. *Corp. Inscr. Lat.*, II, n° 2868. Cf. Cean-Bermúdez, p. 174 (= C. I. L., II, n° 2873), une pierre funéraire qui « *tiene mucha monteria y monteros en campo blanco* ».

cation est la plus naturelle, car l'adoption du culte de Castor en Ibérie s'explique aisément par le goût du peuple pour les chevaux, et les brillantes qualités des races qu'il élevait.

Ces diverses dénominations du Jinete restent, j'en ai peur, très problématiques ; peu importe d'ailleurs, en ce moment, puisque je ne fais pas

Fig. 448 et 449. — Monnaies de Jessona et de Celsa.

une étude de mythologie : le fait pour nous essentiel est que, d'importation étrangère, ou d'origine indigène, le Jinete, sur les monnaies, a exclusivement le caractère espagnol. Ni son vêtement, une courte jaquette, ni ses armes, sauf la lance, qui est de tous les pays, ni même sa coiffure, ne sont empruntés à la Grèce ou à l'Italie. En particulier, son bouclier, quand il en a un, est la petite rondache ibérique que nous connaissons bien. De plus, si on le voit quelquefois le chef couvert d'une sorte de bonnet pointu qui rappelle assez bien celui des Dioscures, il est souvent tête nue, ou coiffé d'un véritable chapeau à larges bords, derrière lequel flotte un

Fig. 450.
Monnaie de Sésars.

vaste panache. Ce chapeau n'est pas moins caractéristique d'un héros ou d'un dieu local que cette arme de forme singulière qui ressemble à un crochet ou à une houlette. Il arrive aussi que le cheval ait un aspect très particulier ; par exemple sur une monnaie de Libia il porte en guise de selle une très ample chabraque maintenue par une croupière, et l'ensemble de ce harnachement rappelle de manière instructive celui du Jinete de Palencia (Fig. 446-452)[1].

---

[1]. Fig. 446. Delgado, *Libia*, pl. CLV.
Fig. 447. *Id.*, *Italica*, n° 10.
Fig. 448. *Id.*, *Iessona*, n° 5. Localité indéterminée (A. Heiss, *Description*, p. 113).
Fig. 449. *Id.*, *Celsa*, n° 1.
Fig. 450. *Id.*, *Sésars*, n° 2.

D'ailleurs, bien que les monnaies au Jinete ne soient pas d'une grande
beauté, les Ibères ont été assez bien inspirés lorsqu'ils ont gravé ce type
qui a du mouvement, de la vie, et fait songer aux bonnes monnaies
romaines, sinon aux grecques. Au contraire, certaines effigies dont ils
ont certainement emprunté l'idée leur ont fort mal réussi. Il me suffira
de citer cette espèce de sphinx qui orne des monnaies d'Iliberis et d'Urso.

Fig. 451 et 452. — Monnaies d'Iliberis.

Sur la première, l'être fantastique a un corps extraordinaire, qui a peut-
être la prétention d'être un corps de cheval ; il semble agenouillé sur le
genou de sa patte gauche de devant ; l'autre pied de devant est posé sur
le sol, l'arrière-train, qui est resté debout, se trouve ainsi très relevé ; le
mouvement est faux et forcé. La tête, trop grosse, sans aucune finesse,
est coiffée d'un bonnet conique ; sur le dos se dresse une aile très dentelée,
qu'il faut beaucoup de bonne volonté à reconnaître. Sur la seconde, le
type est différent ; le corps est celui d'un animal héraldique, très mince
aux pattes et à la croupe ; le cou très long est surmonté d'une tête
humaine qu'un mouvement très disgracieux rejette en arrière. Cette tête
porte un chapeau rond à tout petits bords, où est piqué tout droit, au

Fig. 451 et 452, *Iliberis*, de Lorichs, *Recherches numismatiques*, pl. XVI, nᵒˢ 5 et 10.

La figure 453 représente une monnaie de Tarraco-Cosé où l'on voit un cheval, et sous sa tête une tête de bœuf vue de face. Cela fait songer, naturellement, aux fibules *au Jinete*. Le détail se reproduisant souvent sur les monnaies espagnoles, il me semble que le rapprochement s'impose. Ce ne peut être par hasard que le bucrane serait toujours ainsi placé, s'il n'était qu'une marque d'atelier (A. Heiss, *Description*, pl. XVIII, nᵒ 2).

Fig. 453 — Monnaie de Tarraco-Cosé.

centre, un plumet raide. L'aile plantée sur l'échine est informe. La queue
est formée d'une ligne de petites boules, laquelle se prolonge le long de
l'échine, ainsi que nous l'avons vu pour les chevaux des bandeaux de
Cáceres. L'exécution n'est pas mauvaise — la monnaie, du reste, est de
l'époque romaine — mais le type est tout à fait bizarre et d'une conception maladroite, où se devinent sans hésitation le goût et la pensée d'un
médailleur du pays (Fig. 454, 455)[1].

Fig. 454 et 455. — Monnaies d'Iliberis et Urso.

Un autre exemple curieux de cette maladroite adoption d'un type grec
est fourni par quelques monnaies d'Iliberis. On connaît ce bizarre assemblage de trois jambes humaines que les numis-
mates ont désigné du nom de *Triskelis,* et que
l'on voit sur des monnaies de Sicile, peut-être
d'Eubée, sur des statères d'Égine, à Hiérapytna,
en Lycie (Phaselis), en Pamphylie (Aspendus,
Etenna)[2]. Malgré son étrangeté, ce symbole a
paru trop simple au monnayeur de l'antique
Grenade, et il l'a compliqué, il faut le dire, de
façon plus que fâcheuse. Il a interposé entre

Fig. 456. — Triskelis sur
une monnaie d'Iliberis.

les trois cuisses un globe sur lequel se détachent des yeux, un nez,
une bouche, une grosse tête en un mot. On ne peut rien rêver
de plus ridicule sans compter que le style du coin n'est pas des meilleurs (Fig. 456)[3].

1. A. Heiss, *Description*, pl. XLVII, 7 ;
pl. XLVII, 4.

2. Voy. Barclay v. Head, *Historia nu-*

morum, Index, s. v. Triskelis.

3. A. Heiss, *Op. laud.*, pl. XLVII, 3.

C'est ainsi que ces graveurs peu déliés et de goût peu sûr déforment
à peu près tout ce qu'ils touchent. Voyez ce que devient sous leur burin
la tête d'Hermès qui orne certaines monnaies de Sagonte! Le pétase

Fig. 457. — Monnaie de Sagonte.

ailé se modifie en une sorte de casque surchargé d'ornements, et, en particulier, d'une crête fort bizarre; c'est la même transformation qu'a subie
le casque d'Athéna sur des monnaies d'Indica (Fig. 457)[1].

*
* *

A peine pourrait-on, dans les longues séries des monnaies espagnoles,
trouver quelques types heureusement choisis
et bien gravés, par exemple un Jupiter vu de
face (Fig. 458)[2], l'Aréthuse d'Etosca (?)[3] qui
vaut quelque chose parce qu'elle est servi-
lement imitée des belles pièces syracusaines,
ou la tête de femme de Castulo[4], simple-

Fig. 458. — Monnaie ibérique.

ment coiffée, et de profil assez pur. Celle-ci,
d'ailleurs, est d'époque romaine, et l'exé-
cution est loin d'en être excellente. Quelques têtes viriles de Tarra-

<hr>

1. A. Heiss, *Description*, pl. XXVII, 11.

2. De Lorichs, *Recherches numismatiques*, pl. XLI, nos 4, 5. L'auteur ne parle
pas, dans son texte, de cette monnaie, et je
n'en connais pas l'origine. Les caractères de la
légende, il faut le dire, ont une mauvaise
apparence, et sont difficiles à reconnaître
pour ibériques.

3. A. Heiss, *Description*, pl. XLI.

4. *Ibid.*, pl. XL. Pour voir comment des
types imités de bons modèles peuvent aisément se transformer et dégénérer, il suffira
de regarder nos figures 461 (Heiss, *Op. laud.*,
XLI, 3 (Carbula) ; 462 (Delgado, *Nuevo
metodo*, pl. V, 3 (Asido) ; 463 (A. Heiss,
Op. laud., pl. XLIII, 20 (Obulco).

gone[1], d'Ilerda[2], méritent aussi une mention, non parce qu'elles sont
belles, mais parce qu'elles sont moins laides que les autres, et se rap-

prochent du type grec. On peut encore
citer les Pégases de Sésars et de Tarragone
(Fig. 459, 460)[3] ou l'Eros au Dauphin de
Sætabis (Fig. 433).

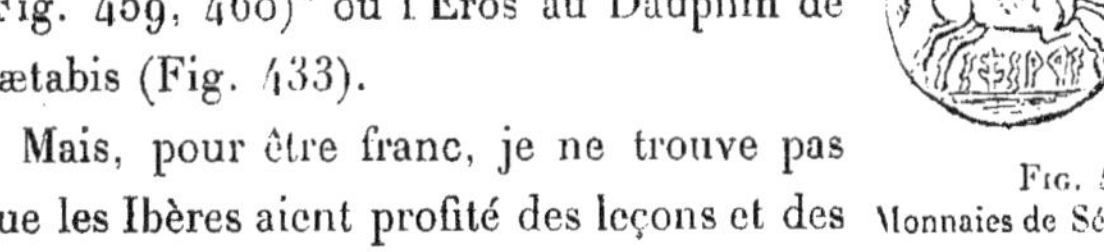

Fig. 459 et 460.
Monnaies de Sésars et de Tarragone.

Mais, pour être franc, je ne trouve pas
que les Ibères aient profité des leçons et des
exemples que leur donnaient les Grecs,
leurs initiateurs dans l'art de frapper les métaux monnayés. Ils ont bien
la prétention de s'inspirer des modèles venus de Grèce, mais ils y sont
extrêmement empruntés. Ils déforment et déflorent le Grec. et, par
malheur, ne se contentent pas de faire du médiocre ; ils descendent
constamment au dernier degré du mal. Leurs effigies, leurs symboles les

Fig. 461-463. — Monnaies d'Obulco, Asido et Carbula.

moins critiquables sont d'un dessin rond et mou. d'un relief sans accent
et sans netteté ; il semble qu'une monnaie leur paraît assez belle lorsqu'elle offre un type compliqué, surchargé d'ornements qui donnent
l'illusion de la richesse. Mais les pires de leurs monnaies sont au-dessous
de toute appréciation ; c'est la barbarie la plus complète, sans rien qui

1. A. Heiss, *Description*, pl. VII, n° 22 ;
pl. VI, n°s 5, 7, 8.

2. *Ibid.*, pl. IX, 4, 5.

3. De Lorichs, *Recherches numismati-*
ques, pl. XXX, 4 ; pl. XXXV, 2. Il faut
remarquer en particulier les ailes très bien
recourbées des Pégases, dans la bonne tradition
gréco-orientale. Au contraire, très souvent,
par exemple à Emporiæ (voy. fig. 428), ces
ailes sont droites et raides, très gauchement
dessinées par des artistes qui avaient perdu la
bonne tradition des modèles dont ils s'inspi-
raient cependant.

la rachète, sans une espérance, sans un souvenir de mieux. Vit-on jamais plus pitoyable ébauche, pour ne citer qu'un exemple et ne pas terminer ce livre sur une suite d'impressions fâcheuses, que la tête de cette monnaie d'Arsé (Fig. 464)[1]? Il faut, pour que l'on puisse pardonner au monnayeur une telle erreur, se rappeler que les fabricants de petits bronzes ont produit de bien horribles magots avant le taureau de Lisbonne et le Jinete de Palencia, et que le même art qui a façonné les lourdes et laides statues qui déparent la collection de la salle du Cerro de los Santos, à Madrid, revendique ce chef-d'œuvre, la dame d'Elche.

Fig. 464. — Monnaie d'Arsé.

1 Delgado, *Nuevo metodo*, *Arsé*, n° 1.

CONCLUSION

J'écrivais à la première page de ce livre que mon désir était d'attirer l'attention sur l'art et l'industrie des Ibères, que la critique ignore ou méprise. Les longues descriptions, les analyses minutieuses que j'ai faites d'un très grand nombre de monuments, les uns déjà connus, la plupart inédits, le classement que j'en ai tenté, l'appréciation que j'en ai proposée, les idées générales que j'ai essayé de dégager de toutes ces études, auront-elles convaincu le lecteur qu'il y a là déjà les matériaux d'une histoire ? Pour bien se rendre compte des éléments que ces recherches apportent à la donnée comme à la solution du problème, il est nécessaire de mesurer la tâche faite.

Je crois avoir réussi à montrer que, tout au début de la vie vraiment civilisée dans la Péninsule hispanique, les peuplades dispersées en ce vaste et beau territoire ont eu, comme dans d'autres pays dont la réputation est à ce point de vue meilleure, le souci et le goût des travaux plastiques. Comme les autres habitants des terres qui bordent la Méditerranée, leurs croyances religieuses, leurs superstitions, leur culte les ont poussés à donner une forme à leurs dieux, à orner leurs temples d'idoles, à dresser sur les tombeaux des effigies et des symboles tutélaires ; l'instinct du beau qui sommeille au fond de toute âme humaine, quitte à ne s'éveiller que par instants fugitifs, les a décidés à chercher

pour agrémenter leurs ustensiles familiers, leurs armes, leurs vêtements,
leurs bijoux, des ornements brillants ou pittoresques. Il existe dans
toutes les régions de l'Espagne des témoins de ces très antiques essais :
statues funéraires, idoles ou ex-voto de bronze, bracelets, colliers,
fibules, diadèmes de bronze, d'argent et d'or, épées de fer, vases d'argile, dont il est aisé de reconnaître l'origine indigène, parce qu'il est
impossible de les confondre avec les produits contemporains d'autres
pays, comme ceux de la Gaule ou de l'Italie.

Mais, il faut bien l'avouer, les plus anciens et les plus vénérables de
ces souvenirs des âges primitifs déconcertent par leur barbarie les plus
dévoués amis des peuples Ibères. Les rustiques poteries de terre caillou-
teuse de l'Amarejo ou de Meca, mal pétries, mal modelées et mal cuites ;
les obscènes et difformes figurines répandues à foison depuis Murcie
jusqu'à Gulina, les massifs *becerros* de granit, taureaux, porcs ou
éléphants de Guisando, les raides guerriers lusitaniens de Lisbonne ou
de Vianna, les monstrueux animaux, les hommes non moins monstrueux
de Redobán, les stèles à rudimentaires bas-reliefs de Grenade, voilà des
œuvres où l'œil chercherait en vain la plus fine lueur d'imagination ou
de goût, et ne faudrait-il pas vraiment laisser toute espérance à l'entrée
du Musée où seraient groupées toutes ces premières et lamentables ébauches ? Ne semblent-ils pas privés par la nature, irrémédiablement, du
sens esthétique même le plus obtus, ces artisans à l'œil aveugle, à la main
lourdement endormie ?

Mais voici que, tandis qu'ils paraissent croupir dans cette barbarie, abor-
dent aux rives hospitalières de la Grande mer orientale des navigateurs
intrépides, colporteurs de toutes les jolies choses qui naissent là-bas, bien
loin, sous les doigts agiles des potiers, des fondeurs, des orfèvres et
des sculpteurs. Et ces marins négociants, ce sont les Phéniciens avec
toute leur pacotille chaldéenne, égyptienne, tyrienne, sidonienne,
chypriote ; de cela nul doute ; l'histoire a depuis longtemps enregistré
leurs voyages, narré l'établissement et la richesse de leurs comptoirs, la
prospérité de leur commerce. Mais les Phéniciens ne sont pas seuls, et
peut-être même ne sont-ils pas les premiers débarqués ; un autre peuple
leur fait concurrence, qu'on ne s'attendait pas à voir apparaître en ces

parages lointains, dont l'art et l'industrie viennent porter dans les ateliers indigènes un air vivifiant, une lumière réchauffante, je veux parler des Mycéniens.

Ce ne sera pas, je l'espère, un insignifiant résultat de cette enquête, d'avoir établi que les premiers maîtres des Ibères, de leur plastique enfantine et comme nouée, furent ces aïeux des Grecs dont le domaine semble s'étendre, à mesure que l'archéologie fouille plus obstinément les couches profondes du sol, tout autour de la Méditerranée. Jusqu'aux plus extrêmes limites occidentales de la Péninsule, jusqu'aux bords de l'Atlantique a pénétré leur influence féconde. C'est à leur exemple que les villes élèvent leurs murailles cyclopéennes ; que les portes des Citanias s'ornent d'ingénieux et compliqués enroulements ; que les vases de terre cuite se décorent à la surface de mille combinaisons élégantes ou naïves de lignes, de chevrons, de zigzags, de cercles, de crosses, de spirales, ou bien de fleurs, de feuilles et de tiges copiées sur nature ou habilement stylisées, ou bien encore d'animaux fantastiques ; que les lames et les poignées de poignards et de sabres s'embellissent de fins lacis gravés, que naissent vraiment les industries artistiques de la céramique et de la métallurgie.

Les Ibères, au contact de ces initiateurs habiles, ouvrent leurs yeux et leurs oreilles, développent leur esprit où naît le goût, affinent et perfectionnent leurs outils. Mais ce ne sont point des apprentis qui s'hypnotisent en la contemplation des mêmes modèles, des écoliers qui jurent sur la parole d'un seul maître. Ils se montrent non moins accueillants des enseignements que leur portent d'autres visiteurs, d'autres amis. Les Phéniciens, avec les menus objets entassés dans leurs vaisseaux creux, déballent dans leurs comptoirs des œuvres plus importantes et plus précieuses. Surtout les images de leurs dieux, de leurs démons, leurs idoles, leurs symboles sont répandus par milliers dans les villes et les villages de la Bétique, dans tous les ports, le long de tous les fleuves ; ces figures ou naïves ou fantastiques, dont l'aspect étonne les regards des étrangers, dont l'histoire et la légende sont racontées par d'élégants et subtils bavards, et frappent les imaginations jeunes encore, ces figures les Ibères les voient dessinées partout ; elles sont de thème et de motif courant sur les perles et les amulettes des colliers, sur les chatons des bagues et des

cachets ; elles se traduisent en figurines de terre cuite ou de bronze, en
statuettes ou statues de pierre. Les Ibères les contemplent, s'en amusent,
et remplissent leur mémoire de leurs silhouettes étranges. Et ainsi, peu
à peu, en même temps qu'à la décoration mycénienne, ils s'initient à la
décoration phénicienne, et des deux parts leur arrive comme un double
afflux d'Orient, ici déjà hellénisé et purifié par conséquent, là plus
trouble, plus confus, avec son mélange hétérogène d'Asie et d'Afrique,
de Chaldée, de Babylonie et d'Égypte.

Ainsi naissent ces figures singulières, à demi orientales, à demi grecques, la Vicha de Balazote, le Griffon de Redobán, les Sphinx d'Agost
et du Salobral ; ainsi naissent ces premières et si caractéristiques sculptures du Cerro de los Santos, comme la tête barbue ou les têtes à
turban.

Mais, et c'est ici que cette histoire devient d'un haut intérêt, cette combinaison d'influences concordantes qui aurait tué à jamais tous les instincts
artistiques des Ibères, si les Ibères en avaient eu, qui aurait fait de leurs
productions quelque chose de tristement bâtard et stérile comme l'art
phénicien lui-même, ces influences au contraire ont fait naître les Ibères
au sens et au sentiment de la forme, je puis dire même de la beauté ;
elles les ont sauvés d'eux-mêmes, et chose presque paradoxale, elles leur
ont donné de l'originalité.

Car c'est ce qui frappe dès l'abord, à cette période d'initiation. Toutes
ces œuvres, où l'on reconnaît avec une telle évidence une double source
d'inspiration, dont il est facile de préciser le caractère hybride, de démê-
ler les éléments doubles, ces œuvres restent invinciblement des œuvres
espagnoles. La Vicha de Balazote, comme l'a si bien montré M. Heuzey,
se rattache de la façon la plus certaine, par les liens les plus évidents, au
taureau chaldéen à face humaine, mais il n'y a pourtant en Chaldée
aucun monstre qui lui ressemble ; elle descend de lui, mais, par une
série d'intermédiaires, la race s'est transformée. Est-ce à dire que le sang
s'est appauvri? Non certes ; mais les éléments nouveaux qui s'y sont
amalgamés ont contribué à créer un être nouveau, et ces éléments sont
faits d'un peu de génie grec, et de beaucoup d'idées ibériques. Et d'autre
part examinons tel ou tel grand tesson de vase de l'Amarejo ; c'est bien

le style ornemental de Mycènes qui s'est traduit dans ces tiges, dans ces vrilles, dans ces spirales, dans ces larges feuilles ; nous sommes à Mycènes, sans aucun doute, et pourtant nous sommes en Espagne. La décoration de cette céramique emploie et mêle les éléments étrangers avec un goût et une dextérité qui ne doivent rien à personne ; elle est imitée et elle est originale. Que nous sommes loin de ces copies simiesques auxquelles se sont plu et attardés les ateliers phéniciens ! Ils n'ont jamais su fabriquer que du pseudo-asiatique et du pseudo-égyptien ; empruntant à l'Orient, empruntant à Mycènes, les ateliers de l'Ibérie ont su créer de l'ibérique.

Que serait devenu cet art ainsi miraculeusement engendré, si les relations de l'Espagne avec la Grèce et l'Orient avaient tout à coup cessé ? Nul ne peut le soupçonner. Toujours est-il que sous l'effet persistant de cette double influence l'art ibérique a franchi encore quelques étapes, non sans succès, non même sans gloire.

Passons de l'âge de la Grèce primitive à celui de la Grèce archaïque. Les Phéniciens continuent brillamment leur commerce avec la Péninsule ; mais leur industrie, leur art ne progressent ni ne se transforment ; si la routine de leurs ateliers paraît un instant céder au mouvement et au besoin de vie, c'est qu'ils subissent l'action en retour de l'art et de l'industrie des Grecs, qui, eux du moins, s'agitent et bouillonnent dans un inlassable désir de progrès et de perfection. Et les Ibères profitent d'enseignements nouveaux, sans rien perdre de la discipline ancienne. Ils restent fidèles aux leçons reçues de l'Orient et de Mycènes ; mais l'art du Dipylon ne leur est pas indifférent. Les bandeaux d'or de Cáceres sont le fruit de l'antique union rajeunie par un enlacement nouveau, et pour la première fois, c'est d'Athènes que nous sentons venir l'esprit qui féconde. La céramique n'est pas en reste, et sur la panse des grandes urnes viennent se peindre ces grands carnassiers chasseurs dont les vases proto-attiques et proto-béotiens nous montrent les frères plus vigoureux seulement, plus nerveux, plus près de la nature et de la réalité.

Maintenant c'est le viie, c'est le vi^e siècle ; les colonies de Phocée ont occupé les bons ports de la côte orientale ; les Grecs, les vrais Grecs, ayant conscience de leur génie, répandent dans ce pays, où les accueille une amitié séculaire, les beaux vases, les fines et délicates figurines, les monnaies élégantes et vigoureuses, la riche orfèvrerie ; ils sont venus par étapes, s'arrêtant aux Baléares, comme ils paraissaient aux bords enchanteurs de la Ligurie. Leur art, leur industrie n'ont pas encore atteint la perfection ; mais ils s'en approchent à grands pas, ils vont la toucher dans quelques lustres, et combien supérieurs déjà sont les objets qu'ils offrent à l'imitation de leurs hôtes ! Ceux-ci se laissent séduire, et comme justement les nécessités d'un culte, d'un temple célèbres ont fait surgir dans une région propice, non loin de la mer, non loin des villes hellénisées, sur la grande route qui va de Bétique en Gaule à travers le pays des Tartessiens, un florissant atelier de sculpture, voici que le charmant archaïsme grec, avec ses hésitations et ses hardiesses, ses élans et ses repentirs, ses grâces et sa gaucherie, sa naïveté raffinée va se mêler aux souvenirs de l'Orient et de Mycènes. Au Cerro de los Santos va se créer un style tout à la fois traditionnel et nouveau, oriental et grec, et surtout, et toujours espagnol ; les plus beaux des *Santos* et des *Santas* vont paraître à la lumière, et vont naître les majestueuses prêtresses, chargées de mitres, de couvre-oreilles, de diadèmes, de colliers et de bagues, enchâssées dans leurs lourds manteaux retombant à plis raides, figées dans leur immobilité hiératique, le mélancolique sourire errant au coin de leurs lèvres closes.

Et voici surtout le chef-d'œuvre ; voici la reine et la déesse, la belle, la grande, la majestueuse Dame d'Elche. En ses atours magnifiques viennent se résumer toutes les richesses et toutes les élégances des costumes, de la coiffure et des bijoux ; en son visage énigmatique, idéal et réel, en ses yeux vivants, sur ses lèvres voluptueuses, sur son front pensif et sévère, se résument toutes les noblesses et toutes les sévérités, toutes les promesses et toutes les pudeurs, tout le charme, tout le mystère de la femme. Elle est orientale, par le luxe de ses joyaux, par un je ne sais quoi que le sculpteur a conservé, la modelant, de ses plus anciens maîtres, par les traditions de métier qu'on retrouve encore vivaces ; elle est grecque, elle est attique par une inexprimable fleur de génie qui la parfume comme ses sœurs de l'Acropole ; elle est surtout espagnole, par la surcharge de sa mitre et des grandes roues qui encadrent sa tête fine, par l'étrangeté troublante de sa beauté. Elle est plus qu'Espagnole, elle est l'Espagne même, elle est l'Ibérie, sortant, rayonnante encore de jeunesse, de son tombeau plus de vingt fois séculaire.

Quels progrès peuvent rester encore à faire, quand un artiste s'est avancé si loin dans le chemin de l'idéal et du sublime ? La Dame d'Elche est le chef-d'œuvre de l'archaïsme ibérique ; mais l'artiste avait empreint son œuvre d'une subtile beauté, signe avant-coureur de la perfection classique. Aussi est-ce sans beaucoup d'étonnement que l'on voit les sculpteurs du Cerro suivre d'un pas inégal, mais suivre vraiment ceux qui, d'Argos ou d'Athènes, leur envoyaient les rayons de leur lumière. Car c'est bien la pure beauté du vᵉ siècle attique qui se reflète sur cette admirable tête d'éphèbe dont j'ai vanté l'expression d'énergie sereine et la facture simple et savante ; elle est digne de l'atelier de Polyclète ; et de cette illustre main auraient pu partir encore ces têtes de femmes calmes et majestueuses sous leur voile et leur mitre qui font, au Musée de Madrid, un imposant cortège à la grande statue archaïque.

Sous la chaleur bienfaisante du génie grec, le génie ibérique se déploie ; qui sait les chefs-d'œuvre que d'heureuses fouilles livreront à la chance sagace du Schliemann qu'attend l'Espagne ? Les céramistes, sans oser se risquer à suivre l'exemple des potiers grecs et décorer les vases de figures humaines, perfectionnent la technique, atteignent une plus grande habileté à tracer les motifs linéaires ou floraux ; le peintre prend à ses émules d'outre-mer sa légèreté de pinceau à enrouler un rinceau ou une spirale, à tracer des oves, à jeter sur une vaste surface des animaux fantastiques et des plantes de rêve, avec toute la diversité des motifs géométriques ; l'art du bronze s'est épanoui ; les têtes de taureaux de Costig, si l'on n'examine que l'aspect ornemental et décoratif, valent ce que l'art grec a créé de meilleur en ce genre ; le petit taureau de Lisbonne ne déparerait pas la collection des petits bronzes de l'Acropole.

Mais par malheur, ici finit à vrai dire l'histoire heureuse de l'art ibérique. A peine a-t-il atteint sa maturité qu'il dépérit, languit et meurt. La sculpture, comme brisée par son dernier effort, ne cherche pas à se dégager de ce qui la gêne encore, de certaines formules, de conventions, de traditions qui remontent à ses plus lointaines origines ; elle devrait s'essayer

à donner le mouvement et la vie à ses personnages immobiles, à alléger
leur costume, à affiner elle-même son goût, à tenter l'emploi de matières
plus plastiques, d'outils plus acérés et plus mordants : elle préfère s'amuser au contraire à échaffauder les mitres, à compliquer les cagoules, à
superposer les robes et les manteaux, voilà pour les statues de femmes,
à draper consciencieusement les hommes à la romaine, à aligner en très
bon ordre autour de leur front les routinières mèches chaldéennes. Puis,
quand les Carthaginois viennent à leur tour, apportant un renouveau
d'Orient, c'est le luxe des symboles astronomiques, des amulettes super-
stitieuses qui charme maintenant les tailleurs de pierre attardés ; ils sont
entrés dans une irrémédiable décadence. Et les céramistes suivent ces
fâcheux errements ; ils sont aussi victimes de la routine. Ils remâchent
les mêmes figures, les mêmes motifs sucés jusqu'à la moelle : ils ressas-
sent et rabâchent les mêmes thèmes usés et fatigués, et à bien peu de
chose leur comptent leur courante adresse technique et leur dextérité
de machines automatiques.

Que si je cherche la cause de cet arrêt, peut-être ne faut-il pas aller
bien loin pour la découvrir. Sans les Phéniciens, sans les Grecs surtout,
les artistes Ibères n'auraient pas existé ; si l'arrivée des Grecs les a créés,
ne serait-ce point aussi le départ des Grecs qui les tua ? Dès que la lutte
des Carthaginois et des Romains amena ces deux peuples en Espagne,
dès que peu à peu l'influence de la Grèce céda la place à l'influence de
Rome, dès que les conquérants eurent établi dans la Péninsule leurs soldats et leurs magistrats, dès qu'ils eurent conquis le pays, et organisé
leur conquête, envahissant jusqu'aux moindres bourgades, se substituant
à tout et à tous, les Ibères durent oublier leurs meilleurs maîtres, leurs
bienfaiteurs artistiques. Livrés à leurs propres forces, à leurs propres
ressources, à leur modeste génie, ils travaillèrent sans ardeur, sans cou-
rage, sans goût, sans succès. On le voit bien en étudiant la série des
petits bronzes ibérico-romains ; ceux qui voulurent imiter les figurines
importées par les vainqueurs ne surent pas même y réussir ; ils n'ont
obtenu dans leurs moules que des épreuves alourdies, arrondies, amol-
lies des modèles qu'ils voulaient copier, et si nous voulons trouver une
œuvre à louer, il faut nous rabattre sur ce Jinete de Palencia, si

maladroit, de détails si peu soignés, si incohérent, si incomplet, mais où brille pourtant, par bonheur, un dernier reflet de l'originalité perdue.

Qu'importe en somme ? Si l'histoire de la plastique des Ibères est courte, elle n'est point banale : le buste d'Elche l'illumine de sa splendeur, et le chef-d'œuvre suffirait à sa gloire. Il me plaît d'ailleurs que le génie ibère se soit étroitement uni au génie grec, et que ce livre que je voudrais écrit à l'honneur de l'Espagne le soit en même temps à l'honneur de la Grèce, la grande initiatrice.

TABLE DES PLANCHES HORS TEXTE

TABLE DES FIGURES DANS LE TEXTE

DU TOME SECOND

(avec indication de leur origine.)

———

L'abréviation (In.) placée avant la désignation du sujet indique les monuments inédits ou publiés ailleurs pour la première fois par l'auteur.

TABLE DES MATIÈRES

CONTENUES DANS LE TOME SECOND

CHARTRES. — IMPRIMERIE DURAND, RUE FULBERT.

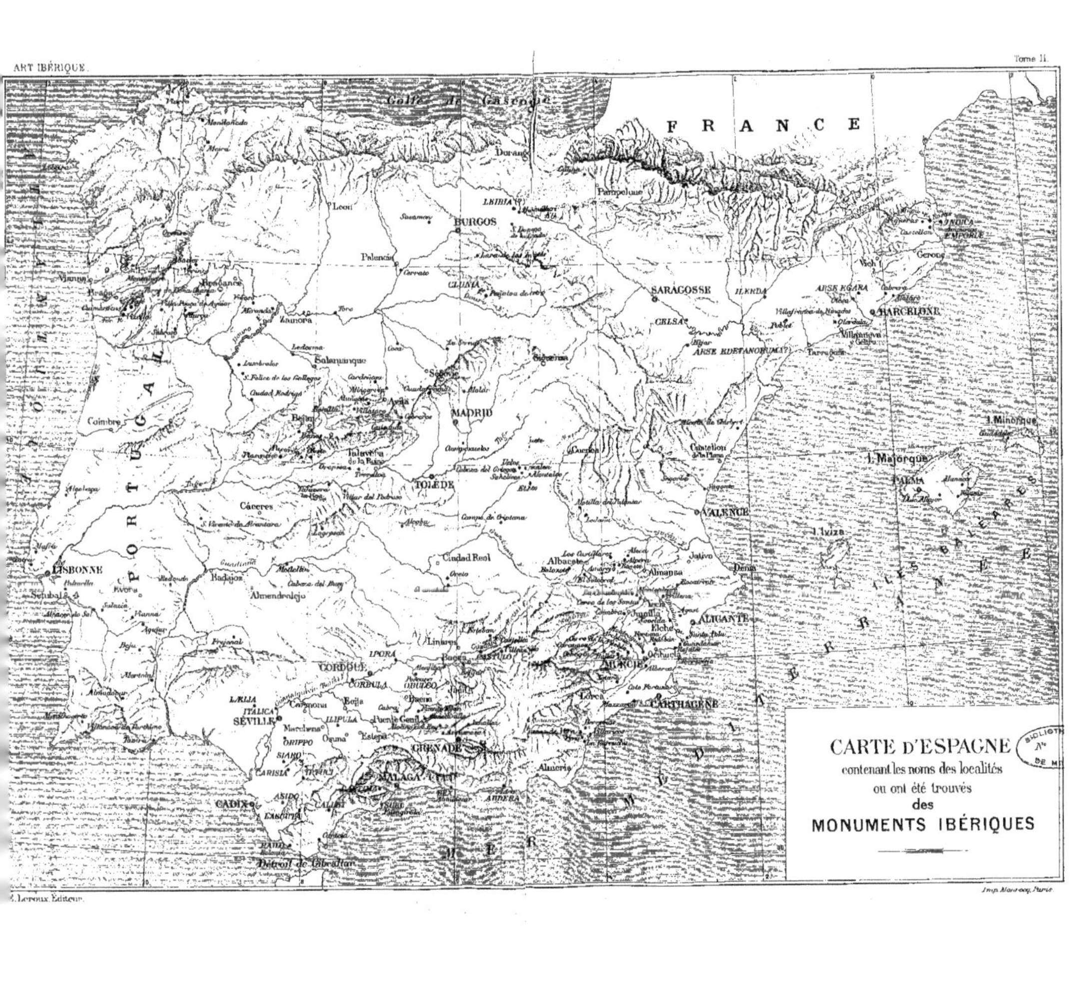
FRANCE
Golfe de Gascogne
PORTUGAL
MER MÉDITERRANÉE
ILES BALÉARES
CARTE D'ESPAGNE
contenant les noms des localités
ou ont été trouvés
des
MONUMENTS IBÉRIQUES
LISBONNE
Coimbre
Setubal
BURGOS
Leon
Palencia
CLUNIA
SARAGOSSE
ILERDA
CELSA
BARCELONE
ARSE EDETANORUM(?)
Tarragone
Gerone
EMPORIÆ
ARSE EGARA
Pampelune
Durang
LEIBIA(?)
Salamanque
Ciudad Rodrigo
MADRID
TOLÈDE
Cáceres
Badajos
Almendralejo
Ciudad Real
Cuenca
Castellon de la Plana
VALENCE
Jativa
Denia
ALMANSA
ALICANTE
MURCIE
CARTHAGÈNE
Lorca
Almería
CORDOUE
CORDUBA
OBULCO
ILIPULA
Linares
CASTULO
L'ILIA
ITALICA
SÉVILLE
ORIPPO
CARISIA
SIARO
GRENADE
MALAGA
ASIDO
CALES
ABDERA
CADIX
BAELO
Détroit de Gibraltar
I. Majorque
PALMA
I. Minorque
I. Iviza
Vich
Almería
Toro
Zamora